TABLEAUX DE LA NATURE,

PAR

ALEXANDRE DE HUMBOLDT,

DERNIÈRE ÉDITION, PUBLIÉE A BERLIN EN 1849,

TRADUITS

PAR FERD. HOEFER.

TOME PREMIER.

PARIS,

LIBRAIRIE DE FIRMIN DIDOT FRÈRES,
IMPRIMEURS DE L'INSTITUT,
RUE JACOB, 56.

1850.

TABLEAUX

DE

LA NATURE.

PARIS. — TYPOGRAPHIE DE FIRMIN DIDOT FRÈRES,
IMPRIMEURS DE L'INSTITUT, RUE JACOB, 56.

PRÉFACE DU TRADUCTEUR.

L'histoire ne nous montre que deux hommes dont le génie encyclopédique embrasse toutes les connaissances humaines : Aristote et Humboldt. L'un et l'autre sont *philosophes* dans le sens que les Grecs attachaient à ce mot : curieux de soulever un coin du voile qui nous cache de si grands mystères, ils ont appliqué leur vaste intelligence à toutes les œuvres de la création.

Humboldt, qu'on devrait surnommer l'*Aristote moderne,* est même supérieur à son aîné de toute l'expérience de vingt et un siècles. Initié à toutes les sciences, il les a enrichies d'observations et de découvertes qui suffiraient à la gloire de plusieurs savants. Voyageur dans les deux hémisphères, depuis le 60ᵉ degré de latitude nord jusqu'au 12ᵉ degré de latitude sud, il a révélé les plus grandes lois de la physique générale, et agrandi les domaines de la géographie et de l'histoire naturelle. Il y a un demi-siècle qu'il visita l'Amérique tropicale, et à l'âge de soixante ans il parcourut les steppes inexplorées de l'intérieur de l'Asie. Presque octogénaire, il commença la publication du *Cosmos*, travail monumental que lui seul avait reçu mission d'entreprendre. Enfin, l'année dernière, il fit paraître la troisième édition des *Tableaux de la Nature*, dont les additions considérables forment en quelque sorte un livre nouveau. Dans ces additions on retrouve la même vigueur de pensée, le même éclat de style, que l'on admire dans la première édition, œuvre de sa jeunesse.

C'est bien plutôt à Humboldt qu'il faudrait appliquer ces paroles d'un ancien : *In eo natura quid efficere possit videtur experta*. Napoléon, Cuvier, Chateaubriand, naquirent dans la même année qu'Alexandre de Humboldt. Ils gardent le repos éternel. Seul le sage de Postdam ne se repose point : il continue à étonner le monde par des chefs-d'œuvre.

Rendre les beautés du livre allemand tout en respectant le génie de la langue française, c'était une tâche bien difficile. Je l'ai essayé : le public jugera si j'ai réussi.

HOEFER.

Paris, septembre 1850.

PRÉFACE

DE LA PREMIÈRE ÉDITION.

C'est en hésitant que j'offre au public une série de points de vue, résultant du spectacle grandiose de la nature sur l'Océan, dans les forêts de l'Orénoque, dans les steppes de Vénézuéla, dans la solitude des montagnes du Pérou et du Mexique. Quelques fragments de ce livre furent écrits dans les lieux mêmes qui me les inspiraient, et réunis plus tard en un corps d'ouvrage. Contempler la nature de haut, mettre en relief l'action combinée des forces physiques, procurer à l'homme sensible des jouissances toujours nouvelles par la peinture fidèle des régions tropicales, voilà mon but. Chaque chapitre doit former un tout détaché, et tendre également vers la même fin. Cette manière esthétique de traiter les sciences naturelles présente de grandes difficultés, que la vigueur magnifique et la souplesse de la langue allemande n'ont pu faire disparaître entièrement. Les beautés et les richesses qui environnent l'observateur, font naître en lui une foule d'images partielles qui troublent la sérénité et l'effet général du tableau. S'adressant au sentiment et à l'imagination, le style dégénère facilement en une prose poétique. Ces idées n'ont pas besoin ici de développement : les feuilles qui suivent fourniront des exemples multipliés des écarts et des défauts dont je viens de signaler la source.

Malgré ces défauts, qu'il m'est plus facile de relever que de corriger, puissent mes *Tableaux de la Nature* faire participer le lecteur à la jouissance qu'un esprit sensible et contemplatif éprouve en présence de la création! Comme cette jouissance augmente à mesure qu'on en pénètre les mystères, j'ai ajouté des *éclaircissements scientifiques* à chacun des chapitres.

Partout j'ai fait sentir l'influence éternelle que le physique exerce sur le moral et sur les destins de l'humanité. C'est aux âmes attristées que, de préférence, s'adressent ces feuilles. L'homme qui a échappé aux orages de la vie aimera à me suivre dans le massif des forêts, à travers les déserts sans bornes et sur la chaîne élevée des Andes. C'est à lui que peuvent s'appliquer ces paroles du poëte :

« La liberté! elle est sur les montagnes. Le souffle des tombeaux n'y monte pas pour se mêler à l'air pur. Partout le monde est parfait, excepté là où l'homme apporte avec lui ses tourments. »

PRÉFACE

DE LA SECONDE ET DE LA TROISIÈME ÉDITION.

Le double but de ce livre (augmenter nos jouissances par la contemplation de la nature, et faire saisir plus vivement l'harmonie des forces physiques) a été indiqué, il y a près d'un demi-siècle, dans la préface de la première édition. J'ai signalé aussi les divers obstacles qui s'opposent à l'exposition esthétique des grandes scènes de la nature. Revêtir la science d'une forme littéraire, occuper l'imagination en même temps qu'enrichir le domaine de l'intelligence, c'est là une tâche qui rend difficile la disposition des détails et l'unité de composition. Malgré ces conditions défavorables, le public a continué d'accueillir avec bienveillance le résultat, quoique incomplet, de mon entreprise.

En 1826, j'ai publié à Paris la seconde édition des *Tableaux de la Nature;* j'y joignis deux articles nouveaux, l'un « sur la structure et l'action des volcans dans les différentes régions du globe, » l'autre « sur la force vitale ou le Génie de Rhodes. » Pendant mon long séjour à Iena, *Schiller* se plaisait à s'entretenir avec moi sur des sujets physiologiques, qui lui rappelaient, comme un souvenir de jeunesse, ses études médicales. Mon travail sur l'excitation des fibres musculaires et nerveuses au contact de différentes substances chimiques, imprimait à nos entretiens un caractère sérieux. De là l'origine de l'article sur la force vitale. Schiller ayant pour « le Génie de Rhodes » une sorte de prédilection, l'inséra dans son journal *les Hores,* ce qui m'encouragea à le faire réimprimer. Mon frère fait une allusion délicate à cette circonstance dans une lettre publiée tout récemment (*Lettres de Guillaume de Humboldt à une amie,* tome II, p. 39), et il ajoute avec justesse : « Le développement d'une idée physiologique, tel est le but de tout l'article. A l'époque où il fut rédigé, on aimait beaucoup plus que maintenant à présenter des vérités graves sous une forme demi-poétique. »

A l'âge de quatre-vingts ans j'ai eu encore la joie d'achever une troisième édition de mon livre, et de le refondre entièrement, selon les exigences du temps. Presque tous les éclaircissements scientifiques ont été complétés ou remplacés par des additions nouvelles, plus riches en matières. Je me suis flatté de l'espoir de raviver l'ardeur pour l'étude de la nature en offrant, dans le moins d'espace possible, les résultats nombreux et divers d'observations approfondies, en faisant, par un examen comparatif et judicieux, ressortir l'importance des données numériquement exactes, et signalant enfin les dangers du dogmatisme d'un demi-savoir et d'un orgueilleux scepticisme, qui règnent depuis si longtemps dans ce qu'on appelle les cercles élevés de la vie sociale.

L'expédition que j'ai entreprise en commun avec Ehrenberg et Gustave Rose, par ordre de l'empereur de Russie, en 1829, dans l'Asie septentrionale (monts Ural, Altaï et bords de la mer Caspienne), tombe dans l'intervalle qui s'est écoulé entre la deuxième et la troisième édition de mon livre. Cette expédition a essentiellement contribué à élargir mes vues dans tout ce qui concerne la configuration du sol, la direction des chaînes de montagnes, la continuité des steppes et des déserts, la distribution géographique des plantes d'après les influences thermométriques. L'ignorance dans laquelle on a été depuis si longtemps, en négligeant injustement les documents chinois relativement aux deux grandes chaînes neigeuses, le Thian-Schan et le Kuen-Lun, entre l'Altaï et l'Himalaya, a obscurci la géographie de l'Asie intérieure, et répandu, dans des ouvrages accrédités, des idées imaginaires, comme résultats de l'observation. Il y a peu de mois, l'hypsométrie comparative des sommets de montagnes les plus élevés dans les deux continents s'est presque inopinément enrichie de données importantes et rectificatives, qui n'ont pu être communiquées que dans le présent ouvrage (t. I, p. 73-74 et 105-106). Les anciennes observations hypsométriques corrigées du Sorata et de l'Illimani, deux montagnes de la chaîne orientale des Andes, n'ont pas tout à fait rétabli le Chimborazo dans son ancien rang parmi les monts neigeux du Nouveau-Monde, tandis que la nouvelle triangulation du Kinchinjinga (26,438 pieds), dans l'Himalaya, place cette cime immédiatement après le Dhawalaghiri, qui a été aussi mesuré trigonométriquement.

Pour être conforme, sous le rapport des chiffres, aux deux éditions précédentes des *Tableaux de la Nature*, j'ai continué, à moins de données précisément contraires, d'indiquer les degrés de température d'après le thermomètre de Réaumur. La mesure adoptée est le pied parisien, dont on compte six pour une toise. Le mille est le mille géographique, dont quinze font un degré équatorial. Les longitudes sont calculées sur le premier méridien de l'observatoire de Paris.

Berlin, mars 1849.

SUR LES STEPPES

ET LES DÉSERTS.

SUR LES STEPPES ET LES DÉSERTS.

Au pied de la haute chaîne de granit qui, au premier âge de notre planète, opposa une barrière infranchissable à l'irruption des eaux, contribuant ainsi à la formation du golfe du Mexique, commence une vaste plaine qui se déroule à perte de vue. Lorsqu'on a dépassé les vallons de Caracas et le lac de Tacarigua (1), parsemé d'îles, et où se mirent les bananiers qui le bordent; lorsqu'on a quitté les champs parés de la verdure tendre et transparente de la canne à sucre de Taïti, ou le sombre feuillage des cacaoyers, la vue se repose, au sud, sur des steppes qui paraissent s'élever à l'horizon, et le bordent dans un lointain insaisissable.

De ce paysage, animé par une luxuriante végétation, le voyageur étonné arrive à la lisière aride d'un désert dénué d'arbres et couvert de rares herbes. Pas une colline, pas un rocher, ne surgit comme un îlot dans cet espace incommensurable. Seulement quelques fragments de couches sédimenteuses gisent épars sur une surface de deux cents lieues carrées, et paraissent plus élevés que le terrain environnant. Les indigènes leur donnent le nom de *bancs* (2), comme si par une sorte d'intuition ils avaient deviné cet état primitif où ces élévations étaient des bas-fonds, et les steppes mêmes le lit d'une vaste mer méditerranéenne.

Encore maintenant une illusion nocturne nous retrace souvent ces images du passé. Quand, aux instants de leur lever et de leur coucher, les astres conducteurs éclairent le bord de la plaine, ou que, par un effet de leur lumière vacillante, ils paraissent doubles dans la couche inférieure des vapeurs ondoyantes, on se croirait au milieu de l'Océan (3). Comme l'Océan, la steppe remplit l'âme du sentiment de l'infini ; et ce sentiment, plus épuré, devient la source de méditations d'un ordre élevé. Mais l'aspect du miroir limpide de la mer est égayé par la douce agitation des ondes légèrement écumeuses, tandis que la steppe gît là immobile, comme une masse inerte, comme la croûte rocheuse, nue, d'une planète désolée (4).

Dans toutes les zones, la nature offre le spectacle de ces vastes plaines; dans chaque région elles ont un caractère particulier, une physionomie que déterminent la différence du sol, le climat, et leur élévation au-dessus du niveau de la mer.

Dans l'Europe septentrionale, les landes de bruyères qui repoussent toute autre plante, et s'étendent depuis la pointe du Jutland jusqu'à l'embouchure de l'Escaut, peuvent être considérées comme de véritables steppes. Mais ces steppes sont très-circonscrites et garnies de hautes collines, quand on les compare aux *llanos* et pampas de l'Amérique méridionale, ou aux prairies du Missouri (5) et du fleuve Mine de Cuivre, dans lesquelles errent le bison velu et le petit bœuf musqué.

Les plaines de l'intérieur de l'Afrique présentent un aspect plus grandiose et plus imposant encore. Comme l'immense océan Pacifique, on n'a tenté de les explorer qu'à une époque récente. Ces plaines sont des parties d'une mer de sable qui à l'est sépare des régions fertiles, ou les entoure comme des îles. Tel est le désert voisin des montagnes basaltiques d'Haroudch (6), où l'oasis de Siwah, riche en dattiers, recèle les débris du temple d'Ammon, siége vénérable d'une antique civilisation. Aucune rosée, aucune pluie ne vient humecter cette surface aride, ni développer, au sein brûlant de la terre, le germe de la vie végétale; car de toute part s'élèvent perpendiculairement des colonnes d'air embrasé, qui dissolvent les vapeurs et chassent les nuages qui fuient.

Là où le désert avoisine l'océan Atlantique, comme entre Oued-Noun et le cap Blanc, l'air humide de la mer se précipite, pour remplir le vide que produisent ces courants perpendiculaires. Le navigateur qui se dirige à travers une mer verdoyante d'algues vers l'embouchure de la Gambie, sent lui-même, au moment où le vent d'est l'abandonne subitement (7), le souffle brûlant de ces sables, qui réfléchissent au loin les rayons du soleil.

Des troupeaux de gazelles et d'autruches, rapides à la course, errent dans cet océan de sable. A part quelques groupes d'îles, riches en sources, dont les rives plantureuses servent de refuge aux Tibbous et Touaricks nomades (8), le reste de l'immense désert africain doit être regardé comme inhabitable pour l'homme. Aussi, les peuples civilisés limitrophes ne se hasardent-ils à le fouler que par intervalle. C'est par des routes invariablement tracées au commerce depuis des milliers d'années, que la grande caravane se rend du Tafilet à Tombouctou, ou de Mourzouk au Bornou : entreprises hardies que le chameau, ce navire du désert (9), comme l'appellent les anciennes légendes de l'Orient, a seul pu faire réaliser.

Ces plaines d'Afrique remplissent un espace qui

égale trois fois celui de la Méditerranée. Elles sont situées les unes sous les tropiques, les autres dans le voisinage ; et c'est cette situation même qui les caractérise spécialement. Dans la moitié orientale de l'ancien continent, ce phénomène géologique appartient plutôt à la zone tempérée.

C'est sur le haut plateau de l'Asie centrale, entre la montagne d'Or ou Altaï et le Kuen-lün (10), depuis la muraille de la Chine jusqu'au delà des monts Célestes et vers le lac d'Aral, que s'étendent, dans une longueur de plusieurs milliers de lieues, les steppes les plus grandes, sinon les plus élevées du monde. Une partie de ces steppes, celles des Kalmouks et des Kirghises, qui occupent, entre le Don, le Wolga, la mer Caspienne et le lac chinois de Dsaïsang, une étendue de près de sept cents milles géographiques, j'ai eu moi-même occasion de les visiter, trente ans après mon voyage dans l'Amérique méridionale. La végétation des steppes asiatiques, interrompues çà et là par des collines et des forêts de pin, présente des groupes beaucoup plus variés que les llanos et les pampas de Caracas et de Buenos-Ayres. Les plus belles steppes de l'Asie, celles qu'habitent des peuples pasteurs, sont ornées de bas arbrisseaux de rosacées à fleurs blanches luxuriantes, de couronnes impériales (*fritillaires*), de tulipes et de sabots de Vénus (*cypripedium*). De même que la zone torride se fait principalement remarquer par la tendance de tous ses végétaux à devenir des arbres, ainsi quelques steppes de la zone tempérée d'Asie sont caractérisées par la hauteur merveilleuse des plantes herbacées, telles que des saussurées et d'autres synanthérées, des légumineuses, et surtout une légion d'espèces d'astragale. Quand on traverse ces steppes herbeuses il faut, pour s'orienter, se tenir debout sur les voitures basses des Tartares qu'on emploie pour se frayer une route : on voit des forêts d'herbes s'incliner sous les roues. Quelques-unes de ces steppes d'Asie ne sont que des plaines de graminées; d'autres sont couvertes de salsolas, plantes grasses, toujours vertes, articulées; un grand nombre brillent au loin d'efflorescences lichénoïdes de sel marin, qui, semblable à de la neige récente, couvre inégalement un sol glaiseux.

Ces steppes mongoles et tartares, interrompues par diverses chaînes de montagnes, séparent la population thibétaine hindoue, si anciennement civilisée, des peuples presque sauvages du nord de l'Asie. Elles ont même exercé une influence variée sur le sort changeant de l'espèce humaine : elles ont fait condenser les populations vers le sud. Bien plus que l'Himalaya, bien plus que les montagnes neigeuses de Sirinagur et de Gorka, elles ont troublé le commerce des nations, et opposé des barrières immuables à l'introduction de mœurs plus douces, et du génie créateur des arts.

Mais ce n'est pas seulement sous ce point de vue que l'histoire doit envisager la plaine de l'Asie centrale. De là, plus d'une fois, la terreur et la dévastation se sont répandues sur le globe : les Mongols, les Gètes, les Alains et les Ouzes, peuples pasteurs de ces steppes, ébranlèrent le monde. Si jadis la culture intellectuelle, comme la lumière bienfaisante du soleil, a marché de l'est à l'ouest; plus tard, la barbarie, suivant la même direction, a menacé de voiler l'Europe de ténèbres. Une tribu de pasteurs au teint basané (11), de race toukiouiche ou turque, les Hiongnoux, habitait, sous des tentes de peau, la steppe élevée de Gobi. Une partie de cette tribu, longtemps l'épouvante de la puissance chinoise, fut refoulée au sud vers l'intérieur de l'Asie. Ce choc des nations se propagea irrésistiblement jusqu'à l'Oural, siége primitif des Finois. De là firent irruption les Huns, les Avares, les Khasars, et diverses races mêlées d'origine asiatique. Les armées des Huns se montrèrent d'abord sur le Volga, puis en Pannonie, enfin sur la Marne et aux rives du Pô, dévastant les riches campagnes où, depuis les temps d'Anténor, le génie créateur de l'homme avait entassé monument sur monument. Ainsi un souffle empesté vint, des déserts de la Mongolie, flétrir, sur le sol cisalpin, la fleur délicate des arts cultivée depuis tant de siècles.

Quittons les steppes salines de l'Asie, les bruyères

de l'Europe, parées en été de fleurs rougeâtres, riches en miel, et les déserts d'Afrique, dénués de plantes, pour revenir aux plaines de l'Amérique méridionale, dont j'ai commencé d'ébaucher le tableau.

L'intérêt que ce tableau peut offrir à l'observateur tient tout simplement à la nature même du pays. Ici point d'oasis rappelant le souvenir d'anciens habitants; point de pierre taillée (12); point d'arbre fruitier, redevenu sauvage, témoignant de l'industrie des générations éteintes. Étranger en quelque sorte aux destinées de l'humanité, et attaché seulement au présent, ce coin du monde est le théâtre naturel de la vie libre des animaux et des plantes.

La steppe s'étend depuis la chaîne littorale de Caracas jusqu'aux forêts de la Guyane; depuis les montagnes neigeuses de Mérida, sur le flanc desquelles le lac de natron d'Urao est pour les indigènes l'objet d'un culte superstitieux, jusqu'au grand Delta, que l'Orénoque forme à son embouchure. Au sud-ouest elle se prolonge, comme un bras de mer (13), au delà des rives du Méta et du Vichada, jusqu'aux sources inexplorées du Guaviare, et jusqu'à ce groupe de montagnes isolé que les guerriers espagnols, dans leur imagination poétique, nommèrent le *Paramo de la suma paz,* le beau Séjour de la paix éternelle.

Cette steppe occupe un espace de seize mille milles

carrés. Faute de renseignements géographiques, on l'a souvent représentée comme une surface continue, et conservant la même largeur jusqu'au détroit de Magellan. On ne songeait pas à la plaine boisée du fleuve des Amazones, qui est limitée au nord et au sud par les steppes herbeuses de l'Apouré et du Rio de la Plata. La chaîne des Andes de Cochabamba et le groupe des montagnes du Brésil envoient, entre la province de Chiquitos et l'isthme de Villabella, quelques cols isolés qui vont se rapprochant les uns des autres (14). Une plaine étroite joint les *hylæa* (*) du fleuve des Amazones aux *pampas* de Buenos-Ayres. Celles-ci égalent, en superficie, trois fois les *llanos* de Vénézuéla. Les pampas sont d'une étendue si prodigieuse qu'au nord elles sont bordées par des buissons de palmiers, et au sud par des neiges éternelles. Le touyou (*struthio rhea*), oiseau qui ressemble au casoar, habite exclusivement ces pampas; on y rencontre aussi des hordes de chiens redevenus sauvages (15), qui vivent en société dans des antres souterrains, et attaquent souvent avec une rage sanguinaire l'homme, pour la défense duquel combattaient leurs ancêtres.

Ainsi que la plus grande partie du Sahara (16),

(*) Mot grec dérivé de ὕλη, bois; ὑλαῖον, lieu boisé. (*Note du traducteur.*)

les llanos, ou plaines septentrionales de l'Amérique du Sud, sont situées dans la zone torride. Cependant deux fois par an, à des intervalles égaux, leur aspect change : tantôt arides comme l'océan sablonneux de la Libye, tantôt verdoyantes comme les steppes de l'Asie centrale (17).

C'est un travail satisfaisant, quoique ardu, d'examiner, d'une manière générale, la constitution physique des régions éloignées, et de tracer en quelques lignes les résultats de cet examen comparatif.

Des causes multiples, en partie encore imparfaitement connues, contribuent à diminuer la sécheresse et la chaleur dans le Nouveau-Monde (18). L'étroitesse de ce continent, si déchiqueté au nord des tropiques, où l'évaporation d'une vaste nappe d'eau tempère les courants d'air ascendants ; son prolongement vers les deux pôles glacés ; l'Océan libre dont la surface est balayée par le souffle rafraîchissant des vents alisés ; l'aplatissement des côtes orientales ; les courants marins froids qui, partant des régions antarctiques, et se dirigeant du sud-ouest au nord-est, viennent d'abord frapper, sous le 35° latitude australe, la côte du Chili, puis, longeant le littoral du Pérou vers le nord jusqu'au cap Pariña, se tournent brusquement à l'ouest ; les nombreuses chaînes de montagnes, abondantes en sources, et dont les cimes glacées s'élèvent bien au-dessus de toutes les couches de nuages, et déterminent sur leurs pentes des courants d'air descendants; l'abondance de fleuves d'une largeur énorme, qui après d'innombrables détours viennent tous déboucher sur les côtes les plus distantes; des steppes non sablonneuses, par conséquent rayonnant moins de chaleur; des forêts impénétrables qui, abritant le sol contre les rayons du soleil, couvrent les plaines bien arrosées de l'équateur, et répandent dans l'intérieur du pays, loin des montagnes et de l'Océan, des masses énormes d'eau, tant d'absorption que de végétation : toutes ces conditions réunies produisent, dans les régions basses de l'Amérique, un climat qui par sa fraîcheur et son humidité contraste singulièrement avec celui de l'Afrique. Telle est l'unique cause de cette exubérance de végétation qui caractérise le nouveau continent.

Ainsi donc, s'il est vrai que sur l'un des côtés de notre planète l'air est plus humide que sur l'autre, cette différence s'explique par l'examen de l'état actuel des choses. Pour résoudre le problème, le physicien n'a pas besoin de recourir à des fictions géologiques, et de supposer que sur le globe antique la lutte destructive des éléments s'est apaisée plus tôt dans l'hémisphère oriental que dans l'hémisphère occidental, ou que l'Amérique a surgi la dernière du chaos diluvien, sous forme d'une île marécageuse, séjour de serpents et de crocodiles (19).

Sans doute, par la forme de ses contours et la direction de ses côtes, l'Amérique méridionale ressemble, d'une manière frappante, à la péninsule austro-occidentale de l'ancien continent. Mais c'est à la structure intime du sol et à la position relative des régions contiguës que l'Afrique doit cette aridité étrange qui, sur d'immenses espaces, entrave le développement de la vie organique. Les quatre cinquièmes de l'Amérique méridionale sont situés au delà de l'équateur, c'est-à-dire, dans un hémisphère qui, en raison de ses grandes masses d'eau, jointes à beaucoup d'autres causes, est plus frais et plus humide que notre hémisphère boréal (20). Et c'est précisément à ce dernier qu'appartient la portion la plus considérable de l'Afrique.

Les llanos ou steppes de l'Amérique méridionale ont, de l'est à l'ouest, trois fois moins d'étendue que les déserts de l'Afrique. Les premiers sont rafraîchis par les vents alizés ; les derniers, situés sous le même parallèle que l'Arabie et le sud de la Perse, sont mis en contact avec des couches d'air qui ont passé sur des continents embrasés, rayonnant de la chaleur. Déjà le père de l'histoire, Hérodote, dont on a si longtemps méconnu l'autorité, avait parfaitement apprécié ces grands phénomènes naturels, en dépeignant tous les déserts de l'Afrique septentrionale, ceux de l'Yémen, du Kerman et du Mekran (la *Gédrosie* des Grecs), jusqu'au Moultan dans l'Inde antérieure, comme une seule mer de sable continue (21).

A l'action des vents de terre brûlants se joint encore en Afrique, autant que nous connaissons ce continent, le défaut de grandes rivières, de hautes montagnes et de forêts, exhalant des vapeurs aqueuses et produisant du froid. Il n'y a de glaces éternelles que dans la partie occidentale de l'Atlas, dont la chaîne rétrécie, vue de profil, apparaissait aux anciens navigateurs, longeant les côtes, comme une masse isolée, aérienne, supportant la voûte du ciel (22). A l'est, cette chaîne s'étend jusqu'à Dakoul, où sont maintenant les débris de Carthage, l'antique reine des mers. Barrière de la Gétulie, prolongée parallèlement à la côte, elle arrête les vents frais du nord, ainsi que les vapeurs qui s'élèvent de la Méditerranée.

Au-dessus de la limite inférieure des neiges, on avait jadis imaginé les montagnes de la Lune, *Djebel-al-Komr* (23), comme une chaîne entre le haut plateau de l'Abyssinie, le Quito de l'Afrique, et les sources du Sénégal. La Cordillère même de Lupata, qui s'étend sur la côte orientale de Mozambique et de Monomotapa, comme les Andes, au Pérou, sur la côte occidentale de l'Amérique, est couronnée de glaces éternelles dans les pays aurifères de Machinga et Mocanga. Mais ces montagnes, riches en sources, sont bien éloignées de l'énorme désert qui s'étend depuis le versant méridional de l'Atlas jusqu'au Niger, coulant à l'est.

Aussi toutes ces causes de sécheresse et de chaleur n'auraient peut-être pas suffi pour changer des parties si vastes des plaines d'Afrique en une affreuse mer de sable, si quelque grande catastrophe, telle que l'irruption de l'Océan, n'avait pas dépouillé cette région aplatie de son tapis de verdure et de sa terre végétale. A quelle époque cette catastrophe eut-elle lieu? par quelle puissance fut-elle déterminée? C'est ce que nous cachent les ténèbres du monde primitif. Peut-être fut-elle un effet du grand tourbillon (24) qui pousse les eaux chaudes du golfe du Mexique au delà du banc de Terre-Neuve jusqu'au littoral du vieux continent, et qui charrie les cocos de l'Inde occidentale et d'autres fruits des tropiques jusqu'à l'Irlande et la Norwége. Encore aujourd'hui, il existe au moins une branche de ce fleuve pélagique : elle se dirige des Açores au sud-est, et va, épouvantail des navigateurs, se briser sur les dunes de l'Afrique occidentale. Partout le littoral de la mer (je citerai les côtes du Pérou, entre Amotape et Coquimbo) montre qu'il se passe des siècles, peut-être même des milliers d'années, avant que dans la zone torride, où ne végètent ni lécidées ni lichens (25), le sable mobile puisse assurer aux racines des plantes herbacées un point d'appui solide.

Ces considérations expliquent pourquoi, malgré la ressemblance extérieure de leur configuration, l'Afrique et l'Amérique méridionale présentent tant de différences dans leurs climats et leur végétation. Bien que la steppe de l'Amérique méridionale soit couverte d'une légère couche d'humus, et arrosée par des torrents de pluie périodiques auxquels succède la parure d'une végétation luxuriante, elle n'a jamais pu exciter les tribus voisines à quitter les beaux vallons de Caracas, les bords de la mer et le vaste bassin de l'Orénoque, pour s'enfoncer dans cette solitude dénuée d'arbres et de sources. Aussi, à l'arrivée des colons d'Europe et d'Afrique, cette steppe fut-elle trouvée presque vide d'hommes.

Les llanos sont, à la vérité, appropriés à la nourriture des bestiaux; mais l'élève des animaux à lait (26) était presque inconnue aux autochthones du nouveau continent. A peine y avait-il une tribu qui sût profiter des avantages que lui offrait à cet égard la nature. La race américaine (qui est, à l'exception peut-être des Esquimaux, la même depuis le 65° latitude boréale jusqu'au 55° latitude australe) ne quitta pas la vie de chasseurs pour se livrer à l'agriculture, en passant par l'intermédiaire de la vie pastorale. On voit paître deux espèces de bestiaux indigènes dans les prairies du Canada occidental, à Quivira et autour des ruines colossales du château des Aztèques, cette Palmyre de l'Amérique, qui s'élève solitairement dans le désert, sur les bords du Gila. Le mouflon aux longues cornes, semblable à celui d'où descend notre mouton, erre sur les rochers calcaires, nus et arides, de la Californie. A l'hémisphère austral appartiennent les vigognes, les huanacos, les alpacas et les lamas. Mais, de ces animaux utiles, les premiers (vigognes et huanacos) ont seuls conservé leur liberté primitive séculaire. L'usage du lait et du fromage, ainsi que la possession et la culture des graminées farineuses (27), sont un trait caractéristique, distinctif, des peuples de l'ancien monde.

Si quelques tribus de ces peuples ont passé du nord de l'Asie sur la côte occidentale de l'Amérique, et si, aimant le froid (28), ils ont suivi vers le sud la chaîne élevée des Andes, cette migration a dû s'effectuer par des routes où ces nouveaux venus ne pouvaient se faire accompagner ni de troupeaux ni de céréales. Après la chute de l'empire des Hiongnoux, le mouvement de cette tribu puissante aurait-il aussi occasionné une migration de peuples dans le nord-est de la Chine et dans la Corée, et fait passer des Asiatiques policés dans le nouveau continent? Si ces émigrants avaient habité les steppes où ne s'exerce point l'agriculture, on pourrait par cette hypothèse hardie, jusqu'à présent peu favorisée par la comparaison des langues, s'expliquer au moins cette absence étrange de céréales dans l'Amérique. Peut-être une tempête jeta-t-elle sur les côtes de la Nouvelle-Californie une colonie de ces prêtres d'Asie que des rêveries mystiques entraînaient à des navigations lointaines, et dont l'histoire de la population du Japon (29), au temps de Thsinschi-hoang-ti, fournit un exemple mémorable.

La vie pastorale, cet intermédiaire bienfaisant qui attache au sol herbeux les hordes de chasseurs nomades et les prépare en quelque sorte à l'agriculture, resta donc inconnue aux aborigènes de l'Amérique ; et cette ignorance même explique pourquoi les steppes de l'Amérique méridionale sont vierges d'hommes. Aussi la nature animée y déploie-t-elle librement sa puissance sous les formes d'êtres les plus variées : elle y est abandonnée à elle-même, comme dans les forêts de l'Orénoque, où l'*hymenœa* ne redoute pas la main destructive de l'homme, mais seulement le luxueux étranglement des lianes. Les agoutis, les petits cerfs tachetés, les tatous cuirassés qui, semblables à des rats, effrayent dans leur retraite souterraine le lièvre timide ; des troupeaux de chiguires indolents ; des viverres rayées, dont l'odeur infecte l'air ; le grand lion sans crinière, le jaguar moucheté, le tigre du pays, assez fort pour tuer un jeune taureau et le traîner au haut d'une colline ; tous ces animaux et beaucoup d'autres encore (30) parcourent la plaine dénuée d'arbres.

Presque inhabitables à d'autres animaux, les steppes de l'Amérique méridionale n'auraient pu fixer aucune des hordes nomades qui, de même que la race indo-asiatique, préfèrent la nourriture végétale, si l'on n'y rencontrait çà et là les *mauritia*, palmiers à éventail. Qui n'a entendu parler des bienfaits de cet arbre de vie? Seul il nourrit, à l'embouchure de l'Orénoque, au nord de la Sierra d'Imataca, la nation indomptée des Guaraunis (31). Quand ceux-ci étaient nombreux et agglomérés, ils élevaient leurs huttes sur des stipes de palmiers, supportant une charpente horizontale en guise de plancher; ils tendaient aussi, dit-on, d'un tronc à l'autre, des hamacs tissus avec les pétioles des feuilles de *mauritia*, et vivaient ainsi, à la manière des singes, sur des arbres, pendant la saison des pluies, quand le delta était inondé. Ces huttes suspendues étaient en partie couvertes avec de la terre glaise. Les femmes allumaient, sur le support humide, le feu nécessaire aux besoins du ménage. Le voyageur, naviguant la nuit sur le fleuve, voyait de longues files de flammes, suspendues dans l'air. Encore aujourd'hui les Guaraunis doivent leur indépendance physique et peut-être même leur indépendance morale au sol mouvant, délayé, qu'ils foulent d'un pied léger, ainsi qu'à leur séjour sur les arbres : république aérienne, où l'enthousiasme religieux ne conduira probablement jamais de stylite américain (32).

Mais le mauritia ne leur assure pas seulement un domicile, il leur fournit aussi des mets variés. Avant que la tendre spathe s'ouvre sur le palmier mâle, et seulement à cette période de la végétation, la moelle de la tige recèle une fécule pareille au sagou : on la dessèche, comme la farine de la racine de manioc, en disques minces, semblables à nos galettes. La séve fermentée de cet arbre, c'est le vin doux enivrant des Guaraunis. Les fruits à écailles serrées comme les cônes de pin rougeâtres donnent, ainsi que la banane et la plupart des fruits tropicaux, une nourriture variée, suivant qu'on en fait usage après l'entier développement du principe sucré, ou plus tôt, quand ils sont encore riches en fécule. Ainsi, au degré le plus bas de la civilisation, nous voyons l'existence de toute une peuplade, comme l'insecte sur une fleur, enchaînée en quelque sorte à une seule espèce d'arbre.

Depuis la découverte du nouveau continent, les llanos sont devenus habitables à l'homme. Pour faciliter les relations entre le littoral et la Guyane (pays de l'Orénoque), on a bâti çà et là des villes sur les bords des rivières des steppes (33). Dans tout cet espace immense on a commencé à élever des bestiaux. On rencontre, à des journées de distance, quelques huttes en roseaux liés avec des courroies, et couvertes de peaux de bœuf. Des troupeaux innombrables de taureaux redevenus sauvages, de chevaux et de mulets (à l'époque pacifique de mon voyage, on les estimait à environ un million et demi de têtes), errent dans la steppe. La multiplication prodigieuse de ces animaux de l'ancien monde est d'autant plus étonnante, que les dangers qu'ils ont à combattre dans ces régions sont plus nombreux.

Quand par un soleil vertical, sous un ciel sans nuage, le tapis d'herbes se carbonise et se réduit en poussière, on voit le sol durci se crevasser, comme sous la secousse de violents tremblements de terre. Si dans ce moment des courants d'air opposés viennent à s'entre-choquer, et déterminer par leur lutte un mouvement giratoire, la plaine offre un spectacle étrange. Pareil à un nuage infundibuliforme (34), dont la pointe rase le sol, le sable s'élève au milieu du tourbillon raréfié, chargé de fluide électrique; on dirait une de ces trombes bruyantes que redoute le navigateur expérimenté. La voûte du ciel, qui paraît abaissée, ne reflète sur la plaine désolée qu'une lumière trouble et opaline. Tout à coup l'horizon se rapproche, et resserre l'espace, comme l'âme du voyageur. Suspendue dans l'atmosphère nuageuse, la poussière embrasée augmente encore la chaleur suffocante de l'air (35). Au lieu de fraîcheur, le vent d'est, balayant un sol brûlant, apporte un surcroît de chaleur.

Peu à peu disparaissent les flaques d'eau, qu'avait protégées contre l'évaporation le palmier à éventail jauni. De même que dans les glaces du Nord les animaux s'engourdissent, de même ici le crocodile et le boa dorment immobiles, ensevelis dans la glaise desséchée. Partout la sécheresse annonce la mort, et partout l'image trompeuse d'une nappe d'eau ondoyante (36) poursuit le voyageur altéré ; le jeu de la lumière réfractée paraît séparer du sol, par une bande d'air étroite, les groupes de palmiers lointains : ils flottent par l'effet du mirage, au contact des couches d'air de densités différentes et inégalement chauffées. Enveloppés d'épais nuages de poussière, tourmentés par la faim et une soif ardente, les chevaux et les bestiaux errent dans le désert. Ceux-ci font entendre de sourds mugissements ; ceux-là, le cou tendu, les naseaux au vent, cherchent à découvrir, par la moiteur du souffle, le voisinage d'une flaque d'eau non entièrement évaporée.

Mieux avisé et plus astucieux, le mulet cherche, par un autre moyen, à étancher sa soif. Une plante de forme arrondie et à côtes nombreuses, le melocactus (37), contient, sous son enveloppe hérissée de piquants, une moelle très-aqueuse. Avec ses pieds de devant, le mulet écarte les piquants, approche ses lèvres avec précaution, et se hasarde à boire le suc rafraîchissant. Mais cette manière de se désaltérer à une source vive, végétale, n'est pas toujours sans péril : bien souvent on voit de ces animaux dont le sabot a été estropié par les terribles armes du cactus.

A la chaleur accablante du jour succède la fraîcheur de la nuit, toujours d'égale durée. Mais alors même les bestiaux et les chevaux ne peuvent jouir du repos. Pendant leur sommeil, des chauves-souris monstrueuses leur sucent le sang comme des vampires, ou se cramponnent sur le dos, où elles causent des plaies ulcéreuses, dans lesquelles viennent s'établir les moustiques, les hippobosces, et des colonies d'autres insectes à aiguillon. Telle est la vie misérable de ces animaux, lorsqu'un soleil ardent a fait disparaître l'eau de la surface de la terre.

La scène change soudain, quand à une longue sécheresse succède enfin la bienfaisante saison des pluies (38). Le bleu foncé du ciel, jusqu'alors sans nuage, prend une teinte plus claire. A peine reconnaît-on, pendant la nuit, l'espace noir dans la constellation de la Croix du Sud. La douce lueur phosphorescente des nuées de Magellan s'évanouit. Les étoiles zénithales même de l'Aigle et du Serpentaire brillent d'une lumière tremblante, qui ne ressemble plus à celle des planètes. Pareils à des montagnes lointaines, quelques nuages isolés apparaissent au sud, et s'élèvent verticalement au-dessus de l'horizon. Peu à peu les vapeurs accumulées s'étendent comme un brouillard au zénith. Le tonnerre lointain annonce le retour de la pluie vivifiante.

A peine le sol est-il humecté, que la steppe vaporeuse se revêt de *kyllingia*, de *paspalum* aux panicules nombreuses, et d'une multitude d'autres graminées. Réveillées par la lumière, les *mimosa* herbacées déplissent leurs feuilles endormies, inclinées, et, comme le chant matinal des oiseaux et les fleurs épanouies des plantes aquatiques, elles saluent le soleil levant. Chevaux et bestiaux se réjouissent de la vie dans les pâturages. L'herbe devenue haute abrite le jaguar aux belles mouchetures. Guettant sa proie dans sa cachette assurée, comme le tigre d'Asie il s'élance, d'un bond bien mesuré d'avance, pour saisir, à la manière des chats, l'animal qui passe.

Quelquefois, au récit des indigènes, on voit aux bords des marais la glaise trempée se soulever lentement et par plaques (39). Avec un fracas pareil à l'explosion d'un petit volcan de boue, la terre soulevée est projetée dans l'air. Le spectateur s'enfuit devant l'apparition : c'est un gigantesque serpent d'eau ou un crocodile cuirassé qui sort de sa tombe, ressuscité de sa mort apparente par la première ondée.

Les rivières qui bornent la plaine au sud, l'Arauca, l'Apoure, le Payara, s'enflent peu à peu. Les mêmes animaux qui, dans la première moitié de l'année, languissaient de soif sur un sol desséché et poudreux, sont maintenant forcés à vivre comme des amphibies. La steppe présente en partie l'image d'un immense lac (40). Les juments se retirent avec leurs poulains sur les bancs qui s'élèvent comme des îles au-dessus de la nappe d'eau. De jour en jour, l'espace sec se rétrécit. Serrés les uns contre les autres, les animaux nagent des heures entières à la recherche de quelque pâturage, et trouvent, çà et là, une maigre nourriture dans les épis fleuris des graminées qui sortent d'une eau brunâtre, putrescible. Beaucoup de poulains se noient, beaucoup d'autres sont atteints par les crocodiles, qui les brisent avec leur queue crénelée et les dévorent. Bien souvent on rencontre des chevaux et des bœufs qui, échappés à ces féroces géants de sauriens, portent à la cuisse la marque de leurs dents pointues.

A ce spectacle, l'observateur grave est frappé de la flexibilité organique dont la nature prévoyante a doué certains animaux et plantes. Les fruits farineux de Cérès, ainsi que le bœuf et le cheval, ont accompagné l'homme sur tout le globe, depuis le Gange jusqu'au Plata, depuis la rive africaine jusqu'au plateau d'Antisana, plus élevé que le pic de Ténériffe (41). Là, c'est le bouleau du Nord, ici le dattier, qui protége le bœuf contre les rayons du soleil au méridien. Telle espèce animale qui, dans l'est de l'Europe, lutte contre l'ours et le loup, est, sous une autre zone, menacée des atteintes du tigre et du crocodile.

Mais ce n'est pas seulement aux attaques des

crocodiles et des jaguars, que les chevaux de l'Amérique méridionale sont exposés; ils ont aussi, parmi les poissons, un ennemi dangereux. Les eaux marécageuses de Béra et de Rastro (42) sont remplies d'innombrables anguilles électriques qui, de chaque partie de leur corps gélatineux, tacheté de jaune, lancent à volonté une secousse violente. Ce sont des gymnotes qui ont cinq à six pieds de longueur. Ils sont assez puissants pour tuer les plus grands animaux, lorsque leur appareil nerveux donne une décharge simultanée dans une direction convenable. Il fallut un jour changer la route de la steppe à Uritoucou, parce que les gymnotes s'étaient tellement multipliés dans une petite rivière, que tous les ans beaucoup de chevaux, étourdis par les commotions électriques, se noyaient dans le trajet. Tous les autres poissons fuient le voisinage de ces redoutables anguilles. Le pêcheur à l'hameçon, placé sur le haut du rivage, en reçoit des secousses par l'intermède de la ligne mouillée, qui fait l'office de conducteur. Là donc le feu électrique se dégage du sein même des eaux.

C'est un spectacle pittoresque que la pêche des gymnotes. On fait courir des mulets et des chevaux dans une mare, que les Indiens ceignent étroitement jusqu'à ce que ce bruit insolite excite à l'attaque les poissons courageux. On les voit alors nager comme des serpents sur l'eau, et se presser astucieusement sous le ventre des chevaux. Beaucoup de ces derniers succombent à la force des coups invisibles; d'autres haletants, la crinière hérissée, les yeux étincelants d'une féroce angoisse, s'enfuient devant l'orage qui gronde. Mais les Indiens, armés de longs bambous, les repoussent au milieu de la mare.

Insensiblement l'impétuosité de cette lutte inégale se calme. Les poissons, fatigués, se dispersent comme des nuages déchargés du fluide électrique. Ils ont besoin d'un long repos et d'une nourriture abondante pour réparer la dépense de leur force galvanique. Leurs secousses deviennent de plus en plus faibles. Effrayés du piétinement des chevaux, ils s'approchent timidement du rivage; là on les entame avec des harpons, et on les tire sur la steppe au moyen de bois secs, non conducteurs de l'électricité.

Tel est le combat merveilleux des chevaux et des poissons. Ce qui fait l'arme invisible et vivante de ces habitants de l'eau; ce qui, excité au contact de parties humides et hétérogènes (43), circule dans tous les organes des animaux et des plantes; ce qui embrase avec fracas la voûte céleste; ce qui attache le fer au fer, et dirige la marche tranquille et périodique de l'aiguille aimantée; tout cela découle d'une même source comme les couleurs du rayon décomposé; tout cela se résout en une force universellement répandue, éternelle.

Je pourrais terminer là l'essai hasardé d'un tableau de la steppe. Mais de même que sur l'Océan le navigateur aime à se représenter l'image des côtes lointaines, de même, avant que la vaste plaine se dérobe à nos regards, jetons un coup d'œil rapide sur les régions qui la bordent.

Le désert septentrional de l'Afrique sépare deux races d'hommes qui appartiennent originairement à la même partie du monde, et leur discorde, non apaisée, est aussi vieille que la fable d'Osiris et de Typhon (44). Au nord de l'Atlas habitent des tribus aux cheveux longs et plats, au teint jaune et aux traits physionomiques de la race caucasienne; tandis qu'au sud du Sénégal et du côté du Soudan vivent des peuplades nègres, parvenues à divers degrés de civilisation. Dans l'Asie moyenne, la steppe Mongolique sépare la barbarie sibérienne de l'antique civilisation de la presqu'île de l'Hindoustan.

Les plaines de l'Amérique méridionale limitent de même le domaine de la demi-civilisation européenne (45). Au nord, entre la chaîne de Vénézuéla, et la mer des Antilles, on rencontre, pressés les uns contre les autres, des villes industrieuses, des villages proprets, et des champs soigneusement cultivés. Le goût des arts, la culture des sciences et le noble amour de la liberté civile y sont même depuis longtemps éveillés.

Au sud, une affreuse solitude borde la steppe. Des forêts séculaires, épaisses, impénétrables, garnissent le territoire humide, entre l'Orénoque et le fleuve des Amazones. De puissantes masses de granit, au teint plombé (46), resserrent le lit des rivières écumantes. Monts et bois retentissent du tonnerre des cataractes, du rugissement du jaguar, ce tigre de la contrée, et du sourd gémissement des singes barbus, annonçant la pluie (47).

Là où les eaux basses laissent à nu un banc de sable, on voit le corps monstrueux du crocodile étendu comme un roc, la gueule béante, souvent couvert d'oiseaux (48). Embrassant de sa queue une branche d'arbre, le corps roulé en spirale et tacheté comme un damier, le boa guette sûrement sa proie sur le rivage. Il se déroule rapidement pour saisir au passage le jeune taureau ou quelque gibier plus faible; et, le couvrant de sa bave, il lui fait franchir avec de pénibles efforts le gosier qui se dilate (49).

Au milieu de cette nature grande et sauvage vivent des peuplades diverses. Séparées par une singulière dissemblance de langages, les unes, comme les Otomaques et les Iaroures, rebut de l'humanité, sont nomades, étrangères à l'agriculture, mangent des fourmis, de la gomme et de la terre (50); d'autres, comme les Maquiritains et les Macos, ont des demeures fixes, se nourrissent de fruits cultivés, sont intelligents et de mœurs douces. De vastes espaces entre le Cassiquiare et l'Atabapo sont habités non par des hommes, mais par des tapirs et par des singes réunis en société. Des figures gravées sur des rocs (51) montrent que cette solitude même était jadis le siège d'un degré plus élevé de civilisation. Elles témoignent du sort changeant des nations, comme le font les idiomes flexibles, inégalement développés, qui sont au nombre des monuments historiques les plus anciens et les moins périssables.

Dans l'intérieur de la steppe, c'est le tigre et le crocodile qui font la guerre au cheval et au taureau ; sur ses bords boisés, dans les régions sauvages de la Guyane, c'est l'homme qui s'arme perpétuellement contre l'homme. Là, quelques peuplades dénaturées boivent avidement le sang de leurs ennemis ; d'autres, en apparence sans armes, mais préparées au meurtre (52), donnent la mort avec l'ongle empoisonné de leur pouce ; les tribus plus faibles, en foulant la rive sablonneuse, effacent soigneusement avec leurs mains la trace de leurs pas timides.

Ainsi, dans la barbarie la plus abjecte comme dans l'éclat trompeur d'une civilisation raffinée, l'homme se crée toujours une vie de misère. Le voyageur qui parcourt l'espace, comme l'historien qui interroge les siècles, a devant lui le tableau attristant, uniforme, de la discorde humaine.

Aussi, quiconque aspire au repos de l'âme au milieu des dissensions permanentes des peuples, aime à plonger ses regards dans la vie tranquille des plantes et dans le sanctuaire des forces naturelles ;

ou bien, s'abandonnant à cet instinct inné dans le cœur de l'homme, il lève, dans un saint pressentiment, les yeux vers les astres, qui, dans une harmonie jamais troublée, accomplissent leur révolution éternelle.

ÉCLAIRCISSEMENTS ET ADDITIONS.

(1) Page 13. *Lac de Tacarigua.*

Lorsqu'en partant de la côte de Caracas ou Vénézuéla on pénètre, à travers l'intérieur de l'Amérique méridionale, jusqu'à la frontière du Brésil, depuis le 10° latitude nord jusqu'à l'équateur, on parcourt d'abord une chaîne de montagnes élevée (*chaîne littorale de Caracas*), dirigée de l'ouest à l'est; puis, les grandes steppes ou plaines (*los llanos*), dénuées d'arbres, qui s'étendent depuis le pied de la chaîne littorale jusqu'à la rive gauche de l'Orénoque; enfin, on traverse la ligne montueuse qui occasionne les cataractes d'Aturès et de Maypuré. Cette ligne, que je nomme *Sierra Parime*, passe entre les sources du rio Branco et du rio Esquibo, et se dirige, à l'est des cataractes, vers les Guyanes hollandaise et française. C'est un massif de montagnes divisées en chaînes parallèles comme les branches d'un gril, et le siége de la fable merveilleuse du Dorado (El-Dorado). Au sud, elle confine à la plaine boisée où le rio Negro et le fleuve des Amazones ont creusé leurs lits. Pour avoir une connaissance plus approfondie de ces données géographiques, il faut jeter un coup d'œil sur la grande carte de la Cruz-Olmedilla (1775), qui a donné naissance à presque toutes les cartes modernes de l'Amérique méridionale, et la comparer avec la carte de la Colombie que j'ai publiée en 1825, d'après mes propres déterminations astronomiques des localités.

La chaine littorale de Vénézuéla, considérée sous le rapport géographique, fait elle-même partie de la chaîne des Andes du Pérou. A la réunion des sources du rio Magdalena (de 1° 55′ à 2° 20′ latitude), au sud de Popayan, celle-ci se divise en trois branches, dont la plus orientale aboutit aux montagnes neigeuses de Mérida. Ces dernières s'abaissent vers le Paramo de las Rosas, dans la région montueuse de Quibor et de Tocuyo, qui joint la chaîne littorale de Vénézuéla aux Cordillères de Cundinamarca. Semblable à un mur, la chaine littorale s'étend sans interruption depuis Portocabello jusqu'au cap Paria; sa hauteur moyenne est à peine de sept cent cinquante toises. Cependant quelques cimes isolées, comme le Silla de Caracas ou Cerro de Avila, orné de *béfaria* (les rhododendrons de l'Amérique), s'élèvent jusqu'à treize cent cinquante toises au-dessus du niveau de la mer. Le rivage de Terra-Firma porte des traces de dévastation. On reconnaît partout l'effet de l'action du grand courant dirigé de l'est à l'ouest, et qui, après avoir morcelé les îles Caraïbes, a creusé le golfe des Antilles. Les langues de terre d'Araya et de Chuparipari, particulièrement la côte de Cumana et de la Nouvelle-Barcelone, offrent au géologue un aspect remarquable. Les îles de rescifs de Boracha, de Caracas et de Chimanas, saillent de la mer comme des tours, attestant la puissance et la fureur des vagues battant en brèche la chaîne littorale. Peut-être la mer des Antilles était-elle jadis, comme la Méditerranée, un lac qui fut soudain mis en communication avec l'océan Atlantique. Les îles de Cuba, d'Haïti et de la Jamaïque renferment encore les débris de la haute montagne mica-schisteuse qui bornait cette mer au nord. Là où ces trois îles sont le plus rapprochées les unes des autres, se trouvent aussi, chose surprenante, les cimes les plus élevées. On pourrait croire que le principal noyau de la chaîne des Antilles était situé entre le cap Tiburon et la pointe Morant. Les montagnes de Cuivre (*montañas de Cobre*), près de Sant-Yago de Cuba, n'ont pas encore été mesurées; mais elles sont probablement plus élevées que les *montagnes Bleues* de la Jamaïque (1138 toises), qui dépassent un peu en hauteur le passage du Saint-Gothard. Mes conjectures sur la vallée de l'océan Atlantique et sur l'antique jonction des continents, je les ai développées dans un mémoire rédigé à Cumana, sous le titre de : *Fragment d'un tableau géologique de l'Amérique méridionale* (*Journal de Physique*, messidor an IX). Il est à remarquer que déjà Christophe Colomb, dans un de ses rapports officiels, appelle l'attention sur la connexion du courant équinoxial avec la configuration du littoral des *Grandes Antilles*. (*Examen critique de l'histoire de la Géographie*, t. III, p. 104-108.)

La partie septentrionale et cultivée de la province de Caracas est un pays de montagnes. La chaîne côtière est, comme celle des Alpes de la Suisse, divisée en plusieurs branches qui circonscrivent des vallées longitudinales. La plus pittoresque et la plus célèbre est la vallée d'Aragua, qui produit en abondance l'indigo, le sucre, le coton, et, chose bien singulière, le froment d'Europe. Au midi, cette vallée est bornée par le beau lac de Valencia, dont l'ancien nom indien est Tacarigua. Le contraste que présentent les rives opposées lui donne une ressemblance frappante avec le lac de Genève. Les montagnes pelées de Guigue et de Guiripa ont un caractère moins sévère et moins grandiose que les Alpes de Savoie; mais le rivage du Tacarigua, couvert de bananiers, de *mimosa* et de *triplaris*, surpasse en beauté pittoresque tous les vignobles du pays de Vaud. Le lac a une longueur d'environ dix lieues marines (dont vingt pour un degré de l'équateur); il est parsemé d'îlots qui augmentent d'étendue, parce que le réservoir perd moins d'eau par l'évaporation qu'il n'en reçoit. Depuis quelques années, on a même vu des bancs de sable prendre la forme de véritables îles. On leur donne le nom significatif de *las Aparecidas*, c'est-à-dire, d'*îles nouvellement apparues*. Dans l'île de Cura, on cultive une espèce remarquable de *solanum*, dont les fruits sont comestibles, et que Willdenow a décrite dans son *Hortus Berolinensis* (1816, Tab. XXVII). La hauteur du lac Tacarigua au-dessus du niveau de la mer est de quatorze cents pieds (deux cent trente toises, d'après mes mensurations) moindre que la hauteur moyenne de la vallée de Caracas. Ce lac nourrit des espèces particulières de poissons (*Voy.* mes *Observations de zoologie et d'anatomie comparée*, t. II, p. 179-181), et il offre les scènes les plus belles et les plus gaies que j'aie jamais vues sur le globe. En nous y baignant, Bonpland et moi, nous fûmes effrayés à la vue du *bava*, espèce non décrite de lézard crocodiloïde (dragonne?), de trois à quatre pieds de long, d'un aspect hideux, mais qui ne fait pas de mal à l'homme. Dans le lac de Valencia nous trouvâmes une *typha* (massète), tout à fait identique avec le *typha angustifolia* d'Europe ; fait singulier et fort important pour la géographie des plantes.

Aux environs du lac, dans les vallées d'Aragua, on cultive les deux variétés de canne à sucre, la canne commune ou *caña criolla*, et la *caña de Otaheiti*, nouvellement introduite des îles du grand Océan. La dernière est d'un vert beaucoup plus clair et plus agréable; de sorte que l'on distingue de fort loin un champ planté de cannes de Tahiti. Cook et Georges Forster ont les premiers décrit la canne de Tahiti ; mais ils n'en ont pas assez apprécié la valeur, ainsi qu'on le voit dans l'excellent traité de Forster sur les végétaux comestibles des îles de la mer du Sud. Bougainville l'apporta à l'île de France. De là on l'introduisit à Cayenne, et, depuis 1792, à Saint-Domingue ou Haïti, à la Martinique, et dans les autres petites Antilles. L'entreprenant et infortuné capitaine Bligh la transplanta, avec l'arbre à pain, à la Jamaïque. De la Trinité, île voisine du continent, la nouvelle canne à sucre passa sur la côte de Caracas. Elle est devenue pour ces contrées un produit plus important que l'arbre à pain, qui probablement ne remplacera jamais le bienfaisant bananier, si riche en principes nutritifs. La canne à sucre de Tahiti est, en outre, beaucoup plus juteuse que la canne ordinaire que l'on suppose venir de l'Asie orientale. Puis, pour la même superficie de terrain, elle donne un tiers de sucre de plus que la *caña criolla,* dont la tige est plus mince et à nœuds plus rapprochés. Dans les îles des Antilles, où l'on commence à manquer de combustibles (à Cuba on chauffe les chaudières avec du bois d'oranger), la nouvelle canne à sucre est d'autant plus avantageuse qu'elle fournit un ligneux plus compacte (bagasse). Si son introduction dans les Antilles n'avait pas presque coïncidé avec le commencement de la guerre sanglante des nègres à Saint-Domingue, le prix du sucre aurait été encore plus élevé en Europe qu'il ne l'était déjà par suite de ces troubles funestes et de la stagnation du commerce. Une question intéressante c'est de savoir si la canne à sucre de Tahiti, enlevée à son sol natal, dégénérera insensiblement, et se changera en canne à sucre commune. L'expérience s'est jusqu'à présent prononcée contre cette dégénération. Dans l'île de Cuba, une *caballeria*, c'est-à-dire une superficie de 34,969 toises carrées, plantée de la canne de Tahiti, donne 870 quint. de sucre. Ce précieux végétal de la mer du Sud est (chose singulière) cultivé dans la colonie espagnole précisément la plus éloignée de cette mer. Il ne faut que vingt-cinq jours de navigation pour aller des côtes du Pérou à Tahiti ; et cependant à l'époque de mon voyage on ne connaissait pas encore au Pérou ni au Chili la canne à sucre de Tahiti. Les habitants de l'île de Pâques, qui ont beaucoup à souffrir du manque d'eau douce, boivent le suc de la canne, et, ce qui est physiologiquement très-remarquable, l'eau de mer. La canne à tige épaisse, d'un vert clair, est partout cultivée dans les îles de la Société des Amis et des Sandwich.

Indépendamment de la *caña de Otaheiti* et de la *caña criolla*, on cultive aussi dans les Antilles une canne d'Afrique, rougeâtre, qu'on appelle *caña de Guinea*. Elle est moins juteuse que l'espèce commune asiatique. Cependant on regarde le suc de la variété africaine comme particulièrement propre à la fabrication du rhum.

Le vert clair de la canne de Tahiti forme un très-beau contraste avec la sombre verdure des cacaoyères dans la province de Caracas. Peu d'arbres tropicaux ont un feuillage aussi touffu que le *theobroma cacao*. Ce superbe végétal aime les vallées chaudes et humides. Dans l'Amérique méridionale comme dans le sud de l'Asie, l'extrême fertilité du sol est inséparablement liée à l'insalubrité de l'air. On observe même, à mesure que la culture d'un pays augmente, que plus les forêts diminuent, et que le sol et le climat deviennent secs, moins aussi les plantations de cacaoyers réussissent. Ainsi, elles deviennent moins nombreuses dans la province de Caracas, pendant qu'elles se multiplient rapidement dans les provinces orientales de la Nouvelle-Barcelone et de Cumana, particulièrement dans la région humide, boisée, entre Cariaco et le golfe Triste.

(2) Page 14. *Les indigènes leur donnent le nom de bancs*.

Les llanos de Caracas sont couverts de conglomérat ancien, formation puissante et très-répandue. Lorsqu'en sortant des vallées d'Aragua, on franchit la chaîne la plus méridionale des montagnes côtières de Guigue et de Villa de Cura, pour descendre vers Parapara, on rencontre successivement le gneiss et le mica-schiste ; une roche de transition, probablement silurienne, de schiste argileux et de calcaire noir ; la serpentine et la diorite en fragments arrondis ; enfin, sur le bord de la grande plaine, de petites collines *d'amigdaloïde augitifère* et de *porphyre schisteux*. Ces collines, entre Parapara et Ortiz, me paraissent être des éruptions volcaniques de l'ancien littoral des *llanos*. Plus au nord sont les fameux rochers à formes grotesques, caverneux, connus sous le nom de *Morros de San-Juan*, espèce de *mur du diable*, composé de roches cristallines, semblables à de la dolomite soulevée. On doit donc les considérer plutôt comme des portions du littoral que comme des îles de l'ancien golfe. Je donne aux llanos le nom de *golfe*; car, si l'on tient compte de leur peu d'élévation au-dessus du niveau actuel de la mer, de leur configuration appropriée au courant rotatoire de l'est à l'ouest, ainsi que de l'abaissement de la côte orientale entre les embouchures de l'Orénoque et de l'Essequibo, on ne saurait douter que la mer n'occupât jadis tout le bassin situé entre la chaîne littorale et la Sierra de la Parime, et ne baignât, à l'ouest, la montagne de Merida et de Pamplona ; c'est ainsi que la mer a jadis pénétré à travers les plaines de la Lombardie jusqu'aux Alpes cottiennes et pennines. De plus, les llanos d'Amérique sont inclinés de l'ouest à l'est. Leur élévation à Calabozo, à cent milles géographiques de distance de la mer, est à peine de trente toises, par conséquent de quinze toises inférieure à celle de Pavie, et de quarante-cinq inférieure à celle de Milan dans la plaine de la Lombardie, entre les Alpes helvético-lépontines et les Apennins de la Ligurie. La configuration du sol rappelle ici un mot de Claudien : *curvata tumore parvo planities*. La position des llanos est tellement horizontale, que, dans bien des espaces de plus de trente milles carrés, pas un endroit ne paraît d'un pied plus élevé qu'un autre. Si l'on songe ensuite qu'on n'y trouve pas un arbrisseau, et dans la Mesa de Pavones pas même quelques palmiers isolés, on peut se faire une idée du singulier aspect que présente cette surface désolée, unie comme la mer. Aussi loin que s'étend la vue, elle ne se repose, pour ainsi dire, sur aucun objet qui soit élevé de quelques pouces. Si, dans cette plaine, l'horizon n'était pas bordé par une couche d'air qui, par un effet de la réfraction des rayons, est dans un état ondulatoire permanent, on pourrait y déterminer les hauteurs du soleil à l'aide d'un sextant, comme sur l'horizon de la mer. Cette horizontalité de l'ancien lit de mer exagère la saillie de ces *bancs*. Ce sont des couches sédimenteuses parallèles, fracturées, de deux à trois pieds plus élevées que la formation environnante, et qui présentent une étendue uniforme de dix à douze milles géographiques. Ces bancs donnent naissance aux petites rivières des steppes.

Pendant notre retour du rio Negro, en traversant les llanos de Barcelone, nous rencontrâmes des traces fréquentes d'éboulements. Au lieu de bancs élevés, nous y vîmes des couches isolées de gypse, de trois à quatre toises plus basses que la roche environnante. Plus loin, à l'ouest, près de la jonction du Caura avec l'Orénoque, une vaste étendue de forêt, située à l'est de la mission de San-Pedro de Alcantara, s'abîma lors du tremblement de terre de 1790. Il s'y forma un lac, qui avait plus de trois cents toises de diamètre. Les arbres élevés, tels que les *desmanthus*, les *hymenæa* et les *malpighia*, conservèrent longtemps sous l'eau leur verdure et leur feuillage.

(3) Page 14. *On se croirait au milieu de l'Océan.*

L'aspect de la steppe lointaine surprend d'autant plus que, dans l'épaisseur des forêts, on a été longtemps habitué à un horizon borné, en même temps qu'à la vue d'une nature richement parée. Ce sera pour moi une impression ineffaçable que celle que produisirent sur moi les llanos, lorsqu'à notre retour de l'Orénoque supérieur, nous les revîmes, dans le lointain, du haut d'une montagne située en face de l'embouchure du rio Apure, près du Hato del Capuchino. Le soleil venait de se coucher. La steppe paraissait comme un hémisphère ; la lumière des astres levants se réfractait dans la couche inférieure de l'air. Car, lorsque la plaine a été excessivement échauffée par les rayons d'un soleil vertical, le jeu de la chaleur rayonnante, du courant d'air qui s'élève et se met en contact immédiat avec les couches d'inégale densité de l'atmosphère, dure pendant toute la nuit.

(4) Page 14. *Croûte rocheuse, nue.*

Des espaces immenses, dans lesquels ne s'élèvent que des bancs de rochers nus, donnent aux déserts de l'Afrique et de l'Asie un caractère tout particulier. Dans le Chamo, qui sépare la Mongolie (chaîne d'Ulangom et Malakha-Oola) du nord-ouest de la Chine, ces bancs de rochers s'appellent *tsy*. Dans la plaine boisée de l'Orénoque, on les trouve entourés de la végétation la plus luxuriante (*Relation historique*, t. II, pag. 279). Au milieu de ces plaques de rochers arides, granit et syénite de quelques milliers de pieds de diamètre, à peine garnis de quelques lichens, on voit des îlots de terre végétale, couverts d'herbes basses, toujours fleuries. On dirait de petits jardins, cultivés dans la solitude. Les moines de l'Orénoque supérieur attribuent (chose singulière) à ces plaines de pierres nues, d'une grande étendue, le pouvoir d'engendrer des fièvres et d'autres maladies. A cause de cette opinion, très-répandue, maint village de missionnaires a été abandonné ou transporté ailleurs. Les grandes plaques de roches (*laxas*) agiraient-elles chimiquement sur l'atmosphère, ou seulement par une forte réverbération de la chaleur?

(5) Page 15. *Llanos et pampas de l'Amérique méridionale, et prairies du Missouri.*

Nos connaissances physiques et géologiques de l'ouest de l'Amérique septentrionale ont été, sur plusieurs points, rectifiées par les voyages hardis du major Long, par les excellents travaux de son compagnon Edwin James, et surtout par les observations étendues du capitaine Frémont. Tous les renseignements recueillis jusqu'à présent démontrent clairement ce que, dans mon ouvrage sur la Nouvelle-Espagne, je ne pouvais donner que comme une hypothèse relativement aux chaines des montagnes et aux plaines du nord. En physique comme en histoire, les faits restent longtemps isolés, jusqu'à ce qu'on arrive, par de pénibles efforts, à les coordonner.

La côte orientale des États-Unis de l'Amérique du Nord se dirige du sud-ouest au nord-est, de même qu'au delà de l'équateur la côte du Brésil s'étend depuis le rio de la Plata jusqu'à Olinda. Dans ces deux régions, à une distance peu considérable du littoral, s'élèvent deux files de montagnes, plus parallèles entre elles qu'elles ne le sont avec la chaine des Andes située à l'ouest (Cordillères du Chili et du Pérou), ou avec les montagnes Rocheuses (*Rocky mountains*) dans le nord du Mexique. Le système des montagnes de l'hémisphère austral, celui du Brésil, forme un groupe isolé, dont les plus hautes cimes (Itacolumi et Itambe) ne s'élèvent pas au-dessus de neuf cents toises. Les crêtes orientales, plus rapprochées de la mer, ont seules une direction régulière du sud-sud-ouest au nord-nord-est; le groupe s'élargit vers l'ouest, en même temps que sa hauteur diminue considérablement. Les chaines de collines des Parécis s'approchent des rivières de l'Itenes ou Guaporé, comme les montagnes d'Aguapehi et de San-Fernando (au sud de Villabella) s'avancent vers la haute chaîne des Andes de Cochabamba et de Santa-Cruz de la Sierra.

Il n'existe pas de communication immédiate entre le système de montagnes de la côte Atlantique (Cordillères du Brésil) et celui de la côte du grand Océan (Cordillères du Pérou). La province basse de Chiquitos, vallée longitudinale dirigée du nord au sud, qui s'ouvre uniformément dans les plaines du fleuve des Amazones et du rio de la Plata, sépare le Brésil occidental du haut Pérou oriental. Là, comme en Pologne et en Russie, une crête souvent insensible (*uwaly*, en slavon) forme la ligne de démarcation entre les eaux du Pilcomayo et celles de Madeira, entre l'Aguapehi et le Guaporé, entre le Paraguay et le rio Topayos. La crête s'étend de Chayanta et de Pomabamba (de 19° à 20° latitude) vers le sud-est, traverse l'abaissement de la province de Chiquitos, redevenue presque inconnue aux géographes depuis l'expulsion des jésuites, et forme dans une direction nord-est, où ne s'élèvent que des montagnes isolées, la ligne de partage des eaux, *divortia aquarum*, aux sources du Baurès et près de Villabella (15°-17° latitude).

A cette ligne, si importante pour le commerce des peuples et les progrès de leur civilisation, correspond, dans l'hémisphère nord de l'Amérique méridionale, une seconde ligne (2°-3° latitude) qui sépare le bassin de l'Orénoque du bassin du rio Negro et du fleuve des Amazones. On pourrait considérer ces élévations dans les plaines, ces tumeurs de la terre (*terrœ tumores* de Frontin), comme des systèmes de montagnes arrêtés dans leur développement, et destinés à rattacher des groupes en apparence isolés, la Sierra Parime et le haut Brésil, à la chaîne des Andes de Timana et de Cochabamba. Ces rapports, qui ont passé jusqu'ici presque inaperçus, servent de base à la division que j'ai faite de l'Amérique méridionale en trois bassins, ceux du bas Orénoque, du fleuve des Amazones et du rio de la Plata; bassins dont, comme nous l'avons déjà dit, les deux extrêmes sont des steppes ou des prairies, tandis que l'intermédiaire, entre Sierra Parime et le groupe des montagnes du Brésil, doit être regardé comme une plaine boisée (*hylæa*).

Pour esquisser de même rapidement le tableau de l'Amérique méridionale, il faut fixer les regards sur la chaîne des Andes, d'abord si étroite, puis augmentant de hauteur et de largeur à mesure qu'elle se dirige du sud-est au nord-ouest, à travers l'isthme de Panama, le Véragua, le Guatimala et la Nouvelle-Espagne. Cette chaîne, siège d'une ancienne civilisation, oppose également une barrière au grand courant tropical, et à une prompte communication de l'Europe et de l'Afrique occidentale avec l'est de l'Asie. Depuis le 17° de latitude nord, depuis le fameux isthme de Tehuantepec, elle s'éloigne du bord de la mer Pacifique, et, se dirigeant du sud au nord, elle devient une *Cordillère de l'intérieur*. Dans le Mexique septentrional, la montagne des Grues (*Sierra de las Gruellas*) forme une partie des montagnes Rocheuses. Là se trouvent, à l'ouest, les sources de la Columbia et du rio Colorado de Californie; à l'est, celles du rio Roxo de Natchitoches, de la rivière Canadienne, de l'Arkansas et de la rivière Plate (c'est-à-dire peu profonde), que des géographes ignorants ont récemment transformée en une rivière d'argent ou *rio de la Plata*. Entre les sources de ces rivières (de 37°20′ à 40° 13′ latitude) s'élèvent trois pics de granit pauvre en mica et riche en hornblende, nommés : le *pic Espagnol*, le *pic de James* ou *de Pike*, et le *big Horn* ou *pic de Long* (*Voyez* mon *Essai politique sur la Nouvelle-Espagne*, deuxième édit., t. I, pag. 82 et 109). Leur hauteur dépasse celle de tous les sommets des Andes du Mexique septentrional, qui d'ailleurs depuis les 18° et 19° degrés de latitude, ou depuis le groupe d'Orizaba (à 2717 toises) et de Popocatepetl (à 2771 toises), jusqu'à Santa-Fé et Taos dans le Nouveau-Mexique, n'atteignent nulle part la ligne des neiges éternelles. Le pic James (38° 48′ latitude) a, dit-on, mille sept cent quatre-vingt-dix-huit toises de haut; mais, de cette hauteur, on n'a mesuré trigonométriquement que mille trois cent trente-cinq toises : les autres quatre cent soixante-trois toises sont, en absence de toute observation barométrique, déduites d'estimations incertaines de la pente des rivières. Comme il est presque impossible d'entreprendre une mensuration trigonométrique à la surface même de la mer, les déterminations des hauteurs inaccessibles sont toujours en partie trigonométriques, en partie barométriques. Quant aux estimations, déduites de la chute des eaux, de la rapidité et de la longueur du cours des rivières, elles sont si trompeuses, que la plaine située au pied des montagnes Rocheuses, près des cimes nommées dans le texte, a été évaluée, avant l'importante expédition du capitaine Frémont, tantôt à huit mille, tantôt à trois mille pieds d'élévation. (*Long's Expedition*, vol. II, pag. 36, 362, 382; App., pag. xxxvii.) C'est parce qu'on manquait d'observations barométriques, qu'on était resté si longtemps dans l'incertitude relativement à la véritable hauteur de l'Himalaya. Mais la culture des sciences fait aujourd'hui tant de progrès dans l'Inde, que le capitaine Gérard, qui dans le passage de Tarhi, près du Sutledje, au nord de Shipke, était arrivé à une hauteur de dix-huit mille deux cent dix pieds, eut encore quatre bons baromètres à sa disposition, après en avoir brisé trois. (*Critical Researches on philology and geography*; 1824, pag. 144.)

Pendant les expéditions entreprises dans les années 1842 à 1844 par ordre du gouvernement des États-Unis, Frémont a déterminé barométriquement, au nord-nord-ouest des pics *Espagnol, James, Long* et *Laramie*, le sommet le plus élevé de toute la chaîne des montagnes Rocheuses. Ce sommet neigeux appartient au groupe des montagnes Rivière-du-Vent (*Wind-river mountains*). Sur la grande carte publiée par le colonel Abert, chef du bureau topographique de Washington, il porte le nom de *pic de Frémont*; il est situé sous 43° 10′ latitude et 112° 35′ longitude, par conséquent de près de cinq degrés et demi plus au nord que le *pic Espagnol*. Sa hauteur est, d'après une mensuration immédiate, de douze mille sept cent trente pieds. Le pic de Frémont est donc de trois cent vingt-quatre toises plus élevé que ne l'est, selon l'indication de Long, le *pic de James*, qui, par sa position, est identique avec le *pic de Pike* de la carte mentionnée. Les montagnes Rivière-du-Vent forment la ligne de partage (*divortia aquarum*) entre les deux mers. « Du point culminant, dit le capitaine Frémont dans son rapport officiel (*Report of the exploring expedition to the Rocky mountains, in the year* 1842, *and to Oregon and North California, in the years* 1843-44, pag. 70), nous vîmes, d'un côté, d'innombrables lacs alpestres et les sources du rio Colorado, qui conduit ses eaux à la mer du Sud par le golfe de la Californie; de l'autre, la vallée profonde de la rivière du Vent, où sont les sources de la rivière Pierre-Jaune (*Yellowstone river*), l'un des principaux affluents du Missouri qui, près de Saint-Louis, se joint au Mississipi. Au nord-ouest, les *Trois-Tetons* élèvent leur cime couverte de neiges éternelles; là se trouve la véritable origine du Missouri, pas loin des sources de l'Orégon ou rivière Colombie, c'est-à-dire, de la branche qu'on appelle rivière Serpent (*Snake river*) ou Lewis fork. » Les hardis voyageurs furent étonnés de voir, dans leur ascension, le *pic de Frémont* visité par des abeilles. Peut-être y avaient-elles été entraînées par le courant d'air ascendant, comme les papillons que j'ai rencontrés dans des régions bien plus élevées encore de la chaîne des Andes, également dans le domaine des neiges éternelles. J'ai vu de même, loin des côtes, dans la mer du Sud, tomber sur les navires des lépidoptères à grandes ailes, enlevés au loin par des vents de terre.

La carte et les recherches géographiques de Frémont embrassent l'énorme espace qui s'étend depuis la jonction de la rivière Kanzas avec le Missouri jusqu'aux cataractes de la Colombie et aux Missions de Santa-Barbara et Pueblo-de-los-Angelos, dans la Nouvelle-Californie, ce qui fait 28° degrés de longitude (près de trois cent quarante milles géographiques) entre le 34° et 45° latitude nord. Quatre cents points d'élévation ont été mesurés barométriquement et en grande partie aussi astronomiquement; en sorte qu'on a pu représenter, au-dessus du niveau de la mer, un profil de terre qui, y compris les courbures de la route, s'élève à neuf cents milles géographiques, et va depuis l'embouchure de la rivière Kanzas jusqu'au fort Vancouver et aux bords de la mer du Sud, distance presque de cent quatre-vingts milles supérieure à celle de Madrid à Tobolsk. Comme je crois avoir le premier entrepris de figurer des contrées entières (la presqu'île Ibérique, le plateau du Mexique et les Cordillères de l'Amérique méridionale) par des profils géologiques (les projections en demi-perspective de l'abbé Chappe, voyageur en Sibérie, n'étaient fondées que sur de simples estimations, la plupart absurdes, de chutes d'eau), j'ai vu avec un plaisir tout particulier qu'on a adopté sur une aussi grande échelle la méthode graphique qui représente les saillies de l'élément solide au-dessus de l'élément liquide. Sous les latitudes moyennes de 37° à 43°, les montagnes Rocheuses offrent, outre les cimes neigeuses d'une hauteur comparable à celle du pic de Ténériffe, des hauts plateaux comme on n'en trouve, pour leur étendue, peut-être nulle part sur le globe, et qui, de l'est à l'ouest, sont presque une fois plus larges que le haut plateau du Mexique. Depuis la souche de montagnes qui commence un peu à l'ouest du fort Laramie jusqu'au delà des montagnes Wahsatch, on observe un renflement uniforme du sol de cinq à sept mille pieds au-dessus du niveau de la mer, et qui même, de 34° à 45° de latitude, remplit tout l'espace compris entre les montagnes Rocheuses proprement dites et la chaîne neigeuse de la Californie. Cet espace, sorte de vallée longitudinale large comme celle du lac de Titicaca, Joseph Walker, voyageur très-familier avec les régions occidentales, et le capitaine Frémont, l'appellent le grand bassin (*the great basin*). C'est une *terra incognita* d'au moins 8000 milles géographiques carrés, aride, presque sans habitants, et remplie de lacs salés, dont le plus grand est à trois mille neuf cent quarante pieds au-dessus du niveau de la mer, et communique avec le lac étroit d'Utah (Frémont, *Report of the exploring Expedition*, p. 154 et 273-276). Dans le dernier se jette la profonde rivière la Roche (*Timpan-Ogo,* dans la langue d'Utah). Le père Escalante a découvert le grand lac salé de Frémont (*great salt lake*) en 1776, pendant son voyage de Santa-Fé del Nuevo-Mexico à Monterey dans la Nouvelle-Californie; et, le confondant avec la rivière, il lui donna le nom de *laguna de Timpanogo*. C'est sous ce nom que je l'ai indiqué sur ma carte du Mexique, ce qui a donné lieu à bien des discussions oiseuses, déjà relevées par Tanner, géographe américain fort instruit, sur la prétendue non existence d'une mer intérieure (Humboldt, *Atlas mexicain*, pl. 2; *Essai sur la Nouvelle-Espagne*, t. I, p. 231; t. II, p. 243, 313 et 420; Frémont, *Upper California*, 1848, p. 9; comparez aussi Duflot de Mofras, *Exploration de l'Orégon*, 1844, t. II, p. 40). *Gallatin*, dans son traité sur les tribus indigènes, dit positivement : « *General Ashley and Mr. J. S. Smith have found the lake Timpanogo in the same latitude and longitude nearly as had been assigned to it in Humboldt's Atlas of Mexico.* » (*Archæologia americana*, vol. II, p. 140.)

C'est à dessein que je m'arrête sur ce singulier renflement du sol (haut plateau) dans la région des montagnes Rocheuses; car, par son étendue et son élévation, il doit au sud et à l'est exercer une grande influence, jusqu'à présent inaperçue, sur le climat de tout l'hémisphère boréal du nouveau continent. Dans cet immense plateau uni, Frémont voyait toutes les nuits, au mois d'août, l'eau se couvrir de glace. Cette configuration du sol est d'une importance non moins grande pour l'état social et les progrès de la civilisation dans l'Union-Américaine. Bien que la ligne de partage des eaux atteigne une hauteur voisine des passages du Simplon (6170 pieds), du Saint-Gothard (6440 pieds), et du grand Saint-Bernard (7476 pieds), la montée est cependant si insensible, que rien ne s'oppose à une communication, au moyen de véhicules de toutes sortes, entre le territoire du Missouri et celui de l'Orégon, entre les États atlantiques et les nouveaux établissements de l'Orégon ou rivière de Colombie, enfin entre les deux côtes opposées, dont l'une regarde l'Europe et l'autre la Chine. La distance de Boston à la Vieille-Astorie, sur le bord de la mer du Sud, à l'embouchure de l'Orégon, est en ligne directe, par degrés de longitude, de cinq cent cinquante milles géographiques, c'est-à-dire, environ un dixième de moins que la distance de Lisbonne à l'Oural, près de Katherinenbourg. En raison de cette pente si douce du haut plateau qui conduit du Missouri dans la Californie et dans le territoire de l'Orégon, ce n'est pas sans peine qu'on est parvenu à déterminer le point culminant, celui de la ligne de partage des eaux (*divortia aquarum*). Depuis le fort et rivière Laramie, sur la branche septentrionale de la rivière Plate, jusqu'au fort Hall ou Lewis fork de la rivière Colombie, toutes les stations mesurées étaient de cinq à sept mille pieds, et même de neuf mille sept cent soixante pieds dans l'Old-Park. La ligne de partage des eaux se trouve au sud des montagnes Rivière-du-Vent, à peu près au milieu de la route qui va du Mississipi au bord de la mer du Sud, à une élévation de sept mille vingt-sept pieds, par conséquent de quatre cent cinquante pieds au-dessous du passage du grand Saint-Bernard. Les émigrants appellent ce point culminant le *Passage du Sud* (Frémont, *Report*, p. 3, 60, 70, 100 et 129). Il est situé dans une contrée charmante, tapissée d'armoises, particulièrement d'*artemisia tridentata* Nuttal, de différentes espèces d'aster et de cactées. Ces plantes couvrent des roches de gneiss et de schiste micacé. Les déterminations astronomiques donnent 42° 24′ latitude et 111°

46′ longitude. Adolphe Erman a déjà fait remarquer que la direction de la grande chaîne altaïque de l'Asie orientale (qui sépare le territoire de la Léna des affluents du grand Océan), prolongée comme un grand cercle sur le globe, passe par beaucoup de cimes des montagnes Rocheuses entre 40° et 55° latitude. « Ainsi, une chaîne de montagnes américaines et une chaîne asiatique ne paraissent être que des parties du soulèvement opéré par la voie la plus courte. » (Comp. Erman, *Voyage autour du monde* (en allemand), t. III, part. I, p. 8; t. I, part. II, p. 386; et *Archives pour la connaissance scientifique de la Russie* (en allemand), t. VI, p. 671.)

Il faut bien distinguer les montagnes Rocheuses, inclinées vers la rivière Mackenzie, une grande partie de l'année couverte de glace, et le haut plateau, garni de quelques cimes neigeuses, des montagnes occidentales plus élevées du littoral, de la rangée des Alpes maritimes de la Californie (*Sierra Nevada de California*). Quelque mal choisie que soit la dénomination déjà généralement adoptée de *montagnes Rocheuses*, pour désigner la continuation la plus septentrionale de la chaîne centrale du Mexique, il ne me paraît cependant pas convenable de lui donner, comme on l'a souvent essayé, le nom de chaîne de l'*Orégon*. Sans doute on y trouve les sources des trois branches principales (*Lewis's*, *Clark's* et *North Fork*) qui forment le puissant Orégon, ou fleuve de la Colombie. Mais ce même fleuve traverse aussi la chaîne californienne des Alpes maritimes, couvertes de neiges éternelles. Le nom *district d'Orégon* désigne aussi, politiquement et officiellement, le petit territoire situé à l'ouest de la chaîne littorale, là où sont le fort Vancouver et les établissements (*settlements*) de Walahmutt; et il est plus convenable de ne donner le nom d'*Orégon* ni à la chaîne littorale ni à la chaîne centrale. Ce nom a d'ailleurs fait commettre à Malte-Brun la méprise la plus étrange. Ce géographe célèbre avait lu sur une vieille carte espagnole : « Et on ignore encore (*y aun se ignora*) où est la source de ce fleuve (la Colombie); » et il croyait reconnaître dans le mot *ignora* le nom d'*Orégon* (*Voy.* mon *Essai politique sur la Nouvelle-Espagne*, t. II, p. 314).

Les rochers qui, par la rupture de la chaîne, forment les cataractes de la Colombie, indiquent la continuation de la *Sierra Nevada de Californie*, depuis le 44e jusqu'au 47e degré de latitude (Frémont, *Geographical Memoir upon Upper-California*, 1848, p. 6). Dans cette rangée septentrionale se trouvent les trois colosses mont Jefferson, mont Hood et mont Saint-Hélène, qui s'élèvent jusqu'à quatorze mille cinq cent quarante pieds au-dessus du niveau de la mer. La hauteur de cette chaîne littorale (*coast range*) surpasse donc de beaucoup celle des montagnes Rocheuses. « Pendant un voyage de huit mois que nous fîmes le long des Alpes maritimes, dit le capitaine Frémont (*Report*, p. 274), nous eûmes continuellement la vue de cimes neigeuses; et même quand nous parvînmes à franchir les montagnes Rocheuses par le *passage du Sud*, à une hauteur de sept mille vingt-sept pieds, nous trouvâmes dans les Alpes maritimes, distribuées en plusieurs rangées parallèles, des passages d'au moins deux mille pieds plus élevés; » par conséquent seulement de onze cent soixante-dix pieds au-dessous de la cime de l'Etna. C'est une chose extrêmement remarquable, et qui rappelle les Cordillères orientales et occidentales du Chili, savoir, que la chaîne du littoral, la chaîne Californienne, offre seule des volcans encore maintenant en activité. On voit les cônes Regnier et Saint-Hélène fumer presque sans interruption : le 23 novembre 1843, ce dernier volcan vomit une masse de cendres qui, semblable à de la neige, couvrit à dix milles de distance les rivages de la Colombia. A cette chaîne californienne se rattache aussi, dans le nord de l'Amérique russe, le mont Élie (qui a, d'après la Pérouse, dix-neuf cent quatre-vingts, et, d'après Malaspina, deux mille sept cent quatre-vingt-douze toises de haut), et le mont Beau-Temps (*mount fair Weather, Cerro de buen Tiempo*), de deux mille trois cent quatre toises. Ces deux monts coniques passent aussi pour des volcans en activité. Pendant son expédition, également utile pour la botanique et la géognosie, Frémont a recueilli, dans les montagnes Rocheuses, des produits volcaniques, tels que scories de basalte, trachyte, obsidienne même. Un peu à l'est du fort Hall (43° 2' lat., 114° 50' long.), il rencontra un ancien cratère, mais point de traces de volcans vomissant de la lave et des cendres. Il ne faut pas prendre pour des éruptions volcaniques le phénomène encore peu expliqué de ces collines fumantes que les colons anglais, et les indigènes parlant français, appellent *smoking hills*, *côtes brûlées*, *terrains ardents*. « Des rangées de collines basses, coniques, dit un observateur exact, M. Nicollet, se couvrent presque périodiquement, souvent pendant deux à trois ans, d'une épaisse fumée noire. On n'y aperçoit pas de flammes. Ce phénomène se manifeste particulièrement dans le territoire du Missouri supérieur, et plus rapproché du versant oriental des montagnes Rocheuses, où il y a une rivière que les indigènes nomment *Mankizitahwalpa*, c'est-à-dire, *rivière de la terre qui fume*. Des produits pseudo-volcaniques scorifiés, une sorte de jaspe porcelaine, se trouvent dans le voisinage des collines fumantes. » — Depuis l'expédition de Lewis et Clark, on avait cru généralement que le Missouri dépose sur ses rives de vraies pierres ponces. Le professeur Ducatel voulait attribuer ce phénomène, qui s'observe principalement dans la formation crayeuse, à une décomposition aqueuse et à une réaction des pyrites sur des bancs houillers. (*Voy.* Frémont, *Report*, p. 164, 184, 187, 193 et 299; et Nicollet, *Illustration of the hydrographical basin of the Upper Missisipi river*, 1843, p. 39-41.)

Pour résumer ces considérations générales sur la configuration de l'Amérique du Nord, jetons encore un coup d'œil sur les espaces qui séparent les deux chaînes littorales divergentes de la chaîne centrale. Nous voyons d'abord, par un contraste saisissant, à l'ouest, entre la chaîne centrale et les Alpes maritimes de la Californie, un haut plateau aride, non peuplé, de cinq à six mille pieds d'élévation au-dessus du niveau de la mer ; à l'est, entre les monts Alleghanys (dont les cimes les plus élevées, le mont Washington et le mont Marcy, ont, selon Lyell, l'un six mille deux cent quarante, l'autre cinq mille soixante-six pieds de haut) et les montagnes Rocheuses, nous trouvons le bassin du Mississipi bien arrosé, fertile, très-peuplé, qui, en grande partie deux fois plus élevé que la plaine de la Lombardie, atteint de quatre à six cents pieds de hauteur. La constitution hypsométrique de ce bas pays oriental, c'est-à-dire, son rapport avec le niveau de la mer, n'a été éclaircie que dans ces derniers temps par les excellents travaux de M. Nicollet, astronome français plein de talent, enlevé à la science par une mort prématurée. Sa grande carte du Mississipi supérieur, tracée en 1836-1840, est basée sur deux cent quarante déterminations astronomiques de latitude, et sur cent soixante-dix observations barométriques de hauteur. La plaine que circonscrit le bassin du Mississipi est la continuation de la plaine plus septentrionale du Canada ; le même abaissement s'étend depuis le golfe du Mexique jusqu'à la mer Arctique. (Comp. ma *Relation historique*, t. III, p. 234 ; et Nicollet, *Report to the Senate of the United States*, 1843, p. 7 et 57.) Là où la terre basse forme, par ses ondulations, des rangées de collines (*coteaux des prairies, coteaux des bois* de l'ancienne nomenclature), entre 47° et 48° de latitude, les eaux se partagent entre la baie d'Hudson et le golfe du Mexique. Cette ligne de partage est indiquée, au nord du lac Supérieur ou Kichi-Gummi, par les hauteurs de Missabay, et à l'ouest, par les *Hauteurs des terres*, où sont les véritables sources, découvertes seulement en 1832, du Mississipi, un des plus grands fleuves du monde. Les plus élevées de ces rangées de collines atteignent à peine de quatorze cents à quinze cents pieds. Depuis son embouchure (*Old french Balize*) jusqu'à Saint-Louis, un peu au sud de sa jonction avec le Missouri, le Mississipi n'a que trois cent cinquante-sept pieds de chute, bien que la distance soit de plus de trois cent vingt milles géographiques. Le lac Supérieur a son niveau à cinq cent quatre-vingts pieds de haut; et comme dans le voisinage de l'île de Madeleine il a exactement sept cent quarante-deux pieds de profondeur, son lit est à cent soixante-deux pieds au-dessous de la surface de l'Océan. (*Nicollet*, p. 99, 125 et 128.)

Beltrami, qui en 1825 s'était séparé de l'expédition du major Long, prétendit avoir trouvé les sources du Mississipi dans le lac Cass. Ce fleuve traverse, dans son cours supérieur, quatre lacs; le second est le lac Cass. Le dernier s'appelle le lac *Istaca* (47° 13′ lat., 97° 22′ long.); il n'a été découvert qu'en 1832, pendant l'expédition de Schoolcraft et du lieutenant Allen, qui l'ont reconnu pour la vraie source du Mississipi. En sortant du lac Istaca, qui a la singulière forme d'un fer à cheval, ce fleuve si puissant n'a que seize pieds de large sur quatorze pouces de profondeur. Ce n'est que par l'expédition scientifique de M. Nicollet, en 1836, que les rapports de localités ont été parfaitement déterminés par des observations astronomiques. Les sources ou derniers affluents que le lac Istaca reçoit de la montagne de séparation, appelée *Hauteur de terre*, sont à quinze cent soixante-quinze pieds au-dessus du niveau de la mer. Tout près de là, et sur le versant méridional de cette montagne, est le lac Elbow, d'où sort la petite rivière Rouge du Nord (*Red river of the North*), qui coule en serpentant vers la baie d'Hudson. Les monts Carpathes montrent des rapports de sources semblables pour les fleuves qui versent leurs eaux dans la mer Baltique et la mer Noire. — M. Nicollet a donné à vingt petits lacs, groupés au sud et à l'ouest de l'Istaca, les noms de ses ennemis et amis intimes, qu'il avait laissés en Europe. La carte est un album géographique, rappelant l'Album botanique de la *Flora Peruviana* de Ruiz et Pavon, où étaient indiqués les noms des nouvelles espèces végétales, jointes à l'*Almanach de la cour*, avec les changements survenus dans les *Oficiales de la Secretaria*.

A l'est du Mississipi règnent encore quelques forêts épaisses; à l'ouest, il n'y a que des prairies où paissent des troupeaux de buffles (*bos americanus*) et de bisons (*bos moschatus*). Ces deux animaux, les plus grands du Nouveau-Monde, servent de nourriture aux Indiens nomades, aux Apaches-Llaneros et aux Apaches-Lipanos. Les Assiniboins prennent quelquefois, en peu de jours, jusqu'à sept ou huit mille bisons dans des espèces d'enceintes, dites *parcs de bisons*, où ils les font entrer. (*Voy*. Prince Maximilien de Wied, *Voyage dans l'intérieur de l'Amérique du Nord*, t. I, 1839, p. 443.) On ne tue guère le bison, que les Mexicains appellent *cibolo*, que pour en avoir la langue, mets recherché des gourmets. Ce n'est nullement une simple variété de l'*auerochs* de l'ancien monde, bien que d'autres espèces animales, par exemple l'élan (*cervus alces*) et le renne (*cervus tarandus*), voire même l'homme polaire trapu, appartiennent aux contrées boréales de tous les continents, comme une preuve de leur antique communication. Les Mexicains appellent le bœuf d'Europe, en dialecte aztèque, *quaquahue*, animal cornu, de *quaquahuitl*, corne. Les énormes cornes qu'on a trouvées dans d'anciens édifices mexicains, près de Cuernavaca, au sud-ouest de Mexico, me paraissent avoir appartenu au taureau-bison. Le bison du Canada peut être apprivoisé au point de servir à des travaux agricoles. Il s'accouple avec les vaches d'Europe ; on était longtemps dans l'incertitude de savoir si l'hybride qui résulte de cet accouplement était fécond de manière à servir à la propagation de l'espèce. Albert Gallatin, qui, avant de se faire connaître en Europe comme un diplomate distingué, avait fait des observations approfondies dans la partie inculte des États-Unis, assure qu'on ne saurait nier la fécondité des hybrides provenant des races bovines croisées d'Amérique et d'Europe : « *The mixed breed, was quite common fifty years ago in some of the northwestern countries of Virginia; and the cows, the issue of that mixture, propagated like all others.* » Puis il ajoute : « Je ne me rappelle pas d'avoir vu des bisons domestiques ; cependant des chiens prirent quelquefois des veaux de bisons, qu'on éleva, et qu'on envoya dans les pâturages avec les vaches européennes. Près du Monongahela, tous les bestiaux étaient pendant longtemps de cette race bâtarde. On se plaignait qu'elle donnât peu de lait. » La nourriture favorite du bison est le *tripsacum dactyloïdes* (appelé *buffalo grass* dans la Nouvelle-Caroline) et une légumineuse non décrite, voisine du *trifolium repens*, que Barton a désignée sous le nom de *trifolium bisonicum*.

J'ai déjà ailleurs (*Cosmos*, t. II, p. 488) appelé l'attention sur un passage de Gomara, écrivain si digne de foi (*Historia general de las Indias*, cap. CCXIV), d'après lequel il y avait encore au seizième siècle, dans le nord-ouest du Mexique, sous 40° de latitude, une tribu indienne, dont la plus grande richesse consistait en troupeaux de bisons domestiques (*bueyes con una giba*). Et cependant, malgré cette possibilité de domestication, malgré la grande quantité de lait que donne la bisonne, malgré les troupeaux de lamas dans les vallées du Pérou, on n'y trouva point, lors de la découverte de l'Amérique, de peuples pasteurs. Il n'existe aucun document historique qui témoigne de la vie pastorale dans ces contrées. Il est aussi à remarquer que le buffle ou bison de l'Amérique septentrionale n'a pas été sans influence sur les découvertes géographiques qu'on a faites dans ces régions non frayées. Pendant l'hiver, les bisons voyagent par troupes de milliers d'individus, pour chercher un climat plus doux dans les pays situés au sud de l'Arskansas. Leur grosseur et leur forme lourde leur rendent le passage des montagnes difficile. Les sentiers battus du bison (*buffalo-path*) indiquent au voyageur, à coup sûr, le chemin le plus commode. C'est ainsi que les buffles ont tracé la meilleure route par les montagnes de Cumberland dans le sud-ouest de la Virginie et du Kentucky, dans les montagnes Rocheuses, entre les sources de la rivière Pierre-Jaune et de la rivière Plate, entre la branche australe de la Colombia et le rio Colorado de la Californie. Peu à peu les colonies européennes ont chassé des contrées orientales des États-Unis le bison, qui, dans ses migrations, dépassait autrefois les rives du Mississipi et de l'Ohio, bien au delà de Pittsburgh. (*Archæologia Americana*, vol. II, 1836, pag. 139.)

Depuis le rocher granitique de Diego-Ramirez et la Terre de Feu si déchiquetée (à l'est celle-ci renferme du schiste silurien, et à l'ouest, le même schiste métamorphosé en granit par le feu souterrain. *Darwin, Journal of Researches into the geology and natural history of the countries visited 1832-1836, by the ships Adventure and Beagle,* pag. 266), jusqu'à la mer Polaire, les Cordillères ont une longueur de plus de 2000 milles géographiques. Elles ne sont pas la chaîne de montagnes la plus élevée, mais la plus étendue du globe; elles ont été soulevées à travers une crevasse qui, dirigée comme une ligne méridienne d'un pôle à l'autre, parcourt la moitié de notre planète : sa longueur égale la distance des colonnes d'Hercule au cap Glacé des Tschouktschis, dans le nord-est de l'Asie. Là où les Andes se partagent en plusieurs rangées parallèles, celles qui sont les plus rapprochées de la mer offrent, en général, des volcans en activité. Cependant on a observé aussi que lorsque les éruptions du feu souterrain cessent dans une chaîne, c'était souvent pour reparaître dans une autre chaîne parallèle. Il est de règle que les cônes d'éruption suivent l'axe de la chaîne; mais, dans le haut plateau du Mexique, les volcans actifs sont situés sur une fente transversale, dirigée de l'est à l'ouest, c'est-à-dire, d'un océan à l'autre. (Humboldt, *Essai politique*, t. II, p. 173.) Là où, dans l'ancien *plissement de la croûte terrestre*, le soulèvement des montagnes a donné issue à la masse intérieure en fusion, cette masse intérieure continue, par la crevasse, d'agir sur les montagnes soulevées comme des murs. Ce que nous appelons une chaîne n'est pas l'effet d'un soulèvement instantané et d'une apparition subite. Des roches d'âges très-différents se sont entassées et ont surgi par des voies primitivement frayées. L'hétérogénéité des roches résulte de l'épanchement et du soulèvement d'une formation éruptive, ainsi que du métamorphisme lent et compliqué dans des fissures remplies de vapeurs, et conductrices de la chaleur.

On a considéré quelque temps (depuis 1830 jusqu'en 1848), comme les points les plus élevés de toutes les Cordillères du nouveau continent:

1° Le *Nevado de Sorata*, qu'on appelle aussi *Ancohuma* ou *Tusubaya* (15° 52′ lat. australe), un peu au sud du village de Sorata ou Esquibel, dans la chaîne orientale de Bolivie; hauteur: trois mille neuf cent quarante-neuf toises, ou vingt-trois mille six cent quatre-vingt-douze pieds;

2° Le *Nevado de Illimani*, à l'ouest de la mission d'Yrupana (16° 38′ lat. australe), également dans la chaîne orientale de Bolivie; hauteur : trois mille sept cent cinquante-trois toises, ou vingt-deux mille cinq cent dix-huit pieds;

3° Le *Chimborazo* (1° 27′ lat. australe), dans la province de Quito; hauteur : trois mille trois cent cinquante toises, ou vingt mille cent pieds.

Pentland, géologue distingué, a le premier mesuré, en 1827 et 1838, le Sorata et l'Illimani. Mais depuis la publication de sa grande carte du bassin du lac de Titicaca, en juin 1848, nous savons que les hauteurs ci-dessus indiquées du Sorata et de l'Illimani sont l'une de trois mille sept cent dix-huit, et l'autre de deux mille six cent soixante et quinze pieds trop élevées. La carte donne au Sorata vingt et un mille deux cent quatre-vingt-six, à l'Illimani vingt et un mille cent quarante-neuf pieds anglais, c'est-à-dire, seulement dix-neuf mille huit cent soixante-quatorze et dix-neuf mille huit cent quarante-trois pieds français. C'est par un calcul plus exact des opérations trigonométriques que Pentland est arrivé, en 1838, à ces nouveaux résultats. Sur la Cordillère occidentale, il indique quatre pics de vingt mille trois cent soixante à vingt mille neuf cent soixante et onze pieds. Le pic Sahama serait ainsi de huit cent soixante et onze pieds plus élevé que le Chimborazo, et de sept cent quatre-vingt-seize pieds plus bas que l'Aconcagua.

(6) Page 15. *Le désert voisin des montagnes basaltiques Haroudch.*

Près des lacs Natroun d'Égypte, qui du temps de Strabon n'étaient pas encore divisés en six réservoirs, s'élève une rangée de collines. Elle s'arrête brusquement au nord pour se diriger de l'est à l'ouest au delà du Fezzan, où elle paraît se réunir à la chaîne de l'Atlas. Elle sépare dans le nord-est de l'Afrique, comme l'Atlas dans le nord-ouest, la *Libye habitée littorale*, d'Hérodote, de la *Libye thériode* (riche en animaux) ou Biledulgerid. Sur les confins de l'Égypte moyenne, toute la région au sud du 30e degré de latitude est une mer de sable, garnie de quelques îles verdoyantes (*oasis*). Le nombre de ces oasis, dont les anciens ne comptaient que trois, et que Strabon compare aux taches d'une peau de panthère, s'est considérablement accru depuis les découvertes faites par des voyageurs récents. La troisième oasis des anciens, nommée aujourd'hui Siwah, était le *nome Ammonique*, un État gouverné par des prêtres, et une halte pour les caravanes; on y admirait le temple de l'Ammon-Cornu, et la fontaine du Soleil, à fraîcheur périodique. Les ruines d'Ummibida (Omm-Beydah) appartiennent incontestablement au caravansérai fortifié du temple d'Ammon, et par conséquent aux plus anciens monuments de l'aurore de la civilisation humaine qui nous soient parvenus. (Caillaud, *Voyage à Syouah*, p. 14; Ideler, dans les *Fundgruben des Orients* (mines de l'Orient), t. IV, pag. 399-411.)

Le mot *oasis* est égyptien; il a la même signification qu'*Auasis* et *Hyasis* (Strab., lib. II, pag. 130; lib XVII, pag. 813, edit. Casaub.; Herodot., t. VI, lib. III, cap. 26, p. 207, edit. Wessel). Aboulféda appelle l'oasis *el-wah*. Sous les derniers empereurs romains, on envoyait les criminels dans les oasis. On les exilait dans ces îles de la mer de sable, de même que les Espagnols et les Anglais les déportent aujourd'hui aux îles Malouines ou à la Nouvelle-Hollande. Il est plus facile de s'échapper par l'Océan que par le désert qui entoure les oasis. Celles-ci diminuent de fertilité par l'envahissement des sables.

On prétend que la petite montagne d'Haroudch (*Haroudje*) se compose de collines basaltiques de forme grotesque (Ritter, *Afrique*, 1822; p. 885, 993 et 1003). C'est le *mons Ater* de Pline. Dans sa direction occidentale, où elle prend le nom de *mont de Soudah*, cette chaîne a été examinée par mon infortuné ami, le hardi voyageur Ritchie. Ces éruptions de basalte, dans le calcaire tertiaire, paraissent analogues aux éruptions basaltiques du Vicentin. La nature reproduit les mêmes phénomènes dans les contrées les plus distantes. Dans les formations calcaires de l'*Haroudje el-Abiad* (*Haroudje blanc*), qui appartient probablement à l'ancienne craie, Hornemann trouva une quantité prodigieuse de têtes de poissons fossiles. Ritchie et Lyon ont observé que le basalte des monts Soudah est dans beaucoup d'endroits, comme celui du monte Berico, intimement mêlé avec du carbonate de chaux, phénomène qui vraisemblablement se lie au passage à travers les couches calcaires. La carte de Lyon indique même de la dolomite dans le voisinage. Des minéralogistes modernes ont rencontré en Égypte de la syénite et du grünstein, mais pas de basalte. Les anciens auraient-ils en partie tiré de ces montagnes de l'ouest la matière de leurs vases de basalte, que l'on découvre çà et là ? Y trouverait-on aussi le *lapis obsidius ?* ou faut-il chercher le basalte et l'obsidienne près de la mer Rouge ? La ligne d'éruptions volcaniques de l'Haroudje, sur la lisière du désert d'Afrique, rappelle aux géologues les roches amygdaloïdes bulleuses augitifères, les phonolithes, les porphyres serpentinoïdes, qu'on ne trouve que sur le bord septentrional et occidental des steppes de Vénézuéla et d'Arkansas, c'est-à-dire, sur l'ancienne chaîne littorale. (Humboldt, *Relation historique*, t. II, p. 142 ; Long, *Expedition to the Rocky mountains,* vol. II, p. 91 et 405.)

(7) Page 16. *Le vent d'est tropical l'abandonne subitement, et la mer verdoyante d'algues...*

Un phénomène remarquable et généralement connu des navigateurs, c'est que dans le voisinage de la côte africaine, entre les îles Canaries et le cap Vert, particulièrement entre le cap Bojador et l'embouchure du Sénégal, le vent d'ouest souffle souvent, au lieu du vent d'est ou alisé qui règne sous les tropiques. Le vaste désert de Sahara est la cause de ce vent : au-dessus de la surface sablonneuse embrasée, l'air se raréfie et monte verticalement ; l'air de la mer se précipite pour remplir cet espace raréfié. De là vient, sur la côte occidentale de l'Afrique, le vent d'ouest, si contraire aux navires en destination pour l'Amérique. Sur ces navires on éprouve, sans apercevoir le continent, l'effet de la chaleur rayonnante du sable. La même cause produit, comme on sait, les changements alternatifs des brises de terre et de mer, qui soufflent sur les côtes à des heures déterminées du jour et de la nuit.

Déjà les anciens parlent souvent des amas d'algues qu'on trouve dans le voisinage de la côte occidentale de l'Afrique. La situation de ces amas est un problème qui se rattache intimement aux hypothèses sur l'extension de la navigation phénicienne. Le *Périple*, qu'on attribue à Scylax de Caryanda, et qui, d'après les recherches de Niebuhr et de Letronne, n'est très-probablement qu'une compilation du temps de Philippe de Macédoine, mentionne déjà une accumulation de fucus au delà de Cerné, une mer d'algues, *mar de sargasso*. Mais cette indication de localité me paraît être très-différente de celle qu'on trouve dans le traité *De Mirabilibus auscultationibus*, qu'on a longtemps et à tort attribué à Aristote. (Comp. *Scyl. Caryand. Peripl.*, dans Hudson, vol. II, p. 53; et Aristot., *De Mirabil. auscult.*, in *Opp. omnia* ex recens. Bekkeri, p. 844, § 136.) « Des navires phéniciens, dit le Pseudo-Aristote, poussés par le vent d'est, arrivèrent quatre jours après leur départ de Gadès, dans un endroit où la mer était couverte de roseaux et de fucus (θρύον καὶ φῦκος). Le fucus est mis à nu par la marée basse, et inondé par la marée haute. » — Serait-il ici question d'un bas-fond, situé entre le 34º et 36º degré de latitude? Ce bas-fond aurait-il disparu par suite d'une révolution volcanique? — Vobonne indique des rochers au nord de Madère. (*Voy.* aussi Édrisi, *Geograph. Nub.*, 1619, p. 157.) Dans le *Périple* de Scylax, on lit : « Au delà de Cerné, la mer n'est plus navigable à cause de son peu de profondeur, à cause de la vase et du fucus. Ce fucus est d'un spithame d'épaisseur, et pointu supérieurement, de manière qu'il pique. » — Le fucus qu'on trouve entre Cerné (station phénicienne, *Gaulea*; d'après Gosselin, la petite île *Fedallah*, sur la côte nord-ouest de la Mauritanie) et le cap Vert ne forme point une vaste prairie, un tout continu, *mare herbidum*, comme au delà des Açores. Festus Avienus, dans sa description poétique des côtes maritimes (*Ora maritima*, v. 109, 122, 388 et 408), description faite, comme l'auteur le dit lui-même (v. 412), d'après des journaux de marine phéniciens, parle avec beaucoup de détails des obstacles que les fucus opposent à la navigation. Mais Avienus les place beaucoup plus au nord, vers Ierné, *l'île Sacrée* :

> *Sic nulla late flabra propellunt ratem,*
> *Sic segnis humor æquoris pigri stupet.*
> *Adjicit et illud, plurimum inter gurgites*
> *Exstare fucum, et sæpe virgulti vice*
> *Retinere puppim.....*
> *Hæc inter undas multa cæspitem jacet,*
> *Eamque late gens Hibernorum colit.*

Les anciens mentionnent toujours le fucus, la vase (πηλός), le défaut de profondeur et le calme, comme des particularités de l'océan Occidental, en dehors des colonnes d'Hercule. Quant au prétendu *calme*, il n'y a là-dessous probablement qu'une *ruse punique*, à laquelle tout peuple marchand est si enclin pour dérouter la concurrence. Cependant, dans ses livres authentiques (Aristot., *Meteorol.*, II, 1, 14), le Stagirite persiste aussi dans cette opinion sur l'absence de tout vent dans l'océan Occidental ; et il cherche l'explication d'un fait mal observé, ou plutôt d'un conte de marins, dans une hypothèse sur la profondeur de la mer. A coup sûr, on ne saurait comparer la mer si orageuse entre Gadès (Cadix) et les îles Fortunées (Canaries) avec la mer ondulée par de doux vents alizés, enfermée entre les tropiques, et que les Espagnols désignent d'une manière si caractéristique sous le nom de *el golfo de las Damas*. (Acosta, *Historia natural y moral de las Indias*, lib. III, cap. IV.)

D'après mes recherches soigneuses, et la comparaison d'un grand nombre de journaux de marine français et anglais, la dénomination ancienne et vague de *mer de Sargasse* comprend deux bancs de fucus : l'un plus grand, situé entre 19° et 34° de latitude, et sous un méridien à sept degrés de longitude à l'ouest de Corvo, l'une des îles Açores; l'autre, plus petit, arrondi, entre les îles Bermudes et Bahama (25°-31° latitude, 68°-76° longitude). L'axe principal du petit banc, que traversent les navires se rendant du *baxo de Plata* (baie d'Argent) au nord de Saint-Domingue, aux îles

Bermudes, me paraît être dirigé nord-60°-est. Une bande transversale de *fucus natans*, qui s'étend de l'est à l'ouest entre 25° et 30° de latitude, joint le grand banc au petit. J'ai eu le plaisir de voir que ces données ont été adoptées par mon ami défunt le major Rennell, dans son grand ouvrage sur les courants marins, et confirmées par beaucoup d'observations modernes (Comp. Humboldt, *Relation historique*, t. I, p. 202; *Examen critique*, t. III, pag. 68-99; Rennell, *Investigation of the currents of the Atlantic ocean*, 1832, pag. 184). Ces deux groupes de fucus, y compris la bande transversale (mer de Sargasse), occupent une superficie six à sept fois plus grande que celle de l'Allemagne.

C'est là que la végétation de l'Océan offre l'exemple le plus remarquable des *plantes sociales* d'une seule espèce. Sur la terre ferme, les savanes ou prairies de l'Amérique, les landes de bruyères (*ericeta*), les forêts du nord de l'Europe et de l'Asie, formées de conifères, de bétulinées et de salicinées, présentent beaucoup moins d'uniformité que ces thalassophytes. Dans nos landes de bruyères du nord, nous voyons, à côté du *calluna vulgaris* qui prédomine, l'*erica tetralix*, l'*e. ciliaris* et l'*e. cinerea*; dans celles du midi, l'*erica arborea*, l'*e. scoparia* et l'*e. mediterranea*. Le *fucus natans*, par sa domination exclusive et l'uniformité de son aspect, ne saurait être comparé à aucune autre espèce végétale, vivant en société. Oviédo donne à ces bancs de fucus le nom de *prairies, praderias de yerva*. Quand on se rappelle que Pedro Velasco, natif de Palos, port d'Espagne, avait déjà en 1452 découvert l'ile de *Flores*, en se dirigeant, depuis Fayal, d'après le vol de certains oiseaux, on doit, à cause du voisinage du grand banc de fucus de Corvo et Flores, admettre comme presque impossible qu'une partie de la prairie océanique n'ait pas été aperçue, avant Christophe Colomb, par des navigateurs que des tempêtes avaient poussés à l'ouest. Cependant la surprise de l'amiral et de ses compagnons, quand ils se virent, depuis le 16 septembre jusqu'au 8 octobre 1492, continuellement environnés d'algues marines, donne à croire que la grandeur de ce phénomène était alors encore inconnue aux navigateurs. Colomb ne mentionne pas, il est vrai, dans les extraits du *Journal de marine* publiés par Las Casas, les inquiétudes que causa la vue de cet énorme amas d'algues, ni les murmures de ses compagnons. Il parle seulement des plaintes et du mécontentement qu'excita le danger des vents d'est, si faibles et si inconstants. C'est le fils, Fernand Colomb, qui s'efforce, dans la *Vie* de son père, de peindre, sous une forme un peu dramatique, les vives appréhensions de l'équipage.

D'après mes recherches, Christophe Colomb traversa en 1492 le grand banc de fucus sous 28° ½ de latitude; et en 1493, il le traversa sous 37°, chaque fois sous 40°–43° longitude. Cela résulte avec assez de certitude de l'estimation des distances que Colomb notait tous les jours, et qu'il mesurait, non pas en jetant la ligne, mais au moyen d'horloges de sable (*ampolletas*) se vidant toutes les demi-heures. La première indication précise de la ligne, *catena della poppa*, je ne la trouve qu'en 1521, dans le *Journal de Pigafetta* pour la circumnavigation de Magellan (*Cosmos*, t. II, pag. 296 et 469-472). La détermination exacte du lieu et de la date est ici d'autant plus importante, qu'elle nous apprend que depuis trois siècles et demi l'accumulation de ces thalassophytes sociaux (quelle qu'en soit la cause, la nature locale du fond de la mer ou le remous du gulfstream) n'a pas changé de place. Cette fixité d'un grand phénomène au milieu de l'Océan toujours agité, est, à plus d'un titre, digne de l'attention du physicien. Bien que la violence et la direction des vents dominants impriment aux bancs de fucus des oscillations considérables, on peut cependant admettre qu'aujourd'hui encore, au milieu du dix-neuvième siècle, l'axe principal du grand banc passe par le 41e degré longitude ouest de Paris. Colomb, dans son imagination vive, y rattacha l'idée d'une grande *ligne de démarcation naturelle* qui, d'après lui, « partageait le globe en deux parties, et avait des rapports intimes avec la configuration de la terre, avec les variations de l'aiguille magnétique et des climats. » Incertain sur la longitude, il s'oriente (février 1493), après l'apparition des premières bandes de fucus (*de la primera yerva*) au bord oriental du grand banc de Corvo. Déjà, le 4 mai 1493, la ligne de démarcation *naturelle* fut, par l'influence puissante de l'amiral, changée en la fameuse ligne de démarcation *politique* entre les possessions de l'Espagne et celles du Portugal. (*Voy.* mon *Examen critique*, t. III, pag. 64-99; et *Cosmos*, t. II, p. 316-318.)

(8) Page 16. *Les Tibbous et les Touaricks nomades.*

Ces deux nations habitent le désert entre Bornou, le Fezzan et la haute Égypte. C'est Hornemann et Lyon qui nous les ont fait connaître plus exactement. Les Tibbous errent dans l'est, les Touaricks (Toueregs) dans l'ouest du grand océan de sable. Les premiers, à cause de leur agilité, ont reçu des autres peuplades le nom d'*oiseaux*. Les Touaricks se distinguent en ceux d'Aghadez et en ceux de Tagazi. Ils conduisent souvent des caravanes, et se livrent au commerce. Ils parlent le berbère, et descendent incontestablement des Libyens primitifs. Ils présentent un phénomène physiologique remarquable : quelques-unes de leurs tribus sont, suivant la nature du climat, blanches, jaunâtres ou presque noires, mais sans avoir les cheveux laineux, ni les traits des nègres. (*Exploration scientifique de l'Algérie*, t. II, page 343.)

(9) Page 16. *Le navire du désert.*

Dans les poésies orientales, le chameau s'appelle *le navire de terre* ou *du désert* (*Sefynet el-badyet*). (Chardin, *Voyages*, nouv. édit., par Langlès, 1811, t. III, page 376.)

Mais le chameau n'est pas seulement un porte-fardeau dans le désert, et un moyen de communication; c'est aussi (comme le montré Charles Ritter dans son excellent *Mémoire sur la distribution géographique* de cette espèce animale) « une condition essentielle de la vie nomade des nations patriarcales dans les régions chaudes, presque sans pluies. Il n'y a pas d'animal dont la vie soit aussi intimement liée à la vie de l'homme dans son développement naturel primitif, et dont le souvenir soit aussi historiquement ancien, que le chameau dans la condition où il est chez les Bédouins » (*Asie*, t. VIII, sect. 1, 1847, pages 610 et 758). « Le chameau était entièrement inconnu aux Carthaginois pendant la période la plus florissante, jusqu'à la destruction de leur république de commerce ; ce n'est que chez les Maurusiens, dans l'ouest de la Libye, qu'on le trouve employé à la guerre du temps des empereurs romains, et cela peut-être à la suite des relations commerciales avec les Ptolémées dans la vallée du Nil. Les Gouanches, habitants des îles Canaries, probablement de race berbère, ne connaissaient pas le chameau avant le quinzième siècle, époque où il y fut introduit par des conquérants et des colons normands. Dans leur commerce sans doute peu important avec la côte d'Afrique, les Gouanches se servaient de bâtiments trop petits pour transporter des animaux de cette taille. La tribu berbère, répandue dans l'intérieur du continent africain, à laquelle appartiennent les Tibbous et les Touaricks, doit sans doute à l'usage du chameau non-seulement ses relations avec toute la Libye déserte et les oasis, mais encore la conservation de sa nationalité. Cet usage resta, au contraire, étranger aux tribus nègres : c'est par les invasions des Bédouins dans tout le nord de l'Afrique, et par les missions de l'islamisme, que pénétra aussi dans l'ouest l'animal si utile des

Nedjd, des Nabathéens et de toute la zone araméenne. Déjà, au quatrième siècle, les Goths amenèrent des chameaux sur les bords du Danube inférieur, de même que les Ghaznevides les transplantèrent par troupeaux dans l'Inde sur les bords du Gange. » — Dans la distribution de ces animaux sur le continent africain, il faut distinguer deux époques, celle des Lagides qui agissaient, par l'intermédiaire de Cyrène, sur tout le nord-ouest de l'Afrique, et celle des conquérants arabes.

On a longtemps agité la question de savoir si les animaux domestiques les plus anciens compagnons de l'homme, tels que le bœuf, le mouton, le chien, le chameau, vivaient primordialement à l'état sauvage. Les Hiongnoux, dans l'Asie orientale, sont au nombre des peuples qui ont dressé le plus anciennement des chameaux sauvages. Le compilateur du grand ouvrage chinois Si-you-wen-kien-lo (*Historia regionum occidentalium, quæ Si-Yu vocantur, visu et auditu cognitarum*) assure qu'au milieu du dix-huitième siècle il y avait, dans l'est du Turkestan, non-seulement des chevaux et des ânes, mais encore des chameaux sauvages. Hadji-Chalfa, dans sa géographie publiée en turc au dix-septième siècle, parle aussi de chasses de chameaux sauvages comme étant très-communes dans les plateaux de Kaschgar, de Turfan et de Khotan. Schott rapporte, d'après la traduction de Ma-dji, auteur chinois, qu'on trouve des chameaux sauvages dans les pays situés au nord de la Chine et à l'ouest du Hoang-Ho, à Ho-Siou Tangut. Cuvier seul (*Règne animal*, t. I, pag. 257) doute de l'existence actuelle du chameau sauvage dans l'intérieur de l'Asie. Il croit que ces animaux y sont *devenus* sauvages. Les Kalmoucks et d'autres sectaires du boudhisme, « pour bien mériter de l'autre monde, » mettent des chameaux et d'autres animaux en liberté. D'après les témoignages des Grecs, du temps d'Artémidore et d'Agatharchide de Cnide, le chameau arabe sauvage avait pour patrie le golfe Élanitique des Nabathéens (Ritter, *l. c.*, pag. 670, 672 et 746). Un fait extrêmement remarquable, ce sont les ossements des chameaux fossiles antédiluviens que le capitaine Cautley et le docteur Falconer ont découverts, en 1834, dans les collines de Sewalik (promontoire de l'Himalaya); on y a trouvé aussi des ossements antédiluviens de mastodontes, d'éléphants, de girafes et de *colossochelys*, tortue gigantesque de douze pieds de long sur six pieds de haut (Humboldt, *Cosmos*, t. I, pag. 292). Le chameau antédiluvien, qui a reçu le nom de *camelus sivalensis*, ne diffère pas essentiellement des chameaux actuels égyptien et bactrien (à une et à deux bosses). Tout récemment on a apporté quarante chameaux de Ténérife à Java (*Singapore-Journal of the Indian archipelago*, 1847, pag. 206). On en a fait le premier essai d'introduction à Samarang. Les rennes n'ont été introduits de la Norwége en Islande que dans le dernier siècle. Les premiers colons ne l'y trouvèrent point, malgré le voisinage du Groënland oriental et des masses de glaces flottantes. (Sartorius de Waltershausen, *Esquisse physico-géographique de l'Islande* (en allemand), année 1847, pag. 41.)

(10) Page 17. *Entre l'Altaï et le Kuen-lun.*

L'immense plateau de l'Asie, qui comprend la petite Bukharie, la Songarie, le Thibet, le Tangut et le pays des Mongols-Chalchas et Olotes, est situé entre le 36e et 48e degré de latitude nord, et entre les 79e et 116e degrés de longitude. C'est une erreur de se représenter cette partie de l'Asie centrale comme un soulèvement continu, comme une voussure semblable aux plateaux de Quito et du Mexique, et de sept à neuf mille pieds au-dessus du niveau de la mer. Déjà, dans mes *Recherches sur les montagnes de l'Inde septentrionale*, j'ai fait voir que, dans ce sens, il n'y a pas de haut plateau non interrompu dans l'intérieur de l'Asie. (Humboldt, *Premier Mémoire sur les montagnes de l'Inde*, dans les Annales de Physique et de Chimie, t. III, année 1816, pag. 303; *second Mémoire*, t. XIV, année 1820, pag. 5-55.)

Depuis longtemps mes idées sur la distribution géographique des plantes et sur la température moyenne, nécessaire à la culture de certaines espèces, m'ont suggéré bien des doutes sur la continuité d'un grand plateau de la Tartarie, entre l'Himalaya et la chaîne de l'Altaï. On avait continué à décrire ce plateau en copiant Hippocrate (*De aere et aquis*, XCVI, pag. 74); c'étaient toujours « les plaines élevées et nues de la Scythie, qui, *sans se couronner de montagnes*, se prolonge uniformément jusque sous la constellation de l'Ourse. » Klaproth eut l'incontestable mérite d'avoir signalé le premier, dans une partie de l'Asie plus centrale encore que ne le sont le Kaschmir, le Baltistan et les lacs sacrés du Thibet (Manasa et Ravanahrada), la vraie position et la prolongation de deux grandes chaines de montagnes, différentes l'une de l'autre, le Kuen-lun et le Thian-Schan, sans en connaître la nature volcanique; mais, entraîné par les hypothèses d'une géologie dogmatico-poétique qui régnait alors, cet ingénieux physicien croyait à l'existence d'une chaîne rayonnante, et voyait dans le Bogdo-Oola (*mons Augustus*, point culminant du Thian-Schan) le noyau central d'où partent toutes les autres montagnes de l'Asie, et qui domine le reste du continent.

L'opinion erronée d'un immense plateau de l'Asie centrale (*plateau de la Tartarie*) a pris naissance en France dans la seconde moitié du dix-huitième siècle. Elle était le résultat de combinaisons historiques et d'une étude superficielle du célèbre voyageur vénitien, ainsi que des récits naïfs de ces moines diplomates qui, grâce à l'unité et à l'étendue du grand empire mongol, pouvaient, aux treizième et quatorzième siècles, parcourir presque tout l'intérieur du continent, depuis les ports de la Syrie et de la mer Caspienne jusqu'au littoral de la Chine, baigné par le grand Océan. Si la connaissance de la langue et de la littérature sanscrites eût été chez nous de cinquante ans plus ancienne, elle aurait sans doute fourni un appui respectable à cette hypothèse du grand plateau entre l'Himalaya et la Sibérie méridionale. Le poëme *Mahabharata*, dans le fragment géographique de *Bhischmakanda*, paraît désigner le Mérou, moins sous le nom d'une montagne que sous celui d'un énorme renflement du sol, fournissant les eaux aux sources du Gange, du Bhadrasoma (Irtisch) et de l'Oxus bifurqué. A ces vues physico-géographiques vinrent, en Europe, se mêler des idées d'un autre genre, des rêveries mythologiques sur l'origine de l'espèce humaine. D'après ces idées, les hautes régions, d'où l'eau s'était d'abord retirée (la théorie du soulèvement fut longtemps repoussée par la plupart des géologues), devaient aussi avoir reçu les premiers germes de la civilisation. Les systèmes de géologie biblique, basés sur le déluge et les traditions locales, favorisaient ces hypothèses. Le rapport intime entre le temps et l'espace, entre le commencement de l'ordre social et la nature plastique de la surface du globe, donna à ce *plateau de la Tartarie*, supposé *continu*, une haute importance et presque un intérêt moral. Mais des connaissances positives, fruits de voyages scientifiques et d'observations directes, ainsi que d'une étude approfondie des langue et littérature asiatiques, particulièrement de celles des Chinois, ont peu à peu fait ressortir l'inexactitude et les exagérations de ces hypothèses barbares. Les plateaux (ὀροπέδια) de l'Asie centrale ne sont plus regardés comme le berceau de la civilisation humaine, comme l'antique siége des sciences et des arts. Il est disparu ce vieux peuple des *Atlantes* de Bailly, « qui, selon une expression heureuse de d'Alembert, nous a tout appris, excepté son nom et son existence. » Les *Atlantes océaniques* étaient déjà, du temps de Posidonius, traités avec la même raillerie. (Strab., lib. II, p. 102, et lib. XIII, p. 598, Casaub.)

Un plateau très-élevé, mais d'une hauteur très-inégale, se dirige, à part quelques faibles interruptions, du sud-sud-ouest au nord-nord-est, depuis le Thibet oriental jusque vers le noyau des montagnes de Kentei, au sud du lac Baïkal ; il porte les noms de *Gobi,* de *Scha-mo* (désert de sable), de *Scha-ho* (fleuve de sable) et *Hanhai*. Ce renflement du sol, probablement antérieur aux chaînes de montagnes qu'il occupe, est situé, comme nous l'avons dit, entre le 79° et le 116° de longitude orientale de Paris. Mesuré rectangulairement sur son axe longitudinal, il a au sud, entre Ladak, Gertop et Hlassa, siége du grand lama, cent quatre-vingts milles géographiques ; entre Hami dans les montagnes Célestes, et la grande courbure du Hoang-Ho au pied de la chaîne d'In-Schan, il en a à peine cent vingt ; au nord, entre le Khanggai, où était jadis la fameuse ville de Karakhorum, et la chaîne méridienne de Khin-Gan-Petscha (partie du Gobi qu'on traverse pour se rendre de Kiachta, par Urga, à Peking), il a environ cent quatre-vingt-dix milles géographiques de longueur. A tout ce renflement, qu'il faut distinguer avec soin des chaînes de montagnes orientales beaucoup plus élevées, on peut, à cause de ses courbures, donner approximativement une superficie triple de celle de la France. La *Carte des chaînes de montagnes et des volcans de l'Asie centrale,* que j'ai tracée en 1839, mais qui n'a paru qu'en 1843, montre très-clairement les rapports hypsométriques entre les chaînes de montagnes et le plateau de Gobi. Elle est fondée sur l'emploi critique de toutes les observations astronomiques qui m'étaient accessibles, et des descriptions orographiques extraordinairement riches qu'offre la littérature chinoise, et que Klaproth et Stanislas Julien ont examinées, à mon instigation. Ma carte, indiquant à grands traits la *direction moyenne* et la hauteur des chaînes de montagnes, représente l'intérieur du continent d'Asie depuis 30° jusqu'à 60° de latitude, entre les méridiens de Péking et de Cherson. Elle diffère essentiellement de toutes celles publiées jusqu'à ce jour.

Les Chinois ont une triple facilité pour recueillir, dans leur littérature primitive, une quantité aussi considérable de données orographiques sur la haute Asie, particulièrement sur les régions jusqu'à présent si inconnues à l'occident, comprises entre l'In-Schan, le lac alpin de Khoukou-Noor, et les rives de l'Ili et du Tarim, au nord et au sud des montagnes Célestes. Ces trois facilités sont : les expéditions guerrières dans l'ouest (déjà sous les dynasties des Han et des Thang, cent vingt-deux ans avant notre ère, et au neuvième siècle, des conquérants pénétrèrent jusqu'à Ferghana et jusqu'aux bords de la mer Caspienne), y compris les conquêtes pacifiques des pèlerins boudhistes; l'intérêt religieux qui, par la prescription de sacrifices périodiques, se rattachait à certaines cimes de montagnes élevées; enfin l'usage ancien et généralement répandu de la boussole pour l'orientation des fleuves et des montagnes. Cet usage, et la connaissance de la *polarité* de l'aiguille magnétique, douze siècles avant l'ère chrétienne, ont donné aux descriptions orographiques et hydrographiques des Chinois une autorité prépondérante sur les indications, d'ailleurs si rares, des auteurs grecs et latins. Strabon, malgré sa sagacité, ignorait la direction des Pyrénées, aussi bien que celle des Alpes et des Apennins. (Comp. Strabon, lib. II, p. 71 et 128; lib. III, p. 137; lib. IV, p. 199 et 202; lib. V, p. 211, édit. Casaub.)

La terre basse comprend : presque toute l'Asie septentrionale, au nord-ouest des montagnes Célestes volcaniques (Thian-Schan); les steppes au nord de l'Altaï et de la chaîne de Saya; les pays qui s'étendent depuis la montagne méridienne de Bolor ou Bulyt-Tagh (*montagnes Nuageuses*, dans le dialecte uigurien), et depuis l'Oxus supérieur, dont les sources furent trouvées par les pèlerins boudhistes Hiuen-Thsang et Song-Yun (en 518 et 629), par Marco-Polo (en 1277) et par le lieutenant Wood (en 1838), dans le lac de Sir-i-Kol (*lake Victoria*), jusque vers la mer Caspienne, et depuis le lac Tenghiz ou Balkhasch, à travers la steppe des Kirghises, jusque vers l'Aral et l'extrémité sud de l'Oural. A côté des hauts plateaux de six à dix mille pieds d'élévation, il est bien permis de désigner par le nom de *terre basse* des plaines qui n'ont que deux cents à douze cents pieds au-dessus du niveau de la mer : le premier de ces chiffres indique la hauteur de la ville de Manheim; le second, celle de Genève et de Tubingue. Si l'on veut étendre le mot *plateau*, dont les géographes modernes ont tant abusé, aux reliefs (renflements) du sol, qui offrent des différences de climat et de végétation à peine sensibles, il faut, vu le vague de ces expressions de *terre basse* et de *terre haute* qui n'ont qu'une valeur relative, renoncer en géographie physique à l'idée d'un rapport entre les hauteurs et le climat, entre les reliefs du sol et la diminution de température. — En me trouvant dans la Dzungarie chinoise, entre les frontières de la Sibérie et le lac Saysan (Dsaisang), à une distance égale de la mer Glaciale et de l'embouchure du Gange, j'avais bien lieu de me croire dans l'*Asie centrale*. Cependant le baromètre m'apprit bientôt que les plaines que parcourt l'Irtisch supérieur, entre Ustkamenogorsk et le poste Dzungaro-chinois de Chonimailachou (*le Bêlement de la brebis*), sont situées à peine de huit à onze cents pieds au-dessus du niveau de la mer. Les mesures barométriques plus anciennes de Pansner, mais qui n'ont été publiées qu'après mon expédition, ont été confirmées par mes propres observations. Les unes et les autres réfutent les hypothèses de Chappe sur la situation élevée des rives de l'Irtisch dans la Sibérie méridionale, hypothèses qui ne sont fondées que sur des estimations de chutes de fleuves. Plus loin, à l'est, se trouve le lac Baïkal, qui n'est qu'à deux cent vingt-deux toises (1332 pieds) au-dessus de la mer.

Pour attacher aux noms de *terre basse* et *terre haute* une idée de relation précise, je vais communiquer ici une table graduée de plateaux européens, africains et américains exactement mesurés. Il faudra ensuite comparer avec ces nombres ce que nous savons jusqu'à présent sur la hauteur moyenne des plaines de l'Asie (la terre basse proprement dite) :

	toises.
Plateau de l'Auvergne.	170
— de la Bavière.	260
— de la Castille.	350
— de Mysore.	460
— de Caracas.	480
— de Popayan.	900
— du lac Tzana (Abyssinie).	950
— de la rivière Orange (Afrique australe).	1000
— d'Axum (Abyssinie).	1100
— du Mexique.	1170
— de Quito.	1490
— de la province de los Pastos.	1600
— des environs du lac de Titicaca.	2010

Aucune partie du désert dit de *Gobi* (il contient çà et là de beaux pâturages) n'a été aussi exactement explorée, relativement à ses différences de hauteur, que la zone, de près de cent cinquante milles géographiques de large, qui se trouve comprise entre les sources du Selenga et la muraille de Chine. Deux savants distingués, l'astronome Georges Fuss et le botaniste Bunge, ont exécuté, sous les auspices de l'Académie de Saint-Pétersbourg, un nivellement barométrique très-précis. Ils accompagnèrent, en 1832, la mission des moines grecs à Peking, pour y établir une des nombreuses stations magnétiques que j'avais recommandées. La hauteur moyenne de cette partie du Gobi n'a pas, comme on l'avait cru prématurément d'après les mensurations des sommets voisins exécutées par les jésuites Gerbillon et Verbiest, de sept mille cinq cents à huit mille pieds, mais à peine quatre mille pieds (667 toises). Le sol de ce désert, entre Erghi, Durma et Scharaburguna, n'est pas à plus de deux mille quatre cents pieds (400 toises) au-dessus du niveau de la mer. A peine est-il de trois cents pieds plus élevé que le plateau de Madrid. Erghi, au centre de la route, est situé à 45° 31′ de latitude nord, et à 109° 4′ de longitude est. Là se trouve un abaissement de plus de soixante milles de large, dirigé du sud-ouest au nord-est. Suivant une vieille légende mongole, c'est l'ancien lit d'une vaste mer intérieure. On y rencontre des arundinées et des salsola, pour la plupart les mêmes espèces qui croissent sur les bords bas de la mer Caspienne. Ce centre du désert est occupé par de petits lacs salés, dont le sel est expédié en Chine. D'après une croyance singulière, très-répandue parmi les Mongols, l'Océan reviendra un jour reprendre son empire dans Gobi. De pareilles rêveries géologiques rappellent ces traditions chinoises qui parlent d'un *lac amer* dans l'intérieur de la Sibérie, et dont j'ai déjà ailleurs fait mention. (Humboldt, *Asie centrale*, t. II, p. 141; Klaproth, *Asia polyglotta*, p. 232.)

Le bassin de Caschmir, prôné avec tant d'enthousiasme par Bernier, et peut-être vanté trop modérément par Victor Jacquemont, a également donné lieu à des exagérations hypsométriques. Jacquemont trouva, par une mesure barométrique exacte, pour le lac Woulour, dans la vallée de Caschmir, non loin de la capitale Sirinagour, une hauteur de huit cent trente-six toises (5016 pieds). Par des évaluations incertaines au moyen de l'eau bouillante, le baron Charles de Hügel trouva neuf cent dix toises, et le lieutenant Cuningham seulement sept cent quatre-vingt-dix toises. (Comp. mon *Asie centrale*, t. III, p. 310, et *Journal of the Asiatic Soc. of Bengal,* vol. X, 1841, p. 114.) La contrée montueuse de Caschmir, qui a excité un si vif intérêt, surtout en Allemagne, et dont la douceur du climat est tant soit peu tempérée par quatre mois de neige dans les rues de Sirinagour (Charles de Hügel, *Caschmir*, t. II, p. 196), n'est pas située, comme on l'indique communément, sur la crête de l'Himalaya, mais elle est comme un vallon sur la pente méridionale de cette montagne. Au sud-ouest, où le Pir-Panjal la sépare, comme une muraille, du Pendjab indien, les cimes neigeuses sont, selon Vigne, couronnées de rochers basaltiques et amygdaloïdes. Ces derniers portent, chez les indigènes, le nom très-caractéristique de *schischak-deyn,* c'est-à-dire, de *pustules du diable*. (Vigne, *Travels in Kashmir,* 1842, vol. I, p. 237-293.) La beauté de sa végétation fut de tout temps très-différemment dépeinte, suivant que les voyageurs venaient, par le sud, de l'Inde si riche en plantes, ou, par le nord, du Turkestan, du Samarkand et du Ferghana.

Relativement à la hauteur du Thibet, ce n'est que dans

ces derniers temps qu'on en a acquis une idée exacte, après avoir longtemps confondu, d'une manière si inepte, le niveau du plateau avec les cimes qui s'en élèvent. Le Thibet remplit l'espace entre les deux chaînes puissantes de l'Himalaya et du Kuen-lun; c'est le renflement du sol de la vallée entre ces deux chaînes. Les indigènes et les géographes chinois divisent ce pays, de l'est à l'ouest, en trois parties. On distingue le *Thibet supérieur,* avec la capitale Hlassa (probablement à quinze cents toises de hauteur), le *Thibet moyen*, avec la ville de Leh ou Ladak (à quinze cent soixante-trois toises), et le *petit Thibet* ou Baltistan, surnommé le *Thibet des abricotiers* (Sari-butan), où sont Iskardo (à neuf cent quatre-vingt-cinq toises), Gilgit, et au sud d'Iskardo, mais sur la rive gauche de l'Indus, le plateau Deotsouh (à dix-huit cent soixante-treize toises), mesuré par Vigne. En examinant tous les documents que nous possédons actuellement sur les trois Thibets, et dont le nombre va s'accroître par la brillante expédition de délimitation faite sous les auspices du gouverneur général lord Dalhousie, on ne tarde pas à se convaincre que la région située entre l'Himalaya et le Kuenlun n'est nullement un plateau continu, mais qu'elle est coupée par des groupes de montagnes qui certainement appartiennent à des systèmes de soulèvement tout différents. Il y a très-peu de plaines proprement dites. Les plus considérables sont celles qui se trouvent entre Gertop, Daba, Schang-Thung (*plaine des pâtres*), la patrie des chèvres qui fournissent l'étoffe des châles, et Schipke (à seize cent trente-quatre toises); puis celles qui entourent Ladak à deux mille cent toises, et qu'il ne faut pas confondre avec la dépression où est bâtie la ville; enfin, le plateau des lacs sacrés Manasa et Ravanahrada (vraisemblablement à deux mille trois cent quarante-cinq toises), qu'avait déjà visité, en 1625, le père Antonio de Andrada. D'autres parties sont entièrement remplies de masses de roches compactes : *rising*, comme dit un voyageur récent, *like the waves of a vast Ocean*. Le long de l'Indus, du Sutledje et du Yarou-Dzangbo-Tschou, que l'on regardait autrefois comme identique avec le Buram-pouter (plus exactement *Brahma-Poutra*), on a mesuré des points dont l'élévation au-dessus du niveau de la mer varie entre mille cinquante et quatorze cents toises; tels sont les villages thibétains de Pangi, Kunawour, Kélou et Mourung. (Humboldt, *Asie centrale*, t. III, p. 281-325.) Je crois pouvoir conclure d'un grand nombre d'observations hypsométriques soigneusement recueillies, que le plateau du Thibet, entre 71° et 83° de longitude est, n'atteint pas tout à fait une hauteur moyenne de dix-huit cents toises (10800 pieds), ce qui est à peine la hauteur de la plaine fertile de Caxamarca dans le Pérou; mais il est inférieur de deux cent onze toises à la hauteur du plateau de Titicaca, et de trois cent trente-sept toises au niveau des rues de la ville supérieure de Potosi (à deux mille cent trente-sept toises).

La culture des végétaux, qui, pour prospérer, exigent un certain degré de chaleur, nous apprend qu'en dehors du plateau thibétain et du désert de Gobi, dont la circonscription vient d'être tracée entre les parallèles de 37° et 48°, là où l'on supposait jadis l'existence d'une immense plaine continue, l'Asie offre des dépressions considérables, de véritables terres basses. La culture de la vigne et du coton sous les parallèles du nord, que mentionne Marco Polo dans son voyage, avait depuis longtemps exercé la sagacité de Klaproth. Dans un ouvrage chinois, intitulé *Sian-Kiang-wai-lan-ki-lio* (Renseignements sur les barbares nouvellement soumis), il est dit : « Le pays d'Aksou, un peu au sud des montagnes Célestes, près des rivières qui forment le grand Tarim-Gol, produit des raisins, des grenades et d'autres fruits innombrables, d'une qualité exquise; il produit aussi du coton (*gossypium religiosum*) qui couvre les champs comme des nuages jaunes. En été, la chaleur y est excessive, et en hiver il n'y a, comme dans le Turfan, ni froid rigoureux, ni beaucoup de neige. » — Les environs de Khotan, de Kaschgar et de Yarkand fournissent encore maintenant, comme du temps de Marco-Polo (*Il milione di Marco-Polo, pubbl. dal conte Baldelli*, t. I, p. 32 et 87), le tribut accoutumé du coton naturel. Dans l'oasis de Hami (Khamil), à plus de cinquante milles géographiques au sud d'Aksou, réussissent également les orangers, les grenadiers, et des raisins délicieux.

Les circonstances de culture présupposent des territoires étendus, d'une faible élévation. A une si grande distance des côtes, dans une situation si orientale, qui augmente le froid, un plateau, de la hauteur de Madrid ou de Munich, pourrait en effet avoir des étés très-chauds ; mais il n'est guère probable que les hivers soient extrêmement doux et presque sans neige, sous 43° et 44° de latitude nord. J'ai vu, sur les bords de la mer Caspienne, à soixante-dix-huit pieds au-dessous du niveau de la mer Noire (à Astracan, 46° 21′ de latitude), comment une forte chaleur d'été favorise la culture de la vigne ; mais la température de l'hiver s'y abaisse de 20° à 25° centigr. Aussi, depuis le mois de novembre, y enterre-t-on la vigne à une grande profondeur. On conçoit que des plantes telles que la vigne, le cotonnier, le riz, le melon, qui ne vivent pour ainsi dire que pendant l'été, puissent être cultivées encore avec succès, entre 40° et 44° de latitude, sur des plateaux de plus de cinq cents toises d'élévation, et recevoir l'action bienfaisante des rayons du soleil ; mais les grenadiers d'Aksou, les orangers de Hami, dont les fruits étaient déjà vantés comme si exquis par le père Grosier, comment pourraient-ils résister à un hiver long et rigoureux, conséquence nécessaire d'une grande élévation du sol? (*Asie centrale*, t. II, p. 48-52 et 429). D'après Charles Zimmermann (dans la savante analyse de sa *carte de l'Asie intérieure*, 1841, p. 99), il est extrêmement probable que l'abaissement de Tarim, c'est-à-dire, le désert compris entre les chaines de Thian-Schan et de Kuen-Lun, là où le Tarim-Gol, rivière de steppe, se jetait dans le lac de Lop, décrit autrefois comme un lac alpestre, est à peine de douze cents pieds au-dessus du niveau de la mer, et qu'il n'atteint par conséquent que le double de la hauteur de Prague. Selon sir Alexandre Burnes, l'élévation de Bokhara n'est que de cent quatre-vingt-six toises (1116 pieds). Il est vivement à désirer qu'on parvienne, à l'aide des observations barométriques directes, ou, ce qui exige plus de précautions qu'on n'en emploie ordinairement, par la détermination du point d'ébullition, à écarter tous les doutes sur la hauteur du plateau de l'Asie centrale au sud de 45° de latitude. Tous les calculs sur les différences entre la limite des neiges éternelles et le maximum de hauteur pour la culture de la vigne dans des climats différents, reposent sur des éléments trop compliqués et trop incertains.

Afin de rectifier ici, sous une forme abrégée, ce qui avait été dit dans la dernière édition de cet ouvrage sur les *grands systèmes de montagnes* qui coupent l'intérieur de l'Asie, je vais y joindre l'aperçu suivant. Nous commencerons par les quatre *chaînes parallèles*, qui se dirigent assez régulièrement de l'est à l'ouest, et communiquent çà et là entre elles par des branches transversales. Les déviations indiquent, comme dans les Alpes de l'Europe occidentale, des époques de soulèvement différentes. Après les quatre chaînes parallèles (*Altaï, Thian-Schan, Kuen-Lun* et *Himalaya*), nous nommerons comme chaînes méridiennes (longitudinales) : l'*Oural,* le *Bolor,* le *Khingan,* et les chaînes chinoises qui, près de la grande courbure du Dzangbo-Tschou thibétain et assam-birmanais, filent du nord au sud. L'Oural sépare l'Europe inférieure de l'Asie inférieure. Cette dernière région est, dans Hérodote (t. V, p. 204, édit. Schweigh.), et même dans Phérécyde de Syros, une *Europe scythique* (sibérienne), comprenant tous les pays au nord de la mer Caspienne et du Jaxarte, qui coule à l'ouest; elle peut donc être considérée comme un prolongement de notre Europe, « traversant longitudinalement l'Asie. »

1. Le grand système de l'*Altaï* (la *montagne d'Or* de Méandre de Byzance, historien du septième siècle, l'*Altaï-Alin* des Mongols, *Kin-Schan* des Chinois) s'étend, entre 50° et 52°½ de latitude nord, et forme la limite méridionale de la grande dépression sibérienne, depuis les riches mines d'argent du mont Serpent, et la jonction de l'Uba et de l'Irtisch jusqu'au méridien du lac Baïkal. Il faut tout à fait abandonner les divisions et les noms de *grand* et *petit Altaï*, empruntés à un passage obscur d'Aboulghasi (*Asie centrale*, t. I, p. 247). Le système de l'Altaï comprend : *a.* l'*Altaï* proprement dit ou de *Kolywan*, qui appartient exclusivement à l'empire russe; situé à l'ouest des fissures transversales du lac de Telezki, il formait peut-être primitivement la rive orientale du grand bras de mer qui, dans la direction actuelle du groupe des lacs Aksakal-Barbi et Sarykupa, faisait communiquer le bassin aralo-caspien avec la mer Glaciale (*Asie centrale*, t. II, p. 188); *b.* à l'est des chaînes longitudinales de Telezki, les chaînes de *Saya*, Tangnou et Oulangom ou Malakha, toutes assez parallèles, dirigées de l'ouest à l'est. Le Tangnou, qui se perd dans le bassin du Selenga, a formé l'antique ligne de démarcation entre les peuples de race turque au sud, et les Kirghises (Hakas-

nom identique avec Σάκαι) au nord. (Jacob Grimm, *Geschichte der deutschen Sprache* (Histoire de la langue allemande), 1848, t. I, p. 227.) C'est le siége primitif des Samoyèdes ou Soyotes qui, dans leurs migrations, s'avancèrent jusqu'à la mer Glaciale, et qu'on a longtemps pris, en Europe, pour une nation exclusivement polaire. Les sommets neigeux les plus élevés de l'Altaï de Kolywan sont les colonnes de Bielucha et de Katunia. Celles-ci n'atteignent cependant que dix-sept cent vingt toises, hauteur de l'Etna. Le haut plateau Daurien, auquel appartient le noyau des montagnes de Kemtei, et dont le bord oriental est frisé par le Jablonoï-Chrebet, sépare les bassins du Baïkal et de l'Amour.

2. Le système du *Thian-Schan*, chaîne des montagnes Célestes (le Tengri-Tagh des Turcs ou Toukious, et de leurs affiliés les Hiongnoux), surpasse en étendue, de l'ouest à l'est, huit fois la longueur des Pyrénées. Au delà, c'est-à-dire, à l'ouest de son intersection avec la chaîne longitudinale du Bolor et Kosyourt, le Thian-Schan porte le nom d'*Asferah* et d'*Aktagh*; il est riche en métaux, et coupé d'ouvertures dégageant des vapeurs qui brillent la nuit, et qu'on utilise pour l'extraction du sel ammoniac. (*Asie centrale*, t. II, p. 18-20.) A l'est de la chaîne sécante de Bolor et de Kosyourt, viennent, dans le Thian-Schan : le passage de Kaschghar (Kaschghar-Dawan); le passage du glacier Djeparle, qui conduit à Koutsche et Aksou dans le bassin de Tarim; le volcan Pers-Schan, qui vomit des flammes et a fait couler de la lave au moins jusqu'au milieu du dix-septième siècle

de notre ère ; le grand soulèvement du Bogdo-Oola neigeux ; la solfatare d'Urumtsi, qui donne du soufre et du sel ammoniac (*nao-scha*) dans une contrée houillère ; le volcan de Turfan (volcan d'Hotscheu ou Bischbalik), dans un point presque intermédiaire entre les méridiens du Turfan (Kune-Turpan) et du Pidjan, encore maintenant en activité. Les éruptions volcaniques du Thian-Schan remontent, d'après les historiens chinois, jusqu'à l'année 89 ap. J.-C., époque où les Hiongnoux furent chassés des sources de l'Irtisch et poursuivis par les Chinois jusqu'à Koutsche et Kharaschar. (Klaproth, *Tableaux historiques de l'Asie*, p. 108.) Le général chinois Teu-Hian passa le Thian-Schan, et aperçut « les monts Ignivomes, dont les roches en fusion coulent plusieurs *li* au loin. »

Ce grand éloignement du littoral, pour les volcans de l'Asie centrale, est un phénomène remarquable, unique. Abel Rémusat, dans une lettre à Cordier (*Annales des Mines*, t. V, 1820, p. 137), a le premier appelé l'attention des géologues sur cet éloignement, qui est, par exemple, pour le volcan Pe-Schan, au nord jusqu'à la mer Glaciale, à l'embouchure de l'Obi, de trois cent quatre-vingt-deux milles géographiques, et au sud, jusqu'à l'embouchure de l'Indus et du Gange, de trois cent soixante-dix-huit milles. Ces volcans sont situés au centre même du continent asiatique. A l'ouest, le Pe-Schan est distant de la mer Caspienne, dans le golfe de Karaboqhaz, de trois cent quarante milles, et de deux cent cinquante-cinq milles de la rive orientale du lac Aral. Les volcans actifs du Nouveau-Monde étaient jusqu'à présent les exemples les plus frappants de monts ignivomes très-éloignés des côtes. Pour le Popocatepetl du Mexique, cette distance n'est que de trente-trois milles ; et pour le Sangaï, le Tolima et la Fragua, volcans de l'Amérique méridionale, elle est de vingt-trois, vingt-six et trente-neuf milles géographiques. De ces données sont exclus tous les volcans éteints et toutes les montagnes de trachyte, qui n'ont pas de communication permanente avec l'intérieur du globe. (*Asie centrale,* t. II, p. 16-55, 69-77 et 341-356.)

A l'est du volcan de Turfan et de l'oasis de Hami, fertile en fruits, la chaîne du Thian-Schan disparait dans le grand renflement du Gobi, dirigé du sud-ouest au nord-est. L'interruption se prolonge pendant plus de 9 degrés ½ de longitude ; mais au delà du Gobi transversal, la chaîne un peu plus méridionale de l'In-Schan (montagne d'Argent), dirigée de l'ouest à l'est presque jusqu'aux bords de l'océan Pacifique près de Péking, au nord du Pe-Tscheli, forme une continuation du Thian-Schan. De même qu'on peut considérer l'In-Schan comme la continuation orientale de la fente d'où a surgi le Thian-Schan, ainsi on pourrait reconnaître dans le Caucase un prolongement occidental au delà du grand abaissement aralo-caspien, ou de la dépression de Turan. Le parallèle moyen ou l'axe de soulèvement du Thian-Schan oscille entre 40° ⅓ et 43° de latitude ; celui du Caucase, d'après la carte de l'état-major russe, passe de l'est-sud-est à l'ouest-nord-ouest, entre 41° et 44° (baron de Meyendorff, dans le *Bulletin de la Société géologique de France,* t. IX, 1837-

1838, p. 230). Parmi les quatre chaînes parallèles qui traversent toute l'Asie, le Thian-Schan est la seule dont on n'ait jusqu'à présent mesuré aucun sommet.

3. Le système de *Kuen-Lun* (Kurkun ou Kulkun), y compris le Hindou-Kho et sa communication occidentale avec l'Elburz et le Demavend de Perse, forme, avec les Cordillères des Andes d'Amérique, la ligne de soulèvement la plus longue de notre planète. Là où la chaîne longitudinale du Bolor coupe rectangulairement la chaîne de Kuen-Lun, celle-ci prend le nom de *Montagne de l'Oignon* (Thsung-Ling); on appelle même ainsi une partie du Bolor, situé à l'angle interne oriental du point de section. Limitant au nord le Thibet, le Kuen-Lun s'étend très-régulièrement de l'ouest à l'est sous 36° de latitude. Sous le méridien de Hlassa, il présente une interruption, déterminée par le puissant noyau de montagne qui entoure le lac alpestre de Khoukou-Noor et la *mer Étoilée* (Sing-so-hai), si célèbre dans la géographie mythique des Chinois. Les chaînes du Nan-Schan et du Kilian-Schan, qui se montrent un peu plus au nord, peuvent être en quelque sorte considérées comme un prolongement oriental du Kuen-Lun. Elles atteignent la muraille de la Chine près de Liang-Tscheu. A l'ouest du point de section du Bolor et du Kuen-Lun (Thsung-Ling), la direction régulière des axes de soulèvement (de l'est à l'ouest dans le Kuen-Lun et l'Hindou-Kho, du sud-est au nord-ouest dans l'Himalaya) prouve, comme je crois l'avoir le premier démontré (*Asie centrale*, t. I, p. XXIII et 118-159; t. II, p. 431-434 et 465),

que l'Hindou-Kho est une continuation du Kuen-Lun et non de l'Himalaya. Depuis le Taurus, en Lycie, jusqu'au Kafiristan, dans une étendue de 45 degrés de longitude, la chaîne suit le parallèle de Rhodes, le diaphragme de Dicéarque. La grande vue géologique d'Ératosthène (Strabon, lib. II, p. 68 ; lib. XI, p. 490 et 511 ; lib. XV, p. 689), détaillée par Marin de Tyr et Ptolémée, d'après laquelle « le Taurus, en Lycie, se prolonge, à travers toute l'Asie, jusqu'à l'Inde dans une seule et même direction, » paraît en partie fondée sur des notions qui sont venues du Pendjab aux Perses et aux Indiens. « Les brachmans soutiennent, dit Cosmas l'Indicopleuste dans sa *Topographie chrétienne* (Montfaucon, *Collectio nova Patrum*, t. II, p. 137), qu'un cordon, tiré de Tzinitza (Thinæ) obliquement par la Perse et la Romanie, partagerait la terre habitée exactement en deux moitiés. » Il est à remarquer que, déjà au rapport d'Ératosthène, le plus grand axe de soulèvement de l'Ancien-Monde passe, sous les parallèles de 35° ½ et 36°, obliquement par le bassin de la Méditerranée jusqu'aux colonnes d'Hercule. (Comp. *Asie centrale*, t. I, p. XXIII et 122-138 ; t. II, p. 430-434 ; *Cosmos*, t. II, p. 222 et 438.) La partie orientale de l'Hindou-Kho est le Paropanisus des anciens, le Caucase indien des compagnons d'Alexandre le Grand. Le nom d'*Hindou-Kousch*, si souvent employé par les géographes actuels, ne convient, comme on le voit déjà dans les voyages de l'Arabe Ibn-Batuta (*Travels*, p. 97), qu'à un seul défilé, où le froid a fait périr tant d'esclaves indiens. Le

Kuen-Lun offre aussi des éruptions ignées à une grande distance, c'est-à-dire, à plusieurs centaines de milles des côtes. Le mont Schin-Kien vomit des flammes qu'on aperçoit de fort loin (Voy. *Asie centrale*, t. II, p. 427 et 483, d'après un passage du *Yuen-Thong-ki* traduit par mon ami Stanislas Julien). Le sommet le plus élevé qu'on ait mesuré de l'Hindou-Kho, au nord-ouest de Djellabad, est à trois mille cent soixante-quatre toises au-dessus du niveau de la mer; à l'ouest vers l'Hérat, la chaîne s'abaisse jusqu'à quatre cents toises, et se relève au nord de Téhéran, où elle atteint, dans le volcan de Demavend, une hauteur de deux mille deux cent quatre-vingt-quinze toises.

4. Le système de l'*Himalaya*. Sa direction normale est de l'est à l'ouest : elle va de 79° à 95° longitude est, depuis le Dhawalaghiri, ce géant des montagnes (4390 toises de hauteur), pendant 15 degrés de longitude, jusqu'à la section du Dzangbo-Tschou, resté si longtemps problématique (Irawaddy, selon Dalrymple et Klaproth), et jusqu'aux chaînes longitudinales qui couvrent tout l'ouest de la Chine, et forment, particulièrement dans les provinces de Sse-Tschouan, Hou-Kouang et Kouang-Si, le noyau des sources du Kiang. Le point culminant du système de l'Himalaya n'est pas, après le Dhawalaghiri, le pic oriental du Schamalari, comme on l'a cru jusqu'à présent, mais le Kinchinjinga. Le Kinchinjinga, sous le méridien de Sikhim, entre Boutan et Népal, entre le Schamalari (3750 toises?) et le Dhawalaghiri, a quatre mille quatre cent six toises ou vingt-six

mille quatre cent trente-huit pieds d'élévation. Il n'a été mesuré trigonométriquement, d'une manière exacte, qu'en 1848 ; et comme la notice qui m'est parvenue de l'Inde dit positivement que, « d'après une nouvelle mensuration, le Dhawalaghiri conserve le premier rang parmi toutes les montagnes neigeuses de l'Himalaya, » la hauteur du Dhawalaghiri doit avoir plus de quatre mille trois cent quatre-vingt-dix toises (26340 pieds) qu'on lui a attribuée jusqu'à présent (*Lettre du Dr. Joseph Hooker*, savant botaniste de la dernière expédition au pôle sud, en date de Dorjuling, 25 juillet 1848). Le changement de direction se trouve non loin du Dhawalaghiri, à 79° de longitude est de Paris. A partir de là, l'Himalaya ne se dirige plus de l'est à l'ouest, mais du sud-est au nord-ouest, et se rattache, comme une puissante rangée agrégative, entre Mozufer-Abad et Gilgit, au sud du Kafiristan, à une partie de l'Hindou-Kho. Un tel changement de direction dans l'axe de soulèvement de l'Himalaya (de l'est à l'ouest en sud-est à nord-ouest) indique certainement, comme dans la région occidentale de nos Alpes d'Europe, une époque de soulèvement différente. Le cours de l'Indus supérieur, depuis les lacs sacrés de Manasa et Ravana-Hrada (à 2345 toises), dans le voisinage desquels est la source de ce grand fleuve jusqu'à Iskardo et au plateau de Deotsouh, mesuré par Vigne (à 2032 toises), suit, dans le Thibet, la même direction nord-ouest de l'Himalaya. Là se trouvent le Djawahir (à 4027 toises), depuis longtemps exactement mesuré, et la vallée calme de Kaschmir (à 836 toises), près du Woulour, qui gèle tous les hivers, et dont la surface n'est ridée par aucun vent.

Après les quatre grands systèmes de montagnes de l'Asie, qui, par leur caractère géologique normal, forment des chaînes parallèles, il faut nommer la rangée des *soulèvements longitudinaux*, qui se dirigent du sud-sud-est au nord-nord-ouest depuis le cap Comorin, en face de l'île de Ceylan, jusqu'à la mer Glaciale, et offrent une disposition *alterne* entre 64° et 75° de longitude. A ce système de chaînes longitudinales, dont l'alternance rappelle des formations dérangées, appartiennent les Ghates, la chaîne de Soliman, le Paralasa, le Bolor et l'Oural. L'interruption du relief (soulèvements longitudinaux) est faite de telle sorte, que chaque nouvelle chaîne commence sous un degré de latitude que la chaîne précédente n'a pas encore atteint, et qu'elles présentent toutes une disposition alterne. L'importance qu'avait pour les Grecs (probablement pas avant le deuxième siècle de notre ère) cette chaîne longitudinale, détermina Agathodæmon et Ptolémée (*Tab.* VII et VIII) à se représenter le Bolor, sous le nom d'Imaüs, comme un axe de soulèvement allant jusqu'à 62° au bassin de l'Irtisch inférieur et de l'Obi. (*Asie centrale*, t. I, p. 138, 154 et 198 ; t. II, p. 367.)

Comme la hauteur verticale des cimes de montagnes au-dessus de la mer (quelque peu important que soit aux yeux du géologue le phénomène d'un *plissement* plus ou moins marqué de la croûte planétaire) continue, ainsi que tout ce qui est difficile à saisir, d'être un objet de curiosité populaire, la notice historique suivante, sur les progrès successifs de nos connaissances hypsométriques, sera ici à sa place. Quand je revins, en 1804, en Europe après une absence de quatre ans, on n'avait encore mesuré avec quelque précision aucun des sommets neigeux de l'Asie (Himalaya, Hindou-Kho et Caucase). Je ne pouvais alors comparer mes déterminations de la hauteur des neiges éternelles dans les Cordillères de Quito et dans les montagnes du Mexique avec aucun travail analogue, exécuté dans l'Hindostan. L'important voyage de Turner, Davis et Saunders, au plateau du Thibet, date, il est vrai, de l'année 1783; mais le savant Colebrooke fit avec raison observer que la hauteur du Schamalari (28° 5′ de latitude, 87° 8′ de longitude, un peu au nord de Tassisoudan), indiquée par Turner, repose sur des fondements aussi faibles que les mensurations des sommets vus du Patna et du Kafiristan par le colonel Crawford et le lieutenant Macartney (*Voy.* Turner, in *Asiat. Researches*, vol. XII, p. 234; Elphinstone, *Account of the Kingdom of Caubul*, 1815, p. 95, et François Hamilton, *Account of Nepal*, 1819, p. 92). Webb, Hodgson, Herbert et les frères Gérard, ont les premiers, par leurs excellents travaux, répandu une lumière certaine sur la hauteur des cimes gigantesques de l'Himalaya. Cependant, en 1808, les connaissances hypsométriques de la chaîne de l'Hindostan étaient encore si vagues, que Webb pouvait écrire à Colebrooke : « La hauteur de l'Himalaya reste toujours un problème. Sans doute je trouve les sommets, qu'on aperçoit du plateau de Rohilkand, de vingt et un mille pieds anglais (3284 toises) plus élevés que ce plateau; mais nous en ignorons la hauteur absolue au-dessus du niveau de la mer. »

Ce n'est qu'au commencement de l'année 1820 que se répandit en Europe la nouvelle que l'Himalaya a non-seulement des sommets plus élevés que les Cordillères, mais que Webb et Moorcroft avaient trouvé dans le défilé de Niti, dans le plateau thibétain de Daba et des lacs sacrés (hauteurs qui dépassent de beaucoup celle du mont Blanc), des champs de blé fertiles et de beaux pâturages. Cette nouvelle rencontra en Angleterre bien des incrédules, et on essaya de la réfuter par des doutes sur l'influence des rayons réfléchis. J'ai fait voir le peu de fondement de ces doutes dans deux mémoires *sur les montagnes de l'Inde*, insérés dans les *Annales de Chimie et de Physique*. Un jésuite tyrolien, le père Tiefenthaler, qui pénétra, en 1766, jusque dans les provinces de Kemaun et de Népal, avait déjà deviné l'importance du Dhawalaghiri. On lit sur sa carte : *Montes albi, qui Indis Dolaghir, nive obsiti*. C'est toujours de ce nom que se sert aussi le capitaine Webb. Le Chimborazo était regardé comme le sommet le plus élevé du globe (trois mille trois cent cinquante toises, d'après mon évaluation trigonométrique; *Recueil d'observations astronomiques,* t. I, p. LXXIII), avant que les déterminations hypsométriques du Djawahir (30° 22′ de latitude, 77° 36′ de longitude, quatre mille vingt-sept toises de hauteur) et du Dhawalaghiri (28° 40′ de latitude,

80° 59′ de longitude, quatre mille trois cent quatre-vingt-dix toises de hauteur?) fusent connues en Europe. Ainsi, l'Himalaya paraissait alors de six cent soixante-seize toises (4056 pieds) ou de mille quarante toises (6240 pieds) plus élevé que les Cordillères, suivant qu'on établissait la comparaison avec le Djawahir ou avec le Dhawalaghiri. Les voyages de Pentland dans l'Amérique méridionale, pendant les années 1827 et 1838, fixèrent l'attention (*Annuaire du Bureau des Longitudes* pour 1830, p. 320 et 323) sur deux cimes neigeuses du haut Pérou, à l'est du lac de Titicaca, qui devaient être l'une de cinq cent quatre-vingt-dix-huit, et l'autre de quatre cent trois toises (3588 et 2418 pieds), plus élevées que le Chimborazo. Nous avons déjà rappelé (p. 74 et 75, note 5) que l'erreur de cette opinion a été reconnue par les mesures très-récentes du Sorata et de l'Illimani. Le Dhawalaghiri, sur le penchant duquel, dans la vallée du Ghandaki, on recueille les *Ammonites Salagrana* (symboles de la transformation de Wischnou en un coquillage), si célèbres dans le culte des brahmines, témoigne donc toujours, pour les deux continents, d'une différence de hauteur de plus de six mille deux cents pieds.

On a soulevé la question de savoir s'il n'y aurait pas des sommets encore plus élevés derrière la chaîne la plus méridionale, jusqu'à présent plus ou moins parfaitement mesurée. Le colonel Georges Lloyd, qui a publié, en 1840, les observations importantes du capitaine Alexandre Gérard et du frère de celui-ci, est d'opinion que, dans la partie de l'Himalaya qu'il appelle vaguement *the Tartaric Chain* (probablement dans le Thibet septentrional vers le Kuen-Lun, peut-être dans le Kailasa des lacs sacrés, ou au delà de Leh), il y a des cimes de vingt-neuf mille à trente mille pieds anglais (4534 à 4690 toises), conséquemment de un à deux mille pieds anglais plus élevées que le Dhawalaghiri (Lloyd et Gérard, *Tour in the Himalaya*, 1840, vol. I, p. 143 et 312; *Asie centrale*, t. III, p. 324). Tant qu'il nous manque des observations hypsométriques, il est impossible de décider la question; car la région des neiges perpétuelles, qui guida les indigènes de Quito longtemps avant l'arrivée de Bouguer et de la Condamine, pour reconnaître le sommet du Chimborazo comme point culminant, est très-variable et trompeuse dans la zone tempérée du Thibet, où le rayonnement calorifique du plateau est si marqué : cette région n'y présente pas, à sa limite inférieure, une ligne régulière et de même niveau, comme sous les tropiques. La plus grande hauteur au-dessus du niveau de la mer, à laquelle des hommes soient arrivés sur le versant de l'Himalaya, est de trois mille trente-cinq toises ou dix-huit mille deux cent dix pieds. C'est la hauteur qu'atteignit le capitaine Gérard avec sept baromètres, comme nous l'avons déjà dit, au mont Tarhigang, un peu au nord-ouest de Schipke. (Colebrooke, dans les *Transactions of the geological Society*, vol. VI, p. 411.) C'est aussi à peu près la même hauteur à laquelle je parvins moi-même le 23 juin 1802, et qu'atteignit, trente ans plus tard (le 16 décembre 1831), mon ami Boussingault sur le penchant du Chimborazo. La cime du Tarhigang, qu'on n'a pas encore atteinte, est d'ailleurs de cent quatre-vingt-dix-sept toises plus élevée que le Chimborazo.

Les passages qui conduisent de l'Hindostan par l'Himalaya dans la Tartarie chinoise ou plutôt dans le Thibet occidental, particulièrement entre les rivières Buspa et Schipke ou Langzing-Khampa, ont deux mille quatre cent à deux mille neuf cent toises d'élévation. Dans la chaîne des Andes j'ai trouvé le passage d'Assuay, entre Quito et Cuença, sur le Laderā de Cadlud, également à deux mille quatre cent vingt-huit toises. Beaucoup de plateaux de l'Asie centrale seraient perpétuellement couverts de neige et de glace, si l'action de la chaleur rayonnante dans la haute plaine du Thibet, un ciel toujours serein, la rareté de la neige dans un air sec, et l'ardeur du soleil propre au climat continental de l'est, ne faisaient singulièrement reculer, sur la pente septentrionale de l'Himalaya, la limite des neiges éternelles : celle-ci s'élève peut-être à deux mille six cent toises au-dessus du niveau de la mer. On a vu des champs d'orge (*hordeum hexastichon*) à Kounawour jusqu'à deux mille trois cent toises d'élévation, et une autre variété, nommée *Ooa*, voisine de l'*hordeum cœleste*, à une hauteur encore plus considérable. Le froment réussit parfaitement bien jusqu'à dix-huit cent quatre-vingts toises dans le plateau du Thibet. Le capitaine Gérard trouva, sur la pente septentrionale de l'Himalaya, la limite supérieure des bois de hauts bouleaux seulement à deux mille deux cents toises ; il y a même des arbustes, que les habitants emploient pour leur chauffage, jusqu'à deux mille six cent cinquante toises, sous 30° ½ et 31°. de latitude nord, c'est-à-dire, à une hauteur qui dépasse de près de deux cents toises la limite inférieure des neiges sous l'équateur. Il résulte, des observations recueillies jusqu'à présent, que la limite inférieure des neiges est sur le versant septentrional, en moyenne, de deux mille six cents toises, tandis que, sur le versant méridional de l'Himalaya, elle descend jusqu'à deux mille trente toises. Sans cette distribution remarquable de la chaleur dans les couches supérieures de l'air, le plateau du Thibet occidental serait inhabitable pour des millions d'hommes. (Comp. mes recherches sur les limites des neiges aux deux versants de l'Himalaya, dans l'*Asie centrale*, t. II, p. 435-437 ; t. III, p. 281-326 ; et *Cosmos*, t. I, p. 483.)

Une lettre que je viens de recevoir de l'Inde de la part de M. Joseph Hooker, occupé tout à la fois de la géographie des plantes, d'observations météorologiques et géologiques, mande ce qui suit : « M. Hodgson, que nous regardons ici comme le géographe le plus profondément familier avec les rapports hypsométriques des chaînes neigeuses, reconnaît parfaitement l'exactitude de l'opinion que vous avez établie, dans le tome III de l'*Asie centrale,* relativement à la cause de la différence de hauteur des neiges éternelles sur le versant septentrional et le versant austral de la chaîne de l'Himalaya. Au delà du Sutledge (*in the transsutledge region*), sous 36° de latitude, nous avons vu la limite des neiges éternelles monter à une hauteur de vingt mille pieds anglais (18764 pieds de Paris), tandis que dans les défilés au sud du Brahmaputra, entre Assam et Birman, à 27° de latitude, où sont les montagnes neigeuses les plus méridionales de l'Asie, cette limite s'abaisse jusqu'à quinze mille pieds anglais (14073 pieds de Paris). » Il faut ici faire, je crois, une distinction entre les hauteurs extrêmes et les moyennes. Mais, en tout cas, on y reconnaît d'une manière très-évidente la différence, autrefois contestée, qui existe entre le versant thibétain et le versant indien.

	Hauteurs moyennes de la ligne des neiges que j'ai données dans l'*Asie centrale*, t. III, p. 326.	Extrêmes d'après la lettre de Joseph HOOKER.
Versant septentrional...	15,600 pieds.	18,764 pieds.
— méridional....	12,180 —	14,073 —
Différence...	3,420 pieds.	4,691 pieds.

Les différences locales présentent des variations bien plus grandes encore, ainsi qu'on peut le voir d'après la liste des extrêmes, que j'ai donnée dans l'*Asie centrale*, t. III, p. 295. Alexandre Gérard a vu, sur le versant thibétain de l'Himalaya, la limite des neiges s'élever jusqu'à dix-neuf mille deux cents pieds; et Jacquemont l'a trouvée, sur le versant indien, au nord de Cursali sur l'Iumnautri, à dix mille huit cents pieds.

(11) Page 19. *Une tribu de pasteurs, au teint basané.*

Les Hiong-Nous, que de Guignes et plusieurs autres historiens ont pris longtemps pour la nation des Huns, habitaient l'immense zone de la Tartarie qui à l'orient est limitée par l'Ouo-leang-ho (le territoire actuel des Mantschous), au sud par la muraille de la Chine, à l'ouest par l'Ou-Siun, et au nord par le pays des Éleuthes. Mais les Hiong-Nous sont de race turque, tandis que les Huns sont d'origine finnoise ou ouralienne. Les *Huns du Nord*, rude peuple de pasteurs, étrangers à l'agriculture, avaient le teint brun foncé (effet du soleil?). Ceux du midi, ou les *Haïatelah* (Euthalites ou Nephthalites des Byzantins), qui habitaient le bord oriental de la mer Caspienne, avaient le teint moins foncé. Ces derniers se livraient à l'agriculture et habitaient des villes ; on les appelle souvent *Huns blancs*, et Herbelot assure même que ce sont des Indo-Scythes. Sur Pounou, chef ou tanjou des Huns, ainsi que sur la grande sécheresse et la famine qui firent, vers l'an 46 après J.-C., émigrer une partie de la nation vers le nord, *voy.* de Guignes, *Histoire générale des Huns, des Turcs*, etc., 1756, t. I, part. I, pag. 217 ; part. II, pag. 111, 125, 223, 447. Tous les documents que contient ce célèbre ouvrage sur les Hiong-Nous ont été soumis par Klaproth à un examen sévère et approfondi. Il résulte de ce travail que les Hiong-Nous appartiennent aux tribus turques, si répandues, des montagnes de l'Altaï et du Taugnou. Dans le troisième siècle avant l'ère chrétienne, le nom de *Hiong-Nou* était généralement appliqué aux Ti ou Thou-Kiou ou Turcs dans le nord ou nord-ouest de la Chine. Les Hiong-Nous du midi se soumirent aux Chinois, et, conjointement avec ceux-ci, détruisirent l'empire des Hiong-Nous du nord. Ces derniers furent forcés à s'enfuir vers l'occident; et cette fuite paraît avoir communiqué le premier choc à la migration des peuples dans l'Asie moyenne. Les Huns, que l'on a longtemps confondus avec les Hiong-Nous (comme on a confondu les Ouigours avec les Ougoures et les Hongrois), appartiennent, suivant Klaproth, à la souche finnoise des monts Ourals, race qui resta diversement amalgamée avec les Germains, les Turcs et les Samoïèdes (Klaproth, *Asia polyglotta,* p. 183 et 211; *Tableaux historiques de l'Asie,* p. 102 et 109). Les Huns (Οὖννοι) sont pour la première fois mentionnés par Denis Périégète, qui était à même de se procurer des notions exactes sur l'intérieur de l'Asie, lorsque Auguste renvoya ce savant, natif de Charax sur le golfe Arabique, en Orient, pour accompagner son fils adoptif Caïus Agrippa. Cent ans après, Ptolémée écrit Χοῦνοι, avec une gutturale aspirée qui, comme le fait observer Saint-Martin, se retrouve dans la dénomination d'un pays, de *Chunigard.*

(12) Page 20. *Point de pierre taillée.*

Sur les rives de l'Orénoque, près de Caïcara, où la région boisée touche à la plaine, nous avons, en effet, trouvé des figures de soleil et d'animaux, gravées sur des rochers. Mais, dans les llanos mêmes, on n'a jamais découvert de traces de ces monuments grossiers d'habitants primitifs. Il est à regretter qu'on n'ait point obtenu de renseignement précis sur un monument qui avait été envoyé en France au comte de Maurepas, et que, d'après le récit de Kalm, M. de Verandrier avait trouvé, pendant une expédition aux bords de l'océan Pacifique, dans les prairies du Canada, à neuf cents lieues à l'ouest de Montréal. (Kalm, *Voyage*, t. III, p. 416.) Ce voyageur rencontra, au milieu de la plaine, d'énormes masses de pierres, entassées par la main d'homme; sur l'une d'elles il y eut quelque chose qu'on prit pour une inscription tartare (*Archæologia, or miscellaneous tracts published by the Society of Antiquaries of London*, vol. VIII, 1787, p. 304). Comment un monument si important est-il resté inexploré? Y eut-il réellement une *écriture de lettres*? ou n'était-ce pas plutôt une peinture historique, comme la fameuse inscription phénicienne trouvée sur les bords du Taunton-River, et dont Court de Gébelin prétendit donner l'explication? Quoi qu'il en soit, je regarde comme très-probable que des peuples civilisés ont jadis traversé ces plaines. Ces migrations paraissent confirmées (*Relation hist.*, t. III, p. 155) par les tumulus de forme pyramidale et les remparts d'une longueur extraordinaire qu'on rencontre entre les montagnes Rocheuses et les monts Alleghanis, sur lesquels *Squier* et *Davis*, dans *Ancient monuments of the Missisipi Valley*, répandent maintenant une nouvelle lumière. Verandrier fut envoyé en mission, vers 1746, par le chevalier de Beauharnais, gouverneur général du Canada. Plusieurs jésuites de Québec assurèrent à M. Kalm d'avoir eu ladite inscription entre leurs mains. Elle était gravée sur une tablette, que l'on avait trouvée fixée dans un pilier taillé. C'est en vain que j'ai engagé plusieurs de mes amis en France à se mettre à la recherche de ce monument, dans le cas où il aurait réellement fait partie de la collection du comte de Maurepas. J'ai trouvé des indications plus anciennes, mais tout aussi incertaines, sur une écriture des autochthones de l'Amérique, dans Piedro de Cieça de Leon, *Chronica del Peru*, part. I, cap. LXXXVII (*Losa con letras en los edificios de Vinaque*); dans Garcia, *Origen de los Indios*, 1607, lib. III, cap. V, p. 258, et dans le *Journal du premier voyage de Christophe Colomb* (Navarette, *Viages de los Españoles*, t. I, pag. 67). M. de Verandrier assurait (d'autres voyageurs prétendaient avant lui l'avoir observé) que, dans les prairies du Canada occidental, on rencontrait, durant des journées entières, des vestiges de sillon de charrue. Mais l'ignorance complète dans laquelle étaient les peuples primitifs de l'Amérique septentrionale relativement à l'emploi de cet instrument aratoire, le manque de bestiaux, et la vaste étendue de ces sillons, me font supposer que c'est par suite de quelque grand mouvement d'eau que la surface du sol présente l'aspect singulier d'un champ labouré.

(13) Pag. 20. *Comme un bras de mer.*

La grande steppe qui s'étend de l'est à l'ouest, depuis l'embouchure de l'Orénoque jusqu'à la montagne neigeuse de Mérida, se dirige au sud sous le 8e degré de latitude, et remplit l'espace compris entre le versant oriental des montagnes de la Nouvelle-Grenade, et l'Orénoque coulant ici au nord. Cette partie des llanos, qu'arrosent le Méta, le Vichada, le Zama et le Guaviare, joint, pour ainsi dire, le bassin du fleuve des Amazones à celui de l'Orénoque inférieur. — Par le mot *paramo*, que j'emploie souvent dans ce livre, on désigne, dans les colonies espagnoles, toutes les contrées montueuses qui sont de dix-huit cents à deux mille deux cents toises au-dessus du niveau de la mer, et où règne un climat âpre et brumeux. Dans les Paramos élevés, on voit chaque jour, plusieurs heures durant, tomber de la grêle et de la neige fine, qui rafraîchissent les plantes des montagnes : ce n'est pas qu'il y ait dans ces hautes régions un manque absolu de vapeur d'eau, mais cela arrive à cause de la précipitation fréquente de cette vapeur, précipitation que déterminent les changements brusques survenus dans les courants d'air et dans la tension électrique. Les arbres y sont rabougris, disposés en ombelle, mais ornés d'un frais feuillage toujours vert, sur des branches noueuses. Ce sont pour la plupart des arbrisseaux alpestres à grandes fleurs et à feuilles de laurier, ou myrtiformes. L'*escallonia tubar*, l'*escallonia myrtilloïdes*, le *chuquiraga insignis*, les *aralia*, les *weinmannia*, les *freziera*, les *gualtheria* et l'*andromeda reticulata*, représentent l'aspect de cette physionomie végétale. Au sud de la ville de Santa-Fe de Bogota, est situé le fameux *Paramo de la suma Paz*, souche de montagnes solitaire, où sont, suivant la tradition des Indiens, cachés d'immenses trésors. De ce Paramo sort une rivière qui, dans la gorge d'Icononzo, roule en écumant sous un pont naturel fort remarquable. Dans mon ouvrage latin, *De distributione geographica plantarum secundum cœli temperiem et altitudinem montium* (1817), j'ai essayé de caractériser cette région par ces mots : *Altitudine* 1700-1900 *hexapod. asperrimæ solitudines, quæ a colonis hispanis uno nomine* PARAMOS *appellantur, tempestatum vicissitudinibus mire obnoxiæ, ad quas solutæ et emollitæ defluunt nives; ventorum flatibus ac nimborum grandinisque jactu tumultuosa regio, quæ æque per diem et per noctes riget, solis nubila et tristi luce fere nunquam calefacta. Habitantur in hac ipsa altitudine sat magnæ civitates, ut Micuipampa Peruvianorum, ubi thermometrum centes. meridie inter* 5° *et* 8°, *noctu* — 0°,4, *consistere vidi; Huancavelica, propter cinnabaris venas celebrata, ubi altitudine* 1835 *hexag. fere totum per annum temperies mensis martii Parisiis.* (Humboldt, *De distrib. geogr. plant.*, p. 104.)

(14) Page 21. *Cols isolés qui vont se rapprochant.*

L'espace incommensurable situé entre les côtes-orientales de l'Amérique du Sud et le versant oriental de la chaîne des Andes, est encaissé entre deux massifs de montagnes qui séparent en partie l'une de l'autre les trois vallées ou plaines de l'Orénoque inférieur, du fleuve des Amazones et de la rivière de la Plata. Le plus septentrional de ces massifs de montagnes, appelé le *groupe de Parime*, se trouve vis-à-vis des Andes de Cundinamarca qui s'étendent au loin à l'est, et prend, sous le 68ᵉ et 70ᵉ degré de longitude, la forme d'un haut plateau. Par le col étroit de Pacaraima, il se joint aux collines granitiques de la Guyane française. Cette jonction est clairement indiquée sur la carte de la Colombie, que j'ai dressée d'après mes propres observations astronomiques. Les Caraïbes qui des missions de Caroni s'avancent jusque dans les plaines du rio Branco, sur la frontière du Brésil, franchissent, dans ce voyage, le col du Pacaraima et du Quimiropaca. Le second massif de montagnes, qui sépare la vallée du fleuve des Amazones de celle de la rivière de la Plata, est le groupe du Brésil. Dans la province de Chiquitos (à l'ouest de la rangée de collines de Parecis), il se rapproche du cap de Santa-Cruz de la Sierra. Comme ni le groupe de Parime, qui détermine les grandes cataractes de l'Orénoque, ni le groupe du Brésil, ne se rattachent immédiatement à la chaîne des Andes, les plaines de Vénézuéla sont continues avec celles de la Patagonie. (*Voy.* mon tableau géonostique de l'Amérique méridionale, dans *Relat. hist.*, t. III, page 188-244.)

(15) Pag. 21. *Chiens redevenus sauvages.*

Dans les prairies (pampas) de Buenos-Ayres, les chiens d'Europe sont devenus sauvages. Ils vivent en société dans des cavernes, où ils cachent leurs petits. Si la société devient trop nombreuse, il s'en détache quelques familles qui vont ailleurs former une nouvelle colonie. Le chien d'Europe, devenu sauvage, aboie aussi fort que celui de l'ancienne race velue de l'Amérique. Garcilaso raconte que les Péruviens avaient, avant l'arrivée des Espagnols, des *perros gozques*. Il nomme le chien indigène *allco*. Pour le distinguer du chien européen, on le désigne, dans la langue des Quichuas, par le nom de *runa allco*, chien indien ou des indigènes. Le *runa-allco* paraît n'être qu'une variété du chien de berger. Il est plus petit, à longs poils, ordinairement d'un jaune d'or, tacheté de blanc et de brun, à oreilles dressées et pointues. Il aboie beaucoup ; et, quelque méchant qu'il soit envers les blancs, il ne mord que rarement les indigènes. L'inca Pacha-cutec ayant vaincu, dans ses guerres religieuses, les Indiens de Xauxa et de Huanca (la vallée actuelle de Houancaya et Iouja), et les ayant convertis violemment au culte du soleil, trouva chez eux le culte des chiens. Les prêtres se servaient des crânes de chiens en guise de cors ou de trompettes. Les fidèles mangeaient même en substance leur divinité canine (Garcilaso de la Vega, *Commentarios reales*, t. I, p. 144). Le culte des chiens dans la vallée de Houancaya explique sans doute pourquoi on trouve quelquefois des crânes de ces animaux, et même des momies de corps entiers, dans les *huacas* ou tombeaux péruviens de l'époque primitive. L'auteur d'une excellente *Fauna peruana*, M. Tschudi, a examiné ces crânes, et pense qu'ils appartiennent à une espèce particulière de chien, différente de celle d'Europe, et à laquelle il donne le nom de *canis Ingœ*. Les habitants des autres provinces appellent encore aujourd'hui les Huacas, par raillerie, « des mangeurs de chiens. » Les indigènes des montagnes Rocheuses, dans l'Amérique septentrionale, honorent aussi les étrangers par un régal de viande de chien bouillie. Le capitaine Frémont dut assister à un de ces repas (*dog-feast*) dans le voisinage du fort Leramie, station de la compagnie de la baie d'Hudson pour le commerce des pelleteries chez les Indiens Sioux. (Frémont, *Exploring expedition*, 1845, p. 42.)

Les chiens des Péruviens jouaient un rôle particulier dans les éclipses de lune : on les battait jusqu'à ce que l'éclipse fût passée. Le seul chien tout à fait muet était le *techichi* du Mexique, variété du chien commun qu'à Anahuac on appelle *chichi*. *Techichi* signifie littéralement *chien de pierre*; de *tetl*, pierre, dans l'idiome aztèque. Les habitants, comme les anciens Chinois, se nourrissaient de ce chien muet. Avant l'introduction des bestiaux, cette nourriture fut même si indispensable aux Espagnols, que peu à peu toute la race fut détruite (Clavigero, *Storia antica del Messico*, 1780, t. I, p. 73). Buffon confond le techichi avec le coupara de la Guyane (t. XV, p. 155). Or, ce dernier est identique avec le *procyon* ou *ursus cancrivorus*, le *raton crabier* ou *aguara-gauza* de la Patagonie (Azara, *sur les quadrupèdes du Paraguay*, t. I, p. 315). Linné confond, de son côté, le chien muet avec l'*itzcuintepotzotli* des Mexicains, espèce encore imparfaitement connue, qui se distingue, dit-on, par une queue courte, par une tête très-petite, et par une grosse tubérosité au dos. Son nom signifie *chien bossu*, de l'aztèque *izcuintli* (synonyme de *chien*), et de *tepotzotli*, bossu. Ce qui m'a encore surpris en Amérique, particulièrement à Quito et au Pérou, c'est le grand nombre de ces chiens noirs, pelés, que Buffon appelle *chiens turcs* (*canis ægyptius*, Lin.). Cette variété, très-commune parmi les Indiens, est en général méprisée et très-maltraitée. Tous les chiens d'Europe se propagent très-bien dans l'Amérique méridionale; et si l'on n'y trouve pas des races aussi belles, cela tient d'une part au défaut de soins, et de l'autre à ce que les plus belles variétés, comme le lévrier, le chien tigré danois, n'y ont jamais été introduites.

D'après une observation singulière de M. de Tschudi, les races délicates de chiens et de chats domestiques, dans les Cordillères, à plus de douze mille pieds de hauteur, sont exposées à une maladie particulière, mortelle. « On a fait, dit-il, des essais innombrables à Cerro de Pasco, ville située à plus de treize mille deux cent vingt-huit pieds au-dessus du niveau de la mer, pour élever des chats domestiques; mais ces essais n'ont jamais réussi : les chats et les chiens mouraient en peu de jours dans des convulsions horribles. Les chats, saisis de mouvements spasmodiques, grimpent le long des murs, et tombent épuisés, roides. A Yauli, j'ai eu plusieurs fois occasion d'observer cette espèce de chorée, qui paraît être l'effet de la diminution de la pression atmosphérique. »

Dans les colonies espagnoles, on regarde le chien pelé comme d'origine chinoise. On l'appelle *perro chinesco* ou *chino*, et on croit que la race vient de Canton ou de Manille. Suivant

Klaproth, cette race est, en effet, de toute antiquité très-commune dans l'empire chinois. On a trouvé indigène au Mexique une grande espèce de loup, sans poils, semblable aux chiens, appelé *xoloitzcuintli* (du mexicain *xolo* ou *xolotl*, serviteur, esclave). Sur les chiens d'Amérique, *voy.* Smith Barton, *Fragments of the natural History of Pensylvania,* part. I, p. 34.

Il résulte des recherches de Tschudi sur les chiens indigènes de l'Amérique, qu'il y en a deux races presque spécifiquement différentes : 1° le *canis caraïbicus* de Lesson, dénué de poils, ayant seulement le front et l'extrémité de la queue garnis d'une petite touffe de poils blancs, couleur grise, aphone; il avait été trouvé dans les Antilles par Christophe Colomb, dans le Mexique par Cortès, dans le Pérou par Pizzaro; il souffre du froid des Cordillères, et se rencontre encore aujourd'hui fréquemment dans les contrées plus chaudes du Pérou, où il est connu sous le nom de *perro chino*; 2° le *canis Ingae,* à museau et oreilles pointus, aboyant, gardant aujourd'hui les troupeaux, et offrant beaucoup de nuances de couleurs, résultat du croisement avec les chiens d'Europe. Le *canis Ingae* accompagne l'homme sur les Cordillères. Dans les anciens tombeaux péruviens, son squelette repose aux pieds de la momie humaine; c'était comme un symbole de la fidélité, que les sculpteurs ont souvent représenté au moyen âge (J. J. de Tschudi, *Untersuchungen über die Fauna peruana,* p. 247-251). Dès le commencement de leur conquête, les Espagnols trouvèrent, sur l'île de Saint-Dominique et à Cuba, des chiens européens, devenus sauvages (Garsilaso, p. I, 1723, p. 326). Dans les savanes, entre Meta, Arauca et Apure, on a mangé, jusqu'au seizième siècle, des chiens muets (*perros mudos*). Les indigènes les appelaient *majos* ou *auries*, au rapport d'Alonso de Herrera, qui entreprit, en 1535, une expédition à l'Orénoque. Un voyageur très-instruit, M. Giseke, rencontra la même variété de chien muet dans le Groënland. Les chiens des Esquimaux passent toute leur vie en plein air; ils se creusent pour la nuit des trous dans la neige, et hurlent comme les loups en se groupant autour de celui qui donne le ton. Au Mexique, on châtrait les chiens, afin de les rendre plus gras et plus savoureux. Sur les frontières de la province de Durango, et au nord du lac des Esclaves, les indigènes chargeaient autrefois leurs tentes de peau de buffle sur le dos de grands chiens, lorsqu'ils décampaient avec le changement de saison. Tous ces détails rappellent la vie des peuples de l'Asie orientale. (Humboldt, *Essai politique*, t. II, p. 448 ; *Relation hist.*, t. II, p. 625.)

(16) Page 21. *Ainsi que la plus grande partie du Sahara, les llanos sont situés dans la zone torride.*

Des termes significatifs, appliqués particulièrement à la configuration ou au relief de la surface terrestre, et inventés dans un temps où l'on ne pouvait arriver qu'à une connaissance très-incertaine du sol et de ses rapports hypsométriques, ont fait naître, en géographie, des erreurs multipliées et durables. L'ancienne dénomination ptoléméenne de *grand* et de *petit Atlas* (*Geograph.* lib. III, cap. 1) est un exemple de ce genre. Les cimes occidentales, marocaines, de l'Atlas, couvertes de neiges éternelles, sont, sans aucun doute, le grand Atlas de Ptolémée ; mais où est la limite du petit Atlas ? Doit-on maintenir dans l'Algérie, et même entre Tunis et Tlemsen, cette division en deux Atlas, qui s'est conservée chez les géographes pendant dix-sept cents ans ? faut-il chercher, entre le littoral et l'intérieur, des chaînes parallèles, un grand et un petit Atlas ? Tous les voyageurs familiers avec les idées géognostiques, et qui ont visité l'Algérie depuis l'occupation française, contestent le sens de cette nomenclature si générale. Parmi les chaînes parallèles qu'on a mesurées jusqu'à présent, celle du *Jurjura* passe communément pour la plus élevée. Mais le savant Fournel, qui a été longtemps ingénieur en chef des mines de l'Algérie, soutient que le mont Aurès, près de Batnah, est plus élevé encore : il l'avait trouvé couvert de neige à la fin de mars. Suivant Fournel, l'opinion d'après laquelle il y a un grand et un petit Atlas est aussi peu fondée que celle qui, ainsi que je l'ai fait voir, admet un grand et un petit Altaï (*Asie centrale*, t. I, p. 247-252). Il n'y a qu'une seule montagne de l'Atlas, l'ancienne *Dyris* des Mauritaniens ; et « il faut donner ce nom aux rides ou suites de crêtes qui forment le partage des eaux entre celles qui se rendent dans la Méditerranée, et celles qui s'écoulent dans la terre basse du Sahara. »

La haute montagne marocaine de l'Atlas ne se dirige pas de l'est à l'ouest comme la chaîne mauritanienne orientale, mais du nord-est au sud-ouest. Elle présente des sommets qui, selon Renou (*Exploration scientifique de l'Algérie*, de 1840 à 1842, publiée par ordre du gouvernement; *Sciences hist. et géogr.*, t. VIII, 1846, p. 364 et 373), ont jusqu'à dix mille sept cents pieds, et sont par conséquent plus hauts que l'Etna. Au sud, sous 33° de latitude, on rencontre un haut plateau, d'une forme singulière, presque carrée (*Sahab el marga*). A partir de là, l'Atlas va en s'aplatissant vers la mer à l'ouest, un degré au sud de Mogador. Cette partie sud-ouest de l'Atlas porte le nom d'*Idrar n'Deren*.

Les limites de la grande dépression du Sahara sont encore peu explorées dans le nord mauritanien, ainsi qu'au sud vers le Soudan fertile. En prenant en moyenne les parallèles de 16° $\frac{1}{2}$ et 32° $\frac{1}{2}$ de latitude comme limites extrêmes, on obtient pour le désert, y compris les oasis, une superficie de plus de cent dix-huit mille cinq cents milles géographiques carrés, étendue qui surpasse de neuf à dix fois celle de l'Allemagne, et presque de trois fois celle de la Méditerranée (à l'exclusion de la mer Noire). Suivant les renseignements tout récents et plus détaillés du colonel Daumas et de MM. Fournel, Renou et Carette, la surface du Sahara se compose de beaucoup de bassins isolés, et les oasis fertiles sont beaucoup plus nombreuses et plus peuplées qu'on n'avait dû le croire d'après les affreuses solitudes qui existent entre Insalah et Timbouctou, ainsi que sur la route de Mourzouk (dans le Fezzan) à Bilma, Tirtuma et au lac Tchad. D'après une opinion aujourd'hui généralement accréditée, le sable ne couvre qu'une petite partie de la terre basse. Cette opinion avait déjà été émise par le sagace Ehrenberg, mon compagnon de voyage en Sibérie (*Exploration scientifique de l'Algérie, Hist. et géogr.*, t. II, p. 332). Quant aux grands animaux sauvages, on n'y rencontre que des gazelles, des onagres et des autruches. « Le lion du désert, dit Carette (*Explor. de l'Alg.*, t. II, p. 126-129; t. VII, p. 94 et 97), est un mythe popularisé par les artistes et les poëtes. Il n'existe que dans leur imagination. Cet animal ne sort pas de sa montagne, où il trouve de quoi se loger, s'abreuver et se nourrir. Quand on parle aux habitants du désert de ces bêtes féroces que les Européens leur donnent pour compagnons, ils répondent avec un imperturbable sang-froid : « Il y a donc chez vous des lions qui boivent de l'air et broutent des feuilles? Chez nous, il faut aux lions de l'eau courante et de la chair vive. Aussi des lions ne paraissent dans le Sahara que là où il y a des collines boisées et de l'eau. Nous ne craignons que la vipère (*lefa*) et d'innombrables essaims de moustiques ; ces derniers, là où il y a quelque humidité. »

Tandis que le docteur Oudney, dans son long voyage de Tripoli au lac Tchad, donne au Sahara méridional quinze cent trente-six pieds de hauteur, que des géographes allemands osent encore augmenter d'un millier de pieds, l'ingénieur Fournel est parvenu, par des mesures barométriques exactes, à faire voir avec assez de probabilité qu'une partie du désert septentrional est située au-dessous du niveau de la mer. La partie du désert qu'on nomme aujourd'hui *le Sahara d'Algérie*, s'étend jusqu'aux chaînes de collines de Metlili et El-Gaous, où est la plus septentrionale de toutes les oasis, l'El-Kantara, riche en dattes. Ce bassin profond, qui touche au parallèle de 34°, reçoit la chaleur rayonnante d'une couche de craie remplie d'inocérames, et inclinée sous un angle de 65° au sud. (Fournel, *Sur les gisements de muriate de soude en Algérie*, p. 6, dans les *Annales des mines*, 4ᵉ série, t. IX, 1846, p. 546.) « Arrivés à Biscara (Biskra), dit Fournel, un horizon indéfini, *comme celui de la mer*, se déroulait devant nous. » Entre Biscara et Sidi-Ocba, le sol n'est qu'à deux cent vingt-huit pieds au-dessus du niveau de la mer. La pente diminue considérablement vers le sud. J'ai déjà rappelé ailleurs (*Asie centrale*, t. II, p. 320, où j'ai réuni tout ce qui se rapporte à la dépression de certaines contrées continentales *au-dessous du niveau de l'Océan*), que, suivant Lepère, les *lacs amers* dans l'isthme de Suez, à l'époque où leurs eaux sont très-basses, et d'après le général Andréossy, les lacs Natroun, dans le Fayoum, sont également au-dessous du niveau de la Méditerranée.

Je possède, entre autres notices manuscrites de M. Fournel, un profil géologique, représentant, avec toutes les courbures et incidences de couches, une section de tout le littoral depuis Philippeville jusqu'au désert de Sahara, près de l'oasis de Biscara. La ligne, mesurée barométriquement, est dirigée sud 20° ouest; mais les points d'élévation déterminés sont, comme dans mes profils du Mexique, projetés sur une autre surface (dirigée du nord au sud). En s'élevant graduellement depuis Constantine (332 toises), on trouva le point culminant déjà à une hauteur de cinq cent soixante pieds entre Batnah et Tizur. M. Fournel a creusé avec succès une série de puits artésiens dans la partie du désert située entre Biscara et Tuggurt (*Comptes rendus de l'Acad. des sciences,* t. XX, 1845, p. 170, 882 et 1305). Nous savons, par les anciens rapports de Shaw, que les habitants du pays connaissent un réservoir d'eau souterrain, et qu'ils parlent d'une mer sous terre (*bahr tôht el-erd*). Les eaux douces qui, hydrostatiquement comprimées, coulent entre les couches argilo-marneuses de l'ancienne craie et d'autres formations, donnent naissance, par leur rupture, à des fontaines jaillissantes (Shaw, *Voyage dans plusieurs parties de la Berbérie,* t. I, p. 169; Rennell, *Africa, append.,* p. LXXXV). Les géognostes expérimentés ne seront pas surpris de rencontrer des eaux douces souvent tout près des gisements de sel gemme; car l'Europe offre beaucoup d'exemples d'un phénomène analogue.

On connaît depuis Hérodote la richesse du désert en sel gemme, et l'usage qu'on en fait comme matériel de construction. La zone salifère du désert est la plus méridionale des trois zones qui traversent, du sud-ouest au nord-est, l'Afrique septentrionale; on la suppose en communication avec les gisements de sel gemme de la Sicile et de la Palestine, décrits par Frédéric Hoffmann et Robinson.

(Fournel, *Sur les gisements de muriate de soude en Algérie*, pag. 28-41 ; Karsten, *über das Vorkommen des Kochsalzes auf der Oberfläche der Erde*, 1846, pag. 497, 648 et 741.) Le commerce de sel avec le soudan, et la possibilité de la culture du dattier dans les dépressions oasiformes, produites probablement par des affaissements du sol dans le gypse tertiaire, crayeux ou keuper, contribuent également à stimuler, sur plusieurs points du désert, l'activité humaine. Quand on considère la température élevée de l'atmosphère qui enveloppe le Sahara et rend les journées si pénibles, on s'étonne d'autant plus des nuits si froides dont se plaignaient tant Denham et sir Alexandre Burnes dans les déserts de l'Afrique et de l'Asie. Melloni (*Memoria sull' abbassamento di temperatura durante le notti placide e serene*, 1847, pag. 55) attribue la production de ce froid, sans doute dû au rayonnement du sol, non pas à la grande pureté du ciel (*irraggiamento calorifico par la grande serenità di cielo nell' immensa e deserta pianura dell' Africa centrale*), mais au maximum de calme (manque complet de tout mouvement d'air pendant la nuit). (Comp. aussi la *Météorologie d'Afrique* d'Aimé, dans *Exploration de l'Algérie, physique générale*, t. II, p. 147, 1846.)

Le versant méridional de l'Atlas marocain fournit au Sahara, sous 32° de latitude, une rivière presque à sec durant une grande partie de l'année, l'Ouad-Dra (*Wadi Dra*), que Renou (*Explorat. de l'Algér., hist. et géogr.*, t. VIII, pag. 65-78) prétend être d'un sixième plus long que le Rhin. Cette rivière coule d'abord du nord au sud jusqu'à 29° de latitude ; puis elle se courbe presque rectangulairement sous 7° ½ de longitude pour se diriger à l'ouest; et, après avoir traversé le Debaïd, grand lac d'eau douce, elle se jette dans la mer près du cap Noun (28° 46' de latitude, 13° ½ de longitude). Cette région, jadis si célèbre par les découvertes des Portugais au quinzième siècle, et plus tard enveloppée de ténèbres sous le rapport géographique, s'appelle actuellement, sur le littoral, le *pays du scheikh Beirouk* (indépendant de l'empereur du Maroc). Elle a été explorée, dans les mois de juillet et août 1840, par le capitaine de vaisseau comte Bouet-Willaumez, sur l'ordre du gouvernement français. Il résulte des rapports et plans officiels, qui m'ont été communiqués en manuscrits, que l'embouchure de l'Ouad-Dra est maintenant presque ensablée, et que sa largeur n'est que de cent quatre-vingts pieds. Au même endroit débouche, un peu plus à l'est, le *Saguiel-el-Hamra*, rivière encore très-peu connue, qui vient du sud, et a, dit-on, au moins cent cinquante milles géographiques de longueur. On s'étonne de la longueur de ces lits de rivières si profonds et la plupart du temps à sec ; ce sont d'anciens sillons, comme j'en ai vu moi-même dans le désert du Pérou au pied des Cordillères, entre celles-ci et le bord de l'océan Pacifique. Dans sa relation manuscrite de l'*expédition de la Malouine*, Bouet donne aux montagnes qui s'élèvent au nord du cap Noun, la hauteur énorme de deux mille huit cent mètres (8616 pieds).

On admet généralement que le cap Noun (Non) fut découvert en 1433 par le chevalier Gilianez, à l'instigation du célèbre infant dom Henri, duc de Viseo, fondateur de l'Académie de Sagrès, qui avait pour président le pilote et cosmographe mestre Jacomé, de Majorque. Mais le *Portulano Mediceo*, publié par un navigateur génois en 1351, contient déjà le nom de *capo di Non*. On craignait alors de doubler ce cap, comme plus tard le cap Horn, bien que, situé seulement de 23' au nord du parallèle de Ténériffe, on pût l'atteindre en peu de jours, en partant de Cadix. Le proverbe portugais, *Quem passa o cabo de Num, ou tornarà ou não*, ne put point intimider l'infant : le dicton héraldique français, *Talent de bien faire*, exprima le caractère noble et entreprenant de ce prince. Le nom de ce cap, que l'on a voulu considérer comme synonyme de négation, ne me paraît nullement être d'origine portugaise. Déjà Ptolémée place sur la côte nord-ouest de l'Afrique un fleuve nommé *Nuius*, *Ostia Nunii* de la traduction latine. Un peu plus au sud, et à trois journées dans l'intérieur, Édrisi indique la ville de *Noul* ou *Wadi-Noun*, le *Belad de Non* de Léon l'Africain. D'ailleurs, longtemps avant l'escadre portugaise de Gilianez, d'autres navigateurs européens s'étaient avancés encore plus au sud du cap Noun. D'après l'*Atlas catalan* publié à Paris par Buchon, le Catalan don Jayme Ferrer avait pénétré jusqu'à la rivière d'Or (*rio do Ouro*), sous 23° 56'; les Normands, vers la fin du quatorzième siècle, jusqu'à Sierra-Leone, sous 8° 30'. Mais c'est aux Portugais, qui se sont distingués par tant de hauts faits, que revient incontestablement le mérite d'avoir les premiers passé l'équateur sur la côte occidentale.

(17) Page 22. *Plaines.... verdoyantes comme tant de steppes de l'Asie centrale..*

Les llanos de Caracas, du rio Apure et du Meta, si riches en bestiaux, sont, à proprement parler, des plaines couvertes de graminées et de cypéracées. Parmi ces deux familles, les plantes qui y dominent sont diverses espèces de *paspalum* (*p. leptostachyum, p. lenticulare*), de *kyllingia* (*k. monocephala* Rottb., *k. odorata*), de *panicum* (*p. granuliferum, p. micranthum*), d'*antephora*, d'*aristida*, de *vilfa* et d'*anthistiria* (*a. reflexa, a. foliosa*). Seulement çà et là se mêle aux graminées une dicotylédonée herbacée, une espèce de sensitive (*mimosa intermedia* et *m. dormiens*), si agréable au bétail et aux chevaux sauvages. Les indigènes donnent à ces plantes le nom très-caractéristique de *dormideras*, herbes dormantes, parce qu'à chaque attouchement elles ferment les tendres folioles de leurs feuilles, délicatement pennées. Là où l'on aperçoit quelques arbres (ce qui n'arrive pas tous les milles carrés), tels que le palmier *mauritia*, dans les endroits humides; dans les terrains arides, une espèce de protéacée décrite par Bonpland et moi, le *rhopala complicata* (*chaparro bobo*), que Wildenow prit pour un *embothrium*; on y trouve aussi le *palma de covija* ou de *sombrero*, notre *corypha inermis*, palmier à éventail, voisin du genre *chamærops*, et qui sert à couvrir les cabanes.

Combien l'aspect des plaines asiatiques est différent et plus varié ! Les steppes des Kirghises et des Kalmoucks, que j'ai traversées en grande partie depuis le Don, la mer Caspienne et le fleuve ouralien d'Orenbourg (l'Iaïk), jusqu'à l'Obi et l'Irtisch supérieur, près du lac Dsaisang, dans une étendue de 40 degrés de longitude, n'offrent nulle part, à leurs limites extrêmes apparentes, un horizon uni comme la mer, et qui semble supporter la voûte céleste, comme on le voit si souvent dans les *llanos, pampas* et *prairies* de l'Amérique. Ces steppes sont traversées par diverses chaînes de collines, ou couvertes de forêts de conifères. La végétation de l'Asie, même dans les pâturages les plus riches, ne se borne nullement aux graminées et cypéracées : il y règne une infinité de plantes herbacées et frutescentes. A l'époque du printemps, des rosacées aux fleurs blanches ou roses (*spiræa, cratægus, prunus spinosa, amygdalus nana*) égayent la vue. J'ai mentionné ailleurs les nombreuses et luxuriantes synanthérées (*saussurea amara, s. salsa*, artémisées et centaurées), et les légumineuses (différentes espèces d'*astragalus*, de *cytisus* et de *caragana*), qui y croissent. Les couronnes impériales (*fritillaria ruthenica* et *f. meleagroides*), les *cypripedium* et les tulipes, charment l'œil par la beauté de leurs couleurs.

Avec cette belle végétation des plaines asiatiques contrastent les steppes salines désolées, particulièrement la partie de la steppe de Barabinski, qui touche au pied de l'Altaï entre Barnaul et le mont Serpent, ainsi que la contrée située à l'est de la mer Caspienne. Des plantes sociales, telles que les chénopodiées, les *salsola*, les *atriplex*, les *salicornia* et l'*halimocnemis crassifolia* (Goebel, *Reise in die Steppe des Südlichen Russlands*, 1838, t. II, p. 244 et 301), couvrent par groupes un sol glaiseux. Parmi les cinq cents espèces de phanérogames que Claus et Goebel ont recueillies dans les steppes, les synanthérées, les chénopodiées et les crucifères l'emportent sur les graminées. Celles-ci ne sont que le onzième du nombre total, tandis que les premières en forment les septième et neuvième. En Allemagne, les glumacées (comprenant les graminées, les cypéracées et les juncacées) forment le septième, les synanthérées (composées) le huitième et les crucifères le dix-huitième de toutes les phanérogames qui croissent dans les contrées montueuses et dans les plaines. Dans la partie la plus septentrionale de la région plate de la Sibérie, la limite extrême des arbres et arbrisseaux (conifères et amentacées) se trouve, d'après la belle carte de l'amiral Wrangell, vers le détroit de Bering, déjà sous 67° un quart de latitude, tandis qu'à l'ouest, vers les rives de la Léna, elle est sous 71°, c'est-à-dire, sous le parallèle du cap Nord de la Laponie. Les plaines qui confinent à la mer Glaciale sont le domaine des cryptogames. On les appelle *tundra* (*tuntur* en finnois); ce sont des terrains marécageux à perte de vue, tapissés, soit d'un feutre épais de *sphagnum palustre* et d'autres mousses, soit d'une couche sèche, blanche comme la neige, de *cenomyce rangiferina* (mousse des rennes), de *stereocaulon paschale*, et d'autres lichens. « Ces *tundra*, dit l'amiral Wrangell (dans sa périlleuse expédition aux îles de la Nouvelle-Sibérie), si riches en troncs fossiles, m'ont accompagné jusqu'à la lisière extrême du littoral arctique. Leur terrain est gelé depuis des siècles. Dans ce paysage triste et uniforme, bordé de mousse de renne, le regard du voyageur se repose avec délices sur la plus petite place de gazon vert qui pousse dans quelque endroit humide. »

(18) Page 22. *Contribuent à diminuer la sécheresse et la chaleur du nouveau continent.*

J'ai essayé de résumer en un tableau les causes diverses de l'humidité et de la chaleur moindre de l'Amérique. Il n'est ici question, bien entendu, que de la constitution *hygroscopique de l'air en général*, ainsi que de la température de tout le nouveau continent. Quelques contrées, comme l'île de Marguerite, les côtes de Cumana et de Coro, sont aussi chaudes et sèches qu'aucune partie de l'Afrique. Le maximum de la chaleur, sur une longue série d'années, a été trouvé presque le même (entre 27 et 32° Réaum.), à certaines heures d'un jour d'été, sur la Néwa, au Sénégal, sur les bords du Gange et de l'Orénoque. En général, il ne dépasse pas la limite indiquée, si on fait l'observation à l'ombre, loin des corps solides qui rayonnent de la chaleur, et non dans un air rempli d'une poussière échauffée (grains de sable), ni avec des thermomètres à l'esprit-de-vin qui absorbe la lumière. C'est à ces grains de sable, suspendus dans l'air, qu'il faut sans doute attribuer la chaleur terrible de 40° à 44° 8′ Réaumur, qu'éprouvaient pendant des semaines, à Moorzouk, mon infortuné ami Ritchie et le capitaine Lyon. Rüppell fut témoin de l'exemple le plus remarquable d'une très-haute température dans un air vraisemblablement dénué de poussière. Cet observateur, qui savait se servir de ses instruments avec la plus grande précision, trouva par un ciel couvert, par un vent de sud-ouest violent et à l'approche d'un orage, 37° 6′ Réaumur, à Ambukol en Abyssinie. La température *moyenne* annuelle des tropiques, ou du vrai climat des palmiers, varie, sur le continent, entre 20° ½ et 23° 8′ Réaumur; et l'on ne remarque pas de différence considérable entre les observations recueillies au Sénégal, à Pondichéry et à Surinam. (Humboldt, *Mémoire sur les lignes isothermes*, 1817, p. 54, et dans l'*Asie centrale*, t. III, table IV de Mahlmann.)

La grande fraîcheur, pour ne pas dire le froid, qui règne presque toute l'année sous le tropique de la côte du Pérou, et qui fait abaisser le thermomètre jusqu'à 12° Réaumur, n'est nullement, comme je me propose de le faire voir ailleurs, un effet des montagnes de neige voisines; elle est due plutôt au brouillard (*garua*) qui voile le disque du soleil, et au *courant marin d'eau froide* qui, venant des régions du pôle antarctique, va du sud-ouest frapper la côte du Chili près de Valdivia et de Conception, et coule avec impétuosité au nord jusqu'au cap Pariña. Sur la côte de Lima, la température de l'océan Pacifique est de 12° 5′ Réaumur, pendant que sous la même latitude, mais en dehors du courant, elle est de 21°. N'est-il pas singulier qu'un fait si remarquable soit resté inaperçu jusqu'à mon séjour sur les bords de l'océan Pacifique (octobre 1802).

Les différences de température dans des zones diverses reposent principalement sur la nature du sol, c'est-à-dire de la surface solide ou liquide que baigne l'atmosphère, cet *océan aérien*. Les mers, sillonnées par des courants (fleuves pélagiques) d'eau chaude ou froide, n'ont pas la même action que les continents ou les îles (masses articulées ou non articulées), que l'on peut considérer comme des bas-fonds de l'océan aérien, et qui, malgré leur petitesse, exercent, souvent à de grandes distances, une influence marquée sur le climat marin. Dans les masses continentales il faut distinguer les déserts sablonneux arides, les savanes ou prairies, et les forêts. Dans la haute Égypte et l'Amérique du Sud, Nouet et moi avons trouvé à midi la température du sol de 54° 2′ et de 48° 4′ Réaum. D'après Arago, de nombreuses observations soigneusement exécutées donnent à Paris 40° et 42° (*Asie centrale,* t. III, p. 176). Les savanes appelées *prairies* entre le Missouri et le Mississipi, et qui deviennent, au sud, les llanos de Venezuela et les pampas de Buenos-Ayres, sont couvertes de cypéracées et de graminées, dont les chaumes minces, pointus, et les feuilles tendres, lancéolées, rayonnent de la chaleur vers un ciel sans nuage, et possèdent un pouvoir émissif extraordinaire. Wells et Daniell (*Meteor. Essays,* 1827, p. 230 et 278) virent même dans nos latitudes, par une atmosphère moins transparente, le thermomètre de Réaumur descendre six degrés cinq minutes à huit degrés dans l'herbe, par suite de ce pouvoir émissif. Melloni (*Sull' abassamento di temperatura durante le notte placide e serene;* 1847, p. 47) a montré, avec beaucoup de sagacité, comment, indépendamment du calme de l'atmosphère, condition nécessaire d'un fort rayonnement et de la formation de la rosée, le refroidissement du tapis d'herbes est encore favorisé par l'abaissement des couches plus froides, en tant que plus lourdes. Dans le voisinage de l'équateur, sous le ciel nuageux de l'Orénoque supérieur, du rio Negro et du fleuve des Amazones, les plaines sont couvertes d'épaisses forêts vierges. Mais au nord et au sud de ces forêts, on voit, dans l'hémisphère boréal, les llanos de l'Orénoque inférieur, de la Meta et du Guaviare, s'étendre au loin depuis la zone des palmiers et des grands arbres dicotylédonés, comme dans l'hémisphère austral les *pampas* du rio de la Plata et de la Patagonie. Toutes ces plaines herbeuses (savanes) de l'Amérique méridionale occupent une surface au moins neuf fois plus grande que celle de la France.

La région boisée agit de trois manières : par la fraîcheur de l'ombre, par l'évaporation, et par le rayonnement frigorifique. Les forêts, formées, dans notre zone tempérée, de *plantes sociales* de la famille des conifères ou des amentacés (chênes, hêtres et bouleaux), et, sous les tropiques, de plantes *non sociales,* d'espèces disséminées, mettent le sol à l'abri de la chaleur directe du soleil, répandent l'humidité qu'elles engendrent elles-mêmes, et refroidissent les couches d'air voisines par le rayonnement des organes appendiculaires foliacés. Les feuilles ne sont nullement toutes parallèles entre elles : elles sont diversement inclinées vers l'horizon ; or, d'après la loi développée par Leslie et Fourier, l'influence de cette inclinaison sur la quantité de chaleur émise par le rayonnement est telle, que le pouvoir rayonnant d'une surface mesurée a, dans une certaine direction oblique, est égal au pouvoir rayonnant d'une étendue foliacée, qui aurait la projection de a sur une surface horizontale. Or, dans l'état initial du rayonnement, les feuilles du sommet de l'arbre, qui se refroidissent les premières, ne sont que partiellement masquées par d'autres, et regardent librement le ciel sans nuage. Le refroidissement (épuisement de la chaleur par l'effet du pouvoir émissif) est d'autant plus considérable, que la surface foliacée est plus mince. Une seconde couche de feuilles regarde, par sa face supérieure, la face inférieure de la première, et lui donne par le rayonnement plus qu'elle n'en reçoit. De cet échange inégal il résulte donc aussi pour la seconde couche de feuilles une diminution de température. L'action se propage ainsi de couche en couche jusqu'à ce que toutes les feuilles de l'arbre, modifiées dans leur rayonnement par des différences de position, passent à l'état d'équilibre stable, dont on peut déterminer la loi par l'analyse mathématique. C'est par ce mode de rayonnement que, pendant les nuits longues et sereines de la zone équinoxiale, l'air se refroidit dans les interstices des couches de feuilles ; et, en raison du grand nombre de ses feuilles, un arbre dont le sommet mesure, dans la section horizontale, à peine deux mille pieds carrés, fait diminuer la température de l'air par une surface de plusieurs milliers de fois plus grande que deux mille pieds carrés d'un sol nu ou couvert de gazon (*Asie centrale*, t. III, p. 195-205). J'ai exposé ici en détail l'influence des grandes régions boisées sur l'atmosphère, parce que c'est un sujet que l'on touche souvent dans l'importante question du climat de l'ancienne Germanie et de la Gaule.

Comme la civilisation européenne a son principal siége dans l'ancien continent, sur une côte occidentale, on ne tarda pas à remarquer que, sous les mêmes parallèles, la côte orientale opposée des États-Unis de l'Amérique septentrionale était, pour sa température annuelle moyenne, de plusieurs degrés plus froide que l'Europe : celle-ci n'est pour ainsi dire qu'une presqu'île occidentale de l'Asie, et elle est à l'Asie ce que la Bretagne est à la France. On oublia en même temps que ces différences vont en diminuant des hautes aux basses latitudes, et que déjà sous 30° de latitude elles sont presque nulles. Quant à la côte occidentale du nouveau continent, il nous manque presque complétement des observations thermiques exactes; mais la douceur de l'hiver dans la Nouvelle-Californie nous apprend que, relativement à la température annuelle moyenne, les côtes occidentales de l'Amérique et de l'Europe, sous les mêmes parallèles, diffèrent peu entre elles. Le tableau suivant indique les températures annuelles moyennes qui se correspondent, sous le même degré de latitude géographique, sur la côte orientale du nouveau continent et sur la côte occidentale de l'Europe.

ET ADDITIONS.

Degrés de latitude.	Côte orientale de l'Amérique.	Côte occidentale de l'Europe.	Température moyenne de l'année, de l'hiver et de l'été.	Différences de degrés de chaleur entre l'Amérique orientale et l'Europe occident.
57°10′	Nain.		$-2°8 \dfrac{-14°,4}{6°,1}$	9° 2
57°41′		Gothenbourg.	$6,4 \dfrac{-0°,2}{13°,8}$	
47°34′	S. John's.		$2,7 \dfrac{-4°,0}{9°,8}$	
47°30′		Ofen.	$8,2 \dfrac{-0°,4}{16°,0}$	5° 8
48°50′		Paris.	$8,7 \dfrac{2°,6}{14°,8}$	
44°39′	Halifax.		$5,1 \dfrac{-3°,8}{15°,8}$	6° 2
44°50′		Bordeaux.	$11,2 \dfrac{4°,8}{17°,4}$	
40°43′	New-York.		$9,1 \dfrac{0°,1}{18°,2}$	
39°57′	Philadelphie.		$9,0 \dfrac{0°,1}{18°,1}$	
38°53′	Washington.		$10,2 \dfrac{1°,8}{17°,4}$	3° 4
40°51′		Naples.	$12,9 \dfrac{7°,8}{19°,1}$	
38°52′		Lisbonne.	$13,1 \dfrac{9°,0}{17°,4}$	
29°48′	St.-Augustin.		$17,9 \dfrac{12°,2}{22°,0}$	0° 2
30° 2′		Caire.	$17,7 \dfrac{11°,8}{23°,4}$	

Dans ce tableau (quatrième colonne) le nombre qui précède la fraction indique la température moyenne de l'année; le numérateur de la fraction désigne la température moyenne de l'hiver, et le dénominateur, la température moyenne de l'été. Ce n'est pas seulement la moyenne annuelle, mais aussi la répartition de cette température entre les différentes saisons sur les côtes opposées, qui offre une différence frappante; et c'est précisément cette répartition inégale qui affecte le plus nos sens, ainsi que la vie végétale. Dove a observé, d'une manière générale, que la chaleur estivale en Amérique est, sous la même latitude, inférieure à celle de l'Europe (*Temperatur-tafeln nebst Bemerkungen über die Verbreitung der Wärme auf der Oberfläche der Erde*, 1848, p. 95). Le climat de Saint-Pétersbourg (59° 56'), ou, pour parler plus exactement, la température moyenne annuelle de cette ville, se trouve, sur la côte orientale de l'Amérique, déjà sous 47° ½, c'est-à-dire de douze degrés et demi plus au sud. Nous trouvons de même le climat de Koenigsberg (54° 43' de latitude) déjà à Halifax (44° 39' lat.). Toulouse (43° 36' lat.) est, dans ses rapports thermiques, comparable à Washington.

Il est téméraire d'énoncer d'avance des résultats généraux sur la répartition de la chaleur dans les États-Unis de l'Amérique septentrionale; car il y a trois régions à distinguer : 1° la région des États atlantiques, à l'est des monts Alleghanys; 2° les États de l'Ouest, dans le vaste bassin du Mississipi, de l'Ohio, de l'Arkanzas et du Missouri, entre les Alleghanys et les montagnes Rocheuses; 3° le haut plateau, situé entre les montagnes Rocheuses et les Alpes maritimes de la Nouvelle-Californie, que traverse l'Orégon ou rivière de Colombia. Depuis que l'on fait, grâce à John Calhoun, des observations thermométriques non interrompues (ramenées aux moyennes du jour, du mois et de l'année), sur un plan uniforme, dans trente-cinq postes militaires, on est arrivé, relativement au climat de l'Amérique, à des notions plus exactes que celles qui étaient généralement répandues du temps de Jefferson, de Barton et de Volney. Ces stations météorologiques s'étendent depuis la pointe de la Floride et de l'île de Thompson (Clef ouest), sous 24° 33' de lat., jusqu'à Council Bluffs sur le Missouri; elles comprennent, si l'on y compte le fort Vancouver (45° 37' de lat.), un espace de quarante degrés de long.

Il ne faut pas croire que, dans la seconde région, la température moyenne de l'année soit plus élevée que dans la première. Si l'on voit, à l'ouest des Alleghanys, certaines plantes s'avancer plus au nord, cela tient en partie à la nature même de ces plantes, et en partie à la répartition inégale de la chaleur moyenne annuelle entre les quatre saisons. La large vallée du Mississipi est placée sous l'influence de deux conditions calorifiques, qui sont au nord les lacs du Canada, et au sud, le *Gulfstream* du Mexique. Les cinq lacs canadiens (lacs Supérieur, Michigan, Huron, Érié et Ontario) occupent une surface de quatre-vingt-douze mille milles carrés anglais (4232 milles carrés géographiques). Le climat est d'autant plus doux et uniforme que la contrée se trouve plus rapprochée des lacs. Ainsi, par exemple, à Niagara (sous 43° 15′ de latitude), la température moyenne de l'hiver ne descend qu'à un demi-degré au-dessous du point de congélation, tandis que loin des lacs, à 44° 53′, au confluent de la rivière Saint-Pierre et du Mississipi, dans le fort Snelling, la température moyenne de l'hiver est de —7° 2′ Réaumur. (*Voyez* l'excellent travail de Samuel Forry : *The climate of the United States*, 1842, p. 37, 39 et 102). A cette distance des lacs canadiens (dont la surface est de cinq à six cents pieds *au-dessus* du niveau de la mer, tandis que le lit des lacs Michigan et Huron est près de cinq cents pieds *au-dessous* du niveau de la mer), le pays a, suivant des observations récentes, un véritable climat continental : les étés y sont plus chauds et les hivers plus froids. *It is proved*, dit Forry, *by our thermometrical data, that the climate west of the Alleghany Chain is more excessive than that on the Atlantic side.* Au fort Gibson, sur la rivière de l'Arkanzas qui se jette dans le Mississipi (à 35° 47′ de latitude, la température moyenne de l'année atteignant à peine celle de Gibraltar), on a vu, dans le mois d'août 1834, le thermomètre s'élever à 37° 7′ Réaumur (117° Fahrenh.), à l'ombre et à l'abri du rayonnement du sol.

L'opinion si souvent répétée et qui ne repose sur aucune donnée précise, savoir, que depuis le premier établissement des Européens dans la Nouvelle-Angleterre, en Pensylvanie et en Virginie, le climat est devenu plus uniforme (plus doux en hiver et plus frais en été) en deçà et au delà des Alleghanys par la destruction d'un grand nombre de forêts, est aujourd'hui généralement contestée. Ce n'est que depuis soixante-dix-huit ans à peine qu'il y a, dans les États-Unis, des séries d'observations thermométriques précises. De 1771 à 1824, la moyenne de la température annuelle de Philadelphie ne s'est élevée que de 1° 2′ Réaumur, ce qu'on attribue à l'agrandissement de cette ville, à l'accroissement de sa population, et à ses nombreuses machines à vapeur. Peut-être cette augmentation de la moyenne annuelle n'est-elle qu'accidentelle ; car je trouve, dans la même période, une augmentation de 0° 9′ pour la température moyenne de l'hiver. Excepté l'hiver, toutes les autres saisons étaient devenues un peu plus chaudes. Des observations faites pendant trente-trois ans à Salem, dans le Massachusetts, ne montrent aucun changement ; à peine la moyenne de toutes les années y varie-t-elle d'un degré Fahrenheit ; et à Salem, le froid de l'hiver, au lieu d'avoir diminué par la destruction des forêts, a augmenté de 1° 8′ Réaumur dans un espace de trente-trois ans. (*Forry*, p. 97, 101 et 107).

Comme, relativement à la température moyenne annuelle, la côte orientale des États-Unis ressemble, sous les mêmes parallèles, à la côte orientale de la Sibérie et de la Chine, on a eu de même raison de comparer entre elles les côtes occidentales de l'Europe et de l'Amérique. Je ne veux ici donner qu'un petit nombre d'exemples, dont nous devons deux au voyage autour du monde de l'amiral Lütke : Sitka (New-Archangelsk) dans l'Amérique-Russe et le fort George, sous la même latitude que Gothenbourg et Genève. Iluluk et

Dantzig sont situées à peu près sous le même parallèle ; et, bien que la température moyenne d'Iluluk soit moindre que celle de Dantzig à cause du climat insulaire et du courant froid marin, l'hiver de l'Amérique est cependant plus doux que celui de la mer Baltique.

Sitka.....	Lat. 57° 3'	Long. 137° 38'	5°,6' $\frac{0°,6}{10°,2}$
Gothenbourg.	Lat. 57° 41'	Long. 9° 37'	6°,4' $\frac{0°,2}{15°,6}$
Fort George..	Lat. 46° 18'	Long. 125° 20'	8°,1' $\frac{2°,6}{12°,4}$
Genève....	Lat. 46° 12'	Haut. 203 toises	7°,9' $\frac{0°,7}{14°,0}$
Cherson....	Lat. 46° 38'	Long. 30° 17'	9°,4' $\frac{-3°,1}{17°,5}$

Sur les bords de l'Orégon ou rivière de Colombia, on ne voit presque jamais de neige. La rivière ne se couvre de glace que pendant peu de jours. La température la plus basse que M. Ball ait observée dans l'hiver de 1833, était de 6° ½ Réaumur au-dessous du point de congélation (*Message from the President of the United States to the congress 1844*, p. 160; et Forry, *Clim. of the United States*, p. 49, 67 et 73). Un coup d'œil rapide, jeté sur les températures estivales et hivernales ci-dessus indiquées, montre que la côte occidentale jouit d'un véritable climat insulaire. Pendant que les hivers y sont moins froids que dans la partie occidentale de l'ancien monde, les étés y sont beaucoup plus frais. Le contraste est surtout frappant quand on établit la comparaison entre l'embouchure de l'Orégon et les forts Snelling, Howard et Council-Bluffs, dans l'intérieur du bassin du Mississipi et du Missouri (de 44° à 46° de latitude), où l'on trouve, pour employer un terme de Buffon, un climat *excessif*, un véritable climat *continental*. Un froid d'hiver de — 28° 4' et — 30° 6' Réaumur (— 32° et — 37° Fahr.) y est suivi d'une chaleur estivale qui s'élève, en moyenne, à 16° 8' et 17° 5'.

(19) Page 23. *L'Amérique a surgi la dernière du chaos diluvien.*

Un très-judicieux naturaliste, Benjamin Smith Barton, a dit, il y a déjà longtemps, avec beaucoup de vérité (*Fragments of the Nat. Hist. of Pensylvania*, pag. 1, part. 4) : « *I cannot but deem it a puerile supposition, unsupported by the evidence of nature, that a great part of America has probably later emerged from the bosom of the Ocean than the other continents.* » Ce même sujet a été touché par moi dans un article sur les peuples primitifs de l'Amérique (*Neue Berlinische Monatschrift*, t. XV, 1806, p. 190) : « Des écrivains justement célèbres ont trop souvent répété que l'Amérique est, dans toute l'acception du mot, un continent nouveau. Cette richesse de végétation, cette abondance de fleuves énormes, ces grands volcans, foyers en activité, annonceraient que la terre, sans cesse tremblante et non entièrement séchée, est plus rapprochée de la période primordiale, de l'état chaotique, que dans l'ancien continent. Longtemps déjà avant mon voyage, ces idées m'ont paru aussi peu philosophiques que contraires aux lois de la physique généralement reconnues. Ces images de jeunesse et de tourmente, de sécheresse et de décrépitude progressives de la terre, ne peuvent naître que chez ceux qui s'amusent à chercher des contrastes entre les deux hémisphères, et ne s'efforcent pas d'embrasser dans son ensemble le globe terrestre. Dira-t-on que le sud de l'Italie est plus moderne que le nord, parce qu'il est presque continuellement agité par des tremblements de terre et des éruptions volcaniques? Mais nos volcans et tremblements de terre actuels ne sont-ils pas d'insignifiants phénomènes à côté de ces révolutions naturelles que le géologue doit supposer pour expliquer le soulèvement, la solidification et la disjonction des masses de montagnes? Des causes différentes doivent, dans des climats éloignés, produire aussi des effets différents. Dans le Nouveau-Monde, les volcans (j'en compte encore plus de vingt-huit) ont dû peut-être brûler plus longtemps, parce que la haute chaîne de montagnes, où ils forment de longues crevasses d'éruption par rangées, est située plus près de la mer, et parce que ce voisinage paraît, à part un petit nombre d'exceptions insuffisamment expliquées, modifier l'activité du feu souterrain. D'ailleurs les tremblements de terre et les volcans n'agissent que périodiquement. Actuellement (j'écrivais ceci il y a quarante-quatre ans) le désordre physique et la tranquillité politique règnent dans le nouveau continent, tandis que dans l'ancien monde les discordes des peuples troublent la jouissance du repos au sein de la nature. Peut-être viendra-t-il un temps où les deux continents échangeront leurs rôles dans ce singulier contraste entre les forces physiques et morales. Les volcans se reposent pendant des siècles, avant de se rallumer; et l'idée d'après laquelle les régions plus anciennes doivent jouir d'une certaine paix naturelle, n'est qu'un jeu de notre imagination. Il n'y a aucune raison pour admettre que tout un côté de notre planète soit plus ancien ou plus nouveau que l'autre. Sans doute il y a des îles soulevées par des volcans, et agrandies peu à peu par des bancs de coraux; les Açores et beaucoup d'îles plates de la mer du Sud en sont des exemples. Ces îles sont, en effet, plus modernes que beaucoup de formations plutoniques de la chaîne centrale de l'Europe. Une contrée peu étendue, comme la Bohême, le Kaschmir et plusieurs vallées de la Lune, entourées circulairement de montagnes, pourrait, par suite d'inondations partielles, former longtemps des lacs, et, après l'écoulement de leurs eaux, laisser un terrain où les végétaux s'établiraient graduellement, et qui serait alors, à proprement parler, un terrain d'origine récente. Des îles ont été jointes, par voie de soulèvement, à des masses continentales; d'autres ont disparu par un affaissement du sol oscillant. Mais une enveloppe aqueuse universelle, on ne peut, d'après les lois de l'hydrostatique, se la représenter comme existant simultanément que dans toutes les parties du monde et dans tous les climats. La mer ne peut pas longtemps inonder les immenses plaines de l'Orénoque et du fleuve des Amazones, sans dévaster en même temps nos pays de la Baltique. Au reste, la succession et l'identité des couches sédimenteuses, ainsi que les plantes et animaux fossiles que ces couches renferment, prouvent que beaucoup de ces grands dépôts ont été formés en même temps sur tout le globe. » (Comp. sur les plantes fossiles de la houille dans le nord de l'Amérique et de l'Europe, Adolphe Brongniart, *Prodrome d'une Hist. des végétaux fossiles,* p. 179; et Charles Lyell's *Travels in North America,* vol. II, p. 20.)

(20) Page 24. L'*hémisphère austral est plus frais et plus humide que notre hémisphère boréal.*

Le Chili, Buenos-Ayres, la partie méridionale du Brésil et le Pérou, en raison du continent rétréci au sud, jouissent d'un véritable *climat insulaire :* les étés y sont frais, et les hivers doux. Cet avantage de l'hémisphère austral se maintient jusqu'à 48° et 50° de latitude sud ; mais, plus loin, vers les glaces du pôle antarctique, l'Amérique méridionale devient une solitude inhospitalière. Les latitudes différentes auxquelles se terminent les pointes de l'Australie avec l'île Van-Diemen, de l'Afrique et de l'Amérique, donnent à chacun de ces continents un caractère particulier. Le détroit de Magellan est situé entre 53° et 54° de latitude sud; et cependant le thermomètre y descend à 4° Réaumur, dans les mois de décembre et de janvier, où le soleil reste dix-huit heures sur l'horizon. Il neige presque tous les jours dans la plaine, et la plus forte chaleur que Churruca y ait observée en 1788, au mois de décembre (été de cette région), ne dépassait pas 9°. Le cap Pilar, dont le roc escarpé n'a que deux cent dix-huit toises de haut, et qui forme, pour ainsi dire, la pointe méridionale de la chaîne des Andes, est situé à peu près sous la même latitude que Berlin. (*Relacion del Viage al Estrecho de Magallanes* (*Appendice,* 1793), p. 76.)

Pendant que dans l'hémisphère boréal tous les continents se prolongent vers le pôle jusqu'à une limite moyenne qui correspond assez exactement au 70° parallèle, les extrémités australes de l'Amérique (Terre de feu), déchiquetées par des bras de mer, celles de l'Australie et de l'Afrique, s'arrêtent, du côté du pôle antarctique, à 34°, 46°½ et 56°. La température de la grande surface marine qui sépare ces extrémités australes du pôle glacé, contribue essentiellement à la modification des climats. Les surfaces continentales dans les deux hémisphères que sépare l'équateur sont dans le rapport de 3 : 1. Mais ce manque de continent dans l'hémisphère austral porte plutôt sur les zones tempérées que sur les zones torrides. Les premières sont, dans les hémisphères nord et sud, comme 13 : 1, et les dernières, comme 5 : 4. Une si grande inégalité dans la répartition de l'élément solide exerce une influence marquée sur le courant d'air ascendant qui se dirige au pôle sud, ainsi que sur la température de l'hémisphère sud en général. Les plus beaux végétaux des tropiques, par exemple les fougères arborescentes, vont, au sud de l'équateur, jusqu'aux parallèles de 46° à 53°, tandis qu'au nord de l'équateur ils ne dépassent pas le tropique du Cancer. (Robert Brown, *Appendix to Flinder's voyage*, p. 575 et 584; Humboldt, *De distributione geographica plantarum*, p. 81-85.) Les fougères en arbre (*tree-ferns*) réussissent parfaitement à Hobarttown, dans l'île Van-Diemen (à 42° 53' de latitude), par une température annuelle moyenne de 9°, c'est-à-dire sous une *latitude isotherme* de 1° 6' moindre que celle de Toulon. Rome est presque d'un degré plus distante de l'équateur que Hobarttown ; et Rome a pour la température moyenne de l'année 12° 3', pour celle de l'hiver 6° 5', pour celle de l'été 24°, pendant qu'à Hobarttown ces trois moyennes sont 8° 9', 4° 5', et 13° 8'. A Dusky-Bay, dans la Nouvelle-Zélande, les fougères en arbres réussissent sous 46° 8', et, dans les îles de lord Aukland et Campbell, jusqu'à 53°. (Jos. Hooker, *Flora antarct.*, 1844, p. 107.)

Dans l'archipel de la Terre de feu, où, sous la même latitude que Dublin, la température moyenne de l'hiver est 0° 4' et celle de l'été seulement 8°, le capitaine King trouva le sol tapissé de belles plantes (*vegetation thriving most luxuriantly in large woody stemmed trees of Fuchsia and Veronica*), tandis que la végétation, si bien dépeinte par Charles Darwin, sur la côte occidentale de l'Amérique sous 38° et 40° de latitude australe, cesse tout à coup au sud du cap Horn, sur les rochers des Orcades australes, des îles Shetland et de l'archipel de Sandwich. Ces îles, garnies de quelques herbes, mousses et lichens, vraies *Terres de désolation*, comme les appellent les navigateurs français, sont encore bien éloignées du pôle antarctique ; et cependant nous voyons dans l'hémisphère boréal, sous 70° de latitude, aux limites de la Scandinavie, des pins acquérir jusqu'à soixante pieds de hauteur. (Voy. Darwin, dans *Journal of Researches* 1845, p. 244, et King, dans vol. I, *Narr. of the Voyages of the Adventure and Beagle*, p. 577.) En comparant la Terre de feu et surtout le port Famine, dans le détroit de Magellan (53° 38' de latitude), avec Berlin, d'un degré plus rapproché de l'équateur, on trouve pour cette dernière ville 6,8 $\frac{-0,5}{15,9}$, et pour Port-Famine 4,7 $\frac{1,2}{8,0}$. Je vais communiquer ci-après le petit nombre de données certaines que nous possédons actuellement sur la zone tempérée de l'hémisphère austral, et qui, dans cette répartition inégale des températures de l'été et de l'hiver, sont à comparer avec les températures du Nord. J'ai déjà expliqué plus haut la notation que j'ai suivie pour cela : le nombre qui précède la fraction indique la température moyenne de l'année ; le numérateur de la fraction, la moyenne de l'hiver, et le dénominateur, celle de l'été.

LIEUX.	Latitude australe.	Température moyenne de l'année, de l'hiver et de l'été, en degrés Réaumur.
Sidney et Paramata (Nouvelle-Hollande).	33° 50'	14,5 $\frac{10,0}{20,2}$
Ville du Cap (Afrique).	33° 55'.	15,0 $\frac{11,8}{18,3}$
Buenos-Ayres.	34° 17'	13,5 $\frac{9,1}{18,2}$
Montevideo.	34° 54'	15,5 $\frac{11,3}{20,2}$?
Hobart-town (Van-Diemen).	42° 45'	9,1 $\frac{4,8}{13,8}$
Port-Famine (Détroit de Magellan).	53° 38'	4,7 $\frac{1,2}{8,0}$

(21) Page 24. *Une mer de sable continue.*

De même que les éricées sociales forment, de l'embouchure de l'Escaut à l'Elbe, de la pointe du Jutland au Hartz, un tapis continu de bruyères, de même les sables du désert s'étendent comme des mers à travers l'Afrique et l'Asie, depuis le cap Blanc jusqu'au delà de l'Indus, dans un espace de quatorze cents milles géographiques. La région sablonneuse d'Hérodote, que les Arabes appellent le désert de Sahara, traverse, interrompue par quelques oasis, toute l'Afrique, comme un bras de mer mis à sec. La vallée du Nil est la limite orientale du désert libyque. Au delà de l'isthme de Suez, au delà des rochers de porphyre, de syénite et de diorite du mont Sinaï, commence le plateau désert de Nedjd, qui occupe tout l'intérieur de la presqu'île arabique, et qui est borné à l'ouest et au sud par la contrée littorale plus fertile et plus heureuse de l'Hedjaz et de l'Hadhramaut. L'Euphrate borne à l'est le désert de l'Arabie et de la Syrie. De vastes plaines de sables (*bejaban*) coupent toute la Perse depuis la mer Caspienne jusqu'à l'océan Indien; tels sont les déserts de Kerman, de Seïstan, de Beloudchistan et de Mekran, riches en sel marin et en natron. Le dernier est séparé du désert de Moultan par l'Indus.

(22) Page 25. *La partie occidentale de l'Atlas.*

La question concernant la position de l'Atlas des anciens a été souvent agitée de nos jours. On confond ici les antiques traditions phéniciennes avec ce que les Grecs et les Romains ont plus tard débité sur l'Atlas. Le professeur Ideler père, qui était aussi profondément versé dans la linguistique que dans l'astronomie et les sciences mathématiques, a le premier jeté quelque lumière sur ces idées confuses. Qu'il me soit permis d'insérer ici ce que ce savant judicieux m'avait communiqué sur ce sujet important :

« A une époque fort reculée, les Phéniciens se hasardèrent à passer le détroit de Gibraltar. Ils fondèrent Gadès et Tartessus sur la côte de l'Espagne, ainsi que Lixus et plusieurs autres villes sur la côte atlantique de la Mauritanie. De ces côtes, ils naviguaient, au nord, jusqu'aux îles Cassitérides, d'où ils tiraient de l'étain, et jusqu'aux côtes de la Prusse, d'où ils tiraient du succin ; au sud, ils s'avançaient au delà de Madère jusqu'aux îles du cap Vert. Ils visitaient, entre autres, l'archipel des Canaries. Là, ils furent frappés de l'aspect du pic de Ténériffe, qui paraît d'autant plus haut, qu'il surgit immédiatement de la mer. Les colonies qu'ils envoyèrent en Grèce, particulièrement celle qui, sous la conduite de Cadmus, aborda en Béotie, y répandirent leurs récits sur cette montagne s'élevant au-dessus des nuages, ainsi que sur les îles Fortunées qu'embellissent des fruits de toute espèce, et surtout les oranges couleur d'or. Ces récits traditionnels se propagèrent en Grèce par les chants des bardes, et parvinrent ainsi jusqu'à Homère. Ce poëte parle d'un *Atlas* qui connaît toutes les profondeurs de la mer, et porte les grandes colonnes qui séparent le ciel de la terre (*Odyss*. I, 52); il dépeint les *champs Élysées* comme une contrée ravissante de l'Occident (*Iliad.* IV, 561). Hésiode parle de même de l'Atlas, qu'il dit être voisin des nymphes hespéridiennes (*Theog.* V, 517). Les champs Élysées, il les place à l'extrémité occidentale de la terre, et leur donne le nom d'*îles des Bienheureux* (*op. et Dies*, v. 167). Les poëtes moins anciens ont renchéri encore sur ces mythes de l'Atlas, des Hespérides, des pommes d'or, et des îles Fortunées, séjour assigné aux vertueux après leur mort : ils y ont rapporté les expéditions de Mélicerte, dieu tyrien, confondu avec l'Hercule des Grecs.

« Ce ne fut que très-tard que les Grecs commencèrent à rivaliser, pour la navigation, avec les Phéniciens et les Carthaginois. Ils visitèrent, à la vérité, les bords de la mer Atlantique ; mais ils ne paraissent jamais s'être aventurés bien loin dans cette mer. Je doute qu'ils aient vu les îles Canaries et le pic de Ténériffe. Ils croyaient avoir retrouvé, sur la côte occidentale de l'Afrique, cet Atlas que leurs poëtes et leurs traditions représentaient comme une très-haute montagne située à l'extrémité occidentale de la terre. C'est aussi là que le placèrent Strabon, Ptolémée et autres géographes. Mais comme le nord-ouest de l'Afrique n'offre aucune montagne isolée d'une hauteur remarquable, on était dans l'embarras relativement à la véritable situation de l'Atlas : on le cherchait tantôt sur la côte, tantôt dans l'intérieur du pays, tantôt près de la Méditerranée, tantôt plus au sud. Dès le premier siècle de notre ère, époque à laquelle les Romains portèrent leurs armes dans l'intérieur de la Mauritanie et de la Numidie, on désigna communément sous le nom d'Atlas la chaîne de montagnes qui s'étend, de l'ouest à l'est, presque parallèlement à la côte méditerranéenne. Cependant Pline et Solin sentaient très-bien que les descriptions si pittoresques de l'Atlas, faites par les poëtes grecs et romains, ne convenaient pas à cette chaîne de montagnes; ils crurent donc devoir transporter l'Atlas dans la *terra incognita* de l'Afrique moyenne. — L'Atlas d'Homère et d'Hésiode ne peut donc être que le pic de Ténériffe, de même que l'on doit chercher l'Atlas des géographes grecs et romains dans l'Afrique septentrionale. »

A cet éclaircissement si instructif du professeur Ideler, j'ajouterai les remarques suivantes : Au rapport de Pline et de Solin, l'Atlas s'élève du milieu d'une plaine de sable (*e medio arenarum*); des éléphants (on n'en avait certainement jamais vu à Ténériffe) paissent sur ses flancs. Ce que nous appelons maintenant Atlas est une longue chaîne de montagnes. — Comment se fait-il que les Romains crurent reconnaître dans cette chaîne le pic isolé d'Hérodote? La cause n'en serait-elle pas dans cette illusion optique, d'après laquelle toute chaîne de montagnes, vue de profil, paraît un cône rétréci? C'est ainsi que, sur mer, il m'est souvent arrivé de prendre des crêtes prolongées pour des monts solitaires. D'après Hoest, l'Atlas, près de Maroc, est couvert de neiges éternelles. Sa hauteur, dans ce point, doit donc être de plus de dix-huit cents toises. Il est aussi à remarquer que les Berbères, les anciens Mauritaniens, donnaient, selon Pline, à l'Atlas le nom de *Dyris*. Encore aujourd'hui, la chaîne de l'Atlas s'appelle chez les Arabes *Daran*, mot qui se compose presque des mêmes consonnes que *Dyris*. Hornius (*De originibus Americanorum*, p. 195) croit, au contraire, reconnaître *Dyris* dans *Aya-Dyrma*, nom guanche du pic de Ténériffe. Quant au rapport qui existe entre les idées purement mythologiques et les légendes géographiques sur le Titan Atlas, portant le ciel, au delà des colonnes d'Hercule, voy. Letronne, *Essai sur les idées cosmographiques qui se rattachent au nom d'Atlas*, dans Férussac, *Bulletin universel des sciences*, mars 1831, p. 10.

D'après nos connaissances géologiques actuelles, sans doute encore fort restreintes, des montagnes de l'Afrique septentrionale, on n'y trouve point de traces d'éruptions volcaniques, historiquement constatées. Cependant, chose surprenante, les anciens nous offrent des indices de semblables phénomènes dans l'Atlas occidental et sur la côte atlantique. Les flammes de feu, dont parle si souvent le périple d'Hannon, pourraient bien n'être que des incendies de prairies, ou des signaux que se donnaient les sauvages du littoral, comme en présence d'un danger menaçant et à la première vue des embarcations ennemies. Le *char des dieux* (θεῶν ὄχημα), à cime éclairée par des flammes, n'est peut-être qu'un vague souvenir du pic de Ténériffe. Mais plus loin Hannon décrit une singulière conformation du sol : il trouve dans le golfe, à la *corne de l'ouest*, une grande île, et dans celle-ci un lac salé qui lui-même a une petite île. La même configuration se reproduit au sud de la *baie des Gorilles-Singes*. Sont-ce là des îles de lagunes (atolls), ouvrage des coraux, ou des cratères-lacs au centre desquels s'est élevé un cône? — Le lac Triton était situé, non pas dans le voisinage de la petite Syrte, mais sur la côte océanique, occidentale, de l'Afrique (*Asie centrale*, t. I, p. 179). Ce lac disparut par des tremblements de terre qui étaient accompagnés de *grandes éruptions de feu* (πυρὸς ἐκφυτήματα μεγάλα, Diodor. III, 53, 55). C'est dans un passage, jusqu'à présent presque dédaigné, des entretiens dialectiques de Maxime de Tyr, qu'on trouve la description la plus remarquable de l'Atlas caverneux. Maxime de Tyr, philosophe platonicien, vivait à Rome sous le règne de Commode. Son Atlas était situé « sur le continent, là où les Libyens occidentaux habitent une presqu'île, saillie de terre. » Du côté de la mer, la montagne renferme un abîme demi-circulaire, profond. Les parois du roc sont si escarpées, qu'on ne peut pas y descendre. L'abîme est tapissé de bois; « on y aperçoit, comme dans un puits, la cime des arbres et les fruits qu'ils portent. » (*Maxim. Tyr.* VIII, 7, ed. Markland). Cette description est si singulièrement pittoresque, qu'elle semble retracer le souvenir d'une observation réelle.

(23) Page 25. *Les montagnes de la Lune, Djebel-al-Komr.*

Les montagnes de la Lune, σελήνης ὄρος, de Ptolémée (lib. IV, cap. 9), sont figurées, sur nos cartes anciennes, comme une énorme chaîne parallèle, continue, traversant toute l'Afrique de l'est à l'ouest. Son existence paraît certaine, mais son étendue, sa distance de l'équateur et sa direction moyenne sont problématiques. J'ai déjà dit ailleurs (*Cosmos*, t. II, p. 225 et 440) comment une connaissance plus intime des idiomes indiens et du vieux persan (zend) nous apprend que la nomenclature géographique de Ptolémée est en partie un monument historique des relations commerciales entre l'Occident, et les régions les plus distantes de l'Asie méridionale et de l'Afrique orientale. La même direction d'idées se remarque dans des recherches entreprises récemment. On se demande si le grand géographe et astronome de Péluse a voulu donner par *montagne de la Lune*, comme par *île d'Orge* (Jabadiu, Java), seulement la traduction grecque d'un nom indigène, ou, ce qui est le plus probable, si El-Istachri, Edrisi, Ibn-al-Vardi et autres géographes arabes plus anciens, n'ont fait que copier la nomenclature de Ptolémée; ou enfin si la similitude du mot prononcé a amené la similitude du nom écrit. Voici comment s'exprime à cet égard mon grand maître Silvestre de Sacy, dans les notes à sa traduction de la célèbre *Description de l'Égypte* par Abd-Allatif (édit. de 1810, p. 7 et 353) : « On traduit ordinairement le nom de ces montagnes, que Léon Africain regarde comme les sources du Nil, par « montagnes de la Lune, » et j'ai suivi cet usage. Je ne sais si les Arabes ont pris originairement cette dénomination de Ptolémée. On peut croire qu'ils entendent effectivement aujourd'hui le mot قمر dans le sens de la *lune*, en le prononçant *kamar* : je ne crois pas cependant que c'ait été l'opinion des anciens écrivains arabes, qui prononcent, comme le prouve

Makrizi, *Komr*. Aboulféda rejette positivement l'opinion de ceux qui prononcent *kamar*, et qui dérivent ce nom de celui de la lune. Comme le mot *Komr*, considéré comme pluriel de قمر, signifie un objet d'une *couleur verdâtre* ou d'un blanc sale, suivant l'auteur du *Kamous*, il paraît que quelques écrivains ont cru que cette montagne tirait son nom de sa couleur. »

Le savant Reinaud, dans son excellente traduction d'Aboulféda (t. II, p. 1, pag. 81-82), regarde comme probable que le nom de *montagnes de la Lune* (ὄρη σεληναῖα), dans Ptolémée, a été primitivement adopté par les Arabes. Il fait observer que, dans le *Moschtarek* de Yakout et dans Ibn-Saïd, le nom de cette montagne s'écrit *al-Komr*, et que Yakout écrit de même celui de l'île de Zendj (Zanguebar). Beke, voyageur en Abyssinie, cherche à démontrer, dans sa savante dissertation sur le Nil et ses affluents (*Journal of the Royal Geographical Society of London*, vol. XVII, 1847, p. 74-76), que Ptolémée, instruit par les renseignements dus à des relations commerciales étendues, avait emprunté son σελήνης ὄρος à une dénomination indigène. « Ptolémée savait, dit-il, que le Nil a sa source dans la région montagneuse de *Moezi*. Or, dans les langues qu'on parle dans une grande partie de l'Afrique australe, par exemple dans les idiomes du Congo, de Monjou et de Mozambique, le mot *moezi* signifie *la lune*. Leur vaste contrée du sud-ouest portait le nom de *Mono-Muezi* ou *Mani-Moezi*, c'est-à-dire le pays du roi de Moezi (du *roi du pays de la Lune*); car, dans la même famille de langues, où *moezi* ou *muezi* signifie *lune*, *mono* ou *mani* signifie *roi*. Alvarez, dans son *Viaggio nella Ethiopia* (Ramusio, vol. 1, p. 249), parle déjà du regno di *Manicongo*, de l'empire du roi de Congo. » — L'adversaire de Beke, M. Ayrton, cherche la source du Nil Blanc (Bahr el-Abiad), non pas comme Arnaud, Werne et Beke, près de l'équateur ou même au sud de celui-ci (à 29° 0′ de longitude de Paris), mais, comme Antoine d'Abbadie, au nord-est dans le Godjeb et Gibbe d'Enearra (Iniara), par conséquent dans les montagnes de l'Habesch, sous 7° 20′ de latitude nord et 33° 0′ de longitude. Il suppose que les Arabes, séduits par la similitude du son, ont rapporté le nom de *Gamaro*, qui s'applique à la montagne abyssinique du Godjeb (Nil Blanc?), au sud-ouest de Gaka, à une montagne de la Lune (*Djebel Al-Kamar*); de manière que Ptolémée, initié aux relations commerciales entre l'Abyssinie et l'Inde, peut avoir reçu cette dénomination sémitique d'anciens colons arabes (Comp. Ayrton, dans *Journal of Royal Geogr. Soc.*, vol. XVIII, 1848, p. 53, 55, 59-63; Werne, et *Exped. Zur Entd. der Nil-Quellen*, 1848, p. 534-536).

L'intérêt qu'excite de nouveau en Angleterre la découverte des sources australes du Nil, a engagé récemment le voyageur Charles Beke à développer ses idées sur la connexion des montagnes de la Lune avec celles de l'Habesch, dans une assemblée de *British association for the advancement of science,* tenue à Swansea. « Le plateau de l'Abyssinie, dit-il, a généralement huit mille pieds de haut, et se prolonge au sud jusqu'au 9ᵉ et 10ᵉ degré de latitude nord. Son revers oriental apparaît aux habitants du littoral comme une chaîne de montagnes. Ce plateau s'abaisse considérablement à son extrémité sud, et se confond avec les montagnes de la Lune qui ne se dirigent pas de l'est à l'ouest, mais parallèlement à la côte (de 10° de latitude nord à 5° de latitude sud), savoir, du nord-nord-est au sud-sud-ouest. Les sources du Nil Blanc sont situées dans le pays de Mono-Moezi, probablement sous 2° ½ de latitude sud, là où, sur le versant oriental des montagnes de la Lune, le fleuve Sabaki se jette près de Melindeh (au nord de Mombaza) dans l'océan Indien. Deux missionnaires abyssiniens, Rebmann et le docteur Krapf, se trouvaient encore, dans l'automne précédente (1847), sur le littoral de Mombaza. Ils ont fondé, auprès de la tribu de Wakamba, un établissement, nommé Rabbay-Empie, qui promet de devenir très-utile pour des explorations géographiques. Quelques familles de la tribu de Wakamba pénètrent à l'ouest de cinq à six cents milles anglais dans l'intérieur du pays, jusqu'au cours supérieur du fleuve Lusidji, jusqu'au grand lac Nyassi ou Zambèze (5° de latitude sud?) et jusqu'aux sources voisines du Nil. L'expédition à ces sources, pour laquelle se prépare (d'après le conseil de Beke) M. Frédéric Bialloblotzky, de Hanovre, doit partir de Mombaza. Le Nil, qui descend de l'ouest, et dont parlent les anciens, est probablement le Bahr-el-Ghazal ou Keilah, qui se jette dans le Nil sous 9° de latitude nord, au-dessus de l'embouchure du Godjeb ou Sobat. »

L'expédition scientifique de Russegger, provoquée, en 1837 et 1838, par Méhémed-Ali, désireux de connaître les sables aurifères de Fazokl sur le Nil Bleu (vert), *Bahr-el-Azrek*, avait rendu l'existence d'une *montagne de la Lune* très-douteuse. Le Nil Bleu (l'*Astapus* de Ptolémée), qui sort du lac Coloe (aujourd'hui Tzana), descend des montagnes colossales de l'Abyssinie ; mais vers le sud-ouest apparaît une dépression fort étendue. Les trois expéditions que le gouvernement d'Égypte fit partir successivement de Chartum, au confluent du Nil Bleu et du Nil Blanc (la première sous la conduite de Sélim Bimbaschi, en novembre 1839, la seconde en automne 1840, en compagnie des ingénieurs français Arnaud, Sabatier et Thibaut, la troisième en août 1841), ont répandu quelque lumière sur les montagnes élevées qui, entre 6° et 4° de latitude, et probablement encore plus au sud, se dirigeant d'abord de l'ouest à l'est, ensuite du nord-ouest au sud-est, se rapprochent de la rive gauche du Bahr-el-Abiad. Dans la seconde expédition de Méhémed-Ali, on aperçut, au rapport de Werne, la chaîne de montagnes pour la première fois sous 11° $^1/_3$, là où le Djebel-Aboul et le Koulak s'élèvent à trois mille quatre cents pieds. Le plateau se prolongeait, en inclinant au sud vers la rivière, de 4° $^3/_4$ à 4° 4′, latitude de l'île de Tschenker, terme de l'expédition du capitaine Selim et de Feizulla Effendi. La rivière guéable se resserre entre des rochers, et les montagnes isolées, dans le pays de Bari, reprennent jusqu'à trois mille pieds de hauteur. C'est là probablement une partie de ce qui sur les cartes récentes porte le nom de *montagne de la Lune*, qui n'est pas, comme le prétend Ptolémée (lib. IV, cap. 9), couverte de neiges éternelles. La limite de ces neiges ne commencerait certainement, dans ces latitudes, qu'à quatorze mille cinq cents pieds au-dessus du niveau de la mer. Peut-être Ptolémée a-t-il transporté dans cette contrée du Nil Blanc les connaissances qu'il pouvait avoir des montagnes abyssiniennes plus rapprochées de la haute Égypte et de la mer Rouge. A Godjam, à Kaffa, à Miecha et Samien, les montagnes de l'Abyssinie s'élèvent, d'après des mesures exactes (non pas d'après celles de Bruce, qui place Chartum à quatre mille sept cent trente, au lieu de quatorze cent trente pieds de hauteur), de dix mille à quatorze mille pieds. Rüppell, un des observateurs les plus exacts de notre temps, trouva, sous 13° 10′ latitude, l'Abba-Jarat de soixante-six pieds plus bas que le mont Blanc. (*Voy.* Rüppell, *Reise in Abyssinien*, t. I, p. 414, t. II, p. 443). Rüppell trouva le haut plateau qui confine au Buahat et s'élève à treize mille quatre-vingts pieds au-dessus de la mer Rouge, à peine couvert d'un peu de neige fraîchement tombée. (Humboldt, *Asie centrale*, t. III, p. 272.) La célèbre inscription d'Adulis, qui, selon Niebuhr, est un peu postérieure à Juba et Auguste, parle aussi de neige, en Abyssinie, « qui va jusqu'aux genoux. » C'est là, que je sache, le plus ancien document qui fasse mention de la neige tombée entre les tropiques (*Ibid.*, t. III, p. 238); car le Paropanisus est à douze degrés de latitude de la limite tropicale.

La carte des contrées supérieures du Nil par Zimmermann indique la ligne de partage entre le bassin du grand fleuve et les bassins des rivières qui, au sud-est, apportent leur tribut à l'océan Indien ; ces rivières sont : le Doura, qui a son embouchure au nord de Magadoxho ; le Teb, sur la côte de Succin près d'Ogda ; le *Goschop*, bien pourvu d'eau, qui résulte du confluent du Gibou et du Zebi, et ne doit pas être confondu avec le *Godjeb*, devenu célèbre depuis 1839 par les voyages d'Antoine d'Abbadie, du missionnaire Krapf, et de Beke. Dès leur publication en 1843, j'avais accueilli avec une vive joie les résultats généraux des voyages récents de Beke, de Krapf, d'Isenberg, de Russegger, de Rüppell, d'Abbadie et de Werne. « Si dans une longue carrière, disais-je dans une lettre à Charles Ritter, celui qui vieillit est sujet à bien des désagréments qu'il partage d'ailleurs avec ses contemporains, il peut se dédommager par la jouissance intellectuelle qu'il éprouve en comparant l'état actuel des sciences avec ce qu'il était autrefois, en voyant, pour ainsi dire, sous ses yeux, de grandes choses naître et se développer là où depuis longtemps tout avait sommeillé, et où l'on avait essayé, par une critique forcée, de nier tout ce qui avait été déjà si péniblement acquis. Cette jouissance a été procurée de temps en temps à vous et à moi par nos études géographiques, et cela précisément dans les points où l'on ne pouvait se prononcer que timidement. La configuration et la physionomie générale d'un continent dépendent de quelques traits ou reliefs qu'on arrive ordinairement à dévoiler les derniers. Ces considérations se sont vivement renouvelées en moi par l'inspection de l'excellent travail que vient de publier notre ami Charles Zimmermann sur la région supérieure du Nil et de l'Afrique moyenne orientale. Cette nouvelle carte fait, par des nuances d'ombre particulières, très-bien ressortir ce qui est encore inconnu, et ce qui a été mis en lumière par la hardiesse et la persévérance des voyageurs de toutes les nations, parmi lesquelles la nôtre occupe heureusement un rang distingué. Il importe, pour les progrès des sciences, qu'à de certaines époques des hommes familiarisés avec les matériaux épars ne se contentent pas seulement de dessiner et de compiler, mais qu'ils comparent, choisissent, tracent des routes exactes, autant que possible, par la détermination astronomique des lieux, et représentent ainsi graphiquement l'état réel de notre savoir. Celui qui a aussi largement que vous contribué à cette tâche, a le droit d'attendre beaucoup, en raison des points de liaisons qu'il a multipliés si ingénieusement. Quoi qu'il en soit, je pense qu'en 1822, époque où vous aviez entrepris votre grand ouvrage sur l'Afrique, vous ne pouviez pas espérer de si nombreuses additions. » Sans doute nos connaissances se réduisent ici souvent à des lits de rivière, à leur direction, à leur embranchement, et à la synonymie qu'on leur applique dans les différents idiomes du pays; mais ces lits de rivières accusent les principaux traits de la surface, ils constituent l'élément qui vivifie le commerce des hommes et prépare l'avenir.

Le cours septentrional du Nil Blanc et le cours sud-est du

grand Goschop démontrent qu'un renflement du sol sépare l'un de l'autre les deux bassins de ces fleuves. Nous ne savons encore que très-imparfaitement comment ce renflement se lie au plateau de l'Abyssinie, et comment il se prolonge au sud jusque bien au delà de l'équateur. Probablement, et c'est là aussi l'opinion de mon ami Charles Ritter, les monts Lupata, qui, d'après la remarque de l'excellent Guillaume Peters, s'étendent jusqu'à 26° de latitude australe, se rattachent, par les montagnes de la Lune, au soulèvement septentrional de la surface terrestre, au haut plateau de l'Abyssinie. Au rapport de ce voyageur d'Afrique, *lupata*, dans la langue de Tette, signifie *fermé*. Cette chaîne est donc synonyme de *ce qui est fermé, barrière* (coupée seulement par quelques rivières). « La chaîne de Lupata des écrivains portugais est située, dit Peters, à environ quatre-vingt-dix lieues de l'embouchure du Zambèse; et à peine a-t-elle deux mille pieds de haut. La rangée de montagnes se dirige principalement du nord au sud, mais avec des inclinaisons diverses à l'est et à l'ouest. Elle est quelquefois coupée par des plaines. Sur toute la côte de Zanzibar, les marchands qui pénètrent dans l'intérieur donnent des renseignements sur cette chaîne longue, mais pas très-élevée, qui s'étend, entre 6° et 26° de latitude sud, jusqu'à la factorerie de Lourenzo-Marques sur le rio de Espiritu-Santo (dans la baie de Lagoa des Anglais). Plus la chaîne de Lupata avance vers le sud, plus elle se rapproche de la côte; à Lourenzo-Marques, elle n'en est plus qu'à quinze lieues. »

(24) Page 26. *Un effet du grand remous.*

Dans la partie septentrionale de l'océan Atlantique, entre l'Europe, le nord de l'Afrique et le nouveau continent, les eaux tournoient de manière à former un véritable tourbillon. Sous les tropiques, le courant général, qu'on pourrait appeler le *courant de rotation*, va, comme le vent alisé, de l'est à l'ouest. Il accélère la marche des navires qui voguent des îles Canaries vers l'Amérique australe. Il rend presque impossible la traversée en ligne directe (en amont du courant) de Carthagena de Indias à Cumana. Ce courant occidental, attribué aux vents alisés, reçoit dans la mer des Antilles une impulsion plus forte, dont la cause éloignée, entrevue déjà par sir Humphry Gilbert (Hakluyt, *Voyages*, vol. III, p. 14) en 1560, a été bien démontrée, en 1832, par Rennell. Entre Madagascar et la côte orientale de l'Afrique, le courant de Mozambique, allant du nord au sud, se resserre sur le banc de Lagulla et au nord de celui-ci, pour tourner autour de l'extrémité méridionale de l'Afrique. De là il longe impétueusement la côte occidentale de l'Afrique jusqu'à l'île de Saint-Thomas, un peu au delà de l'équateur; en même temps il imprime une direction nord-ouest à une partie des eaux de l'Atlantique australe qui viennent frapper le cap Saint-Augustin, et baigner, jusqu'au delà de l'embouchure de l'Orénoque, la boca del Drago et le littoral de Paria. (Rennell, *Investigations of the currents of the Atlantic occan*, 1832, p. 96 et 136.) Le nouveau continent forme, depuis l'isthme de Panama jusqu'à la partie septentrionale du Mexique, une digue qui résiste à ce mouvement de la mer. C'est ce qui oblige le courant de prendre, à partir de Veragua, une direction nord, et de suivre les courbures de la côte de Costa-Rica, de Mosquitos, de Campêche et de Tabasco. Les eaux qui, entre le cap Catoche de Yucatan et le cap San-Antonio de Cuba, pénètrent dans le golfe du Mexique, et forment un grand remous entre Vera-Cruz, Tamiagua, les embouchures du rio del Norte et du Mississipi, rentrent, au nord du canal de Bahama, dans l'océan Atlantique. Là, elles constituent ce que les navigateurs nomment le *courant du golfe* ou *gulfstream*, fleuve pélagien d'eau chaude, rapide, qui, dans une direction diagonale, s'éloigne de plus en plus de la côte de l'Amérique septentrionale. Les bâtiments qui, partis de l'Europe pour cette côte, sont incertains sur leur longitude géographique, s'orientent par de simples observations de latitude, grâce à ce courant oblique, dès qu'ils l'ont une fois atteint. Sa situation a été d'abord exactement indiquée par Francklin, Williams et Pownall.

A partir du 41e degré de lat. nord, ce fleuve d'eau chaude diminue de rapidité à mesure qu'il s'élargit, et tourne brusquement à l'est. Il touche presque la lisière méridionale du grand banc de Terre-Neuve (Newfoundland), où j'ai constaté le maximum de la différence de température entre les eaux du gulfstream et les eaux réfrigérantes du banc. Avant d'atteindre les îles les plus occidentales des Açores, le fleuve d'eau chaude se partage en deux branches : l'une se rend, au moins dans certaines saisons, vers l'Irlande et la Norwége, tandis que l'autre se dirige vers les îles Canaries et la côte occidentale de l'Afrique boréale. Ce *tourbillon atlantique*, que j'ai décrit ailleurs avec plus de détails (tom. I de mon *Voyage aux régions équinoxiales*), fait comprendre comment, malgré les vents alisés, on a vu arriver sur les côtes des îles Canaries des troncs flottants de dicotylédonées de l'Amérique australe et des Antilles. J'ai fait, dans le voisinage du banc de Terre-Neuve, de nombreuses expériences sur la température du gulfstream, qui apporte, avec une grande rapidité, les eaux chaudes des basses latitudes dans les régions situées plus au nord. C'est pourquoi sa température est de deux à trois degrés Réaumur plus élevée que celle des eaux environnantes qui forment, pour ainsi dire, les *bords* du *fleuve océanique*.

Le poisson volant de la zone équinoxiale (*exocetus volitans*), qui aime les eaux chaudes, suit le gulfstream bien loin dans la zone tempérée. Le *fucus natans*, arraché au golfe du Mexique, fait aisément reconnaître au navigateur la présence de ce courant. Les branches de ce fucus indiquent la direction du gulfstream. On a vu le grand mât d'un vaisseau de guerre anglais, *le Tilbury*, incendié, pendant la guerre navale de sept ans, sur la côte de Saint-Domingue, poussé par le gulfstream jusqu'à la côte du nord de l'Écosse. On a vu de même arriver, sur cette côte, des tonneaux d'huile de palme, débris de la cargaison d'un bâtiment anglais brisé sur un écueil près du cap Lopès d'Afrique; ces débris avaient ainsi deux fois traversé l'océan Atlantique : d'abord de l'est à l'ouest, entre 2° et 12° de latitude, en suivant le courant équinoxial; puis de l'ouest à l'est, entre 45° et 55° de latitude, en suivant le gulfstream. Rennell (*Investigation of currents*, p. 347) raconte le voyage d'une bouteille flottante qui, munie d'une inscription en date du 20 janvier 1819, sous 38° 52′ de latitude et 66° 20′ de longitude, avait été jetée par le vaisseau anglais *le Newcastle*, et ne fut retrouvée que le 2 juin 1820, au nord-ouest de l'Irlande, près de l'île d'Arran. Peu de temps avant mon arrivée à Ténériffe, la mer avait jeté dans la rade de Santa-Cruz un tronc de cèdre d'Amérique méridionale (*cedrela odorata*), dont l'écorce était toute garnie de lichens.

Les effets du gulfstream (tubes de bambous, bois sculptés, troncs d'un pin jusqu'alors inconnu, cadavres humains d'une race particulière à face large, poussés aux îles açoriques de Fayal, de Flores et Corvo) ont, comme on sait, contribué à la découverte de l'Amérique; car ils firent persister Christophe Colomb dans la supposition qu'on trouverait à l'ouest des pays et îles asiatiques. Ce grand *découvreur* apprit, de la bouche des colons établis au cap de la Verga, dans les Açores, « qu'on avait rencontré, dans une navigation à l'ouest, des barques conduites par des hommes d'un aspect tout étrange, et bâties, en apparence, de façon à ne pouvoir point sombrer: *almadias con casa movediza, que nunca se hunden.* Il existe des témoignages incontestables qui montrent, bien que la chose eût été longtemps révoquée en doute, que des indigènes d'Amérique (probablement des Esquimaux du Groënland et du Labrador) ont pu être poussés du nord-ouest, dans notre continent par des courants et des tempêtes. James Wallace raconte, dans son *Account of the Islands of Orkney* (1700, p. 60), que l'on vit en 1682, à la pointe australe de l'île Eda, un Groënlandais dans sa barque, et que beaucoup d'hommes furent témoins de ce fait. On ne réussit point à le prendre. En 1684, on vit aussi paraître un pêcheur groënlandais près de l'île de Westram. A Burra, on montrait suspendue dans l'église une barque d'Esquimaux qui avait été apportée par le courant et la tempête. Les habitants des Orcades donnent à ces Groënlandais le nom de Finois (*Finnmen*).

Je lis, dans l'*Histoire de Venise* du cardinal Bembo, qu'un navire français avait capturé en 1508, près de la côte britannique, un petit bateau monté par sept hommes d'un aspect étrange. La description qu'on en fait convient parfaitement à la figure des Esquimaux : *homines erant septem mediocri statura, colore subobscuro, lato et patente vultu, cicatriceque una violacea signato.* Personne ne comprit leur langage; leur vêtement consistait en peaux de poissons cousues ensemble; ils portaient sur la tête *coronam e culmo pictam, septem quasi auriculis intextam;* ils mangeaient de la chair crue, et buvaient du sang comme nous du vin; six d'entre eux moururent en voyage; le septième, encore jeune, fut présenté au roi de France, qui était alors à Orléans. (Bembo, *Historiæ Venetæ*, ed. 1718, lib. VII, p. 257.)

On s'explique aussi, par l'effet des courants et des vents du nord-ouest, l'arrivée de ces *Indiens* sur les côtes occidentales de l'Allemagne aux dixième et douzième siècles, sous les règnes des Ottons et de Frédéric Barberousse, et même de ceux qu'on vit, au rapport de Cornelius Nepos (*fragm.* ed. Van Staveren, *cur. Bardili*, t. II, 1820, p. 356), de Pomponius Mela (lib. III, cap. 5, § 8) et de Pline (*Hist. nat.* II, 67), à l'époque où Quintus Metellus Celer était proconsul dans la Gaule. Un roi des Boïens (des Suèves, selon d'autres) offrit à Metellus Celer ces naufragés au teint foncé. Gomara, dans son *Historia gen. de las Indias* (Saragosse, 1553, fol. VII), émit l'opinion que les Indiens du roi des Boïens étaient des indigènes du Labrador. *Si ya non fuesen*, dit-il, *de tierra del Labrador, y los tuviesen los Romanos por Indianos, engañados en el color.* Il est à croire que les Esquimaux se montraient autrefois fréquemment sur les côtes d'Europe; car nous savons, d'après les recherches de Rask et de Finn Magnus, que cette peuplade était très-répandue, aux onzième et douzième siècles, sous le nom de *Skraelinges de Labrador*, loin au sud jusqu'au Bon-Vinland, c'est-à-dire jusqu'au littoral de Massachusetts et Connecticut. (*Cosmos*, t. II, p. 270; *Examen critique de l'Hist. de la géographie*, t. II, p. 247-278.)

Le retour du gulfstream adoucit l'hiver du nord de la Scandinavie, et charrie jusqu'au delà du 62ᵉ degré de latitude des fruits de l'Amérique tropicale (fruits de cocotier, de *mimosa scandens*, d'*anacardium occidentale*); il tempère de même par ses eaux chaudes, de temps à autre, le climat de l'Islande. On voit apparaître, sur les côtes de l'Islande et des îles

Faroë, beaucoup de bois flottants d'Amérique. On employait autrefois ces bois comme matériaux de construction ; on en sciait des planches et des lattes. Les fruits des plantes tropicales qu'on ramasse sur la côte de l'Islande, particulièrement entre Raufarhavn et Vapnafiord, indiquent la direction des eaux venant du sud (Sartorius v. Waltershausen, *Physisch-geographische Skizze von Island*, 1847, p. 22-35.)

(25) Page 26. *Ni lécidées ni lichens.*

Dans les régions septentrionales, le sol, dénué de végétaux phanérogames, se couvre de *bœomyce roseus*, *cenomyce rangiferinus, lecidea muscorum, l. icmadophila*, et d'autres cryptogames, qui préparent, pour ainsi dire, la végétation des graminées et des plantes herbacées. Dans les pays tropicaux, où l'on ne trouve des mousses et des lichens que dans les endroits ombragés, les lichens sont remplacés par quelques espèces de plantes grasses.

(26) Page 27. *L'élève des animaux à lait. — Ruines du palais des Aztèques.*

Deux espèces de *bœufs* mentionnés plus haut, le *bos americanus* et le *bos moschatus*, appartiennent au nord de l'Amérique. Mais les indigènes,

Queis neque mos, neque cultus erat, nec jungere tauros,
(Virg., *Æn*. VIII, 316.)

buvaient, au lieu du *lait*, le *sang* de ces animaux. Il y avait sans doute quelques exceptions, mais seulement chez les tribus qui cultivaient en même temps du maïs. J'ai fait voir plus haut (p. 71) que Gomara parle d'une peuplade, au nord-ouest de Mexico, qui possédait des troupeaux de bisons apprivoisés auxquels elle devait sa nourriture et son entretien. Leur sang servait peut-être aussi de boisson (Prescott, *Conquest of Mexico*, vol. III, p. 416); car, pour le répéter encore, les indigènes du nouveau continent, avant l'arrivée des Européens, paraissent avoir répugné à l'usage du lait, ou même l'avoir ignoré, semblables en cela aux habitants de la Chine et de la Cochinchine, quoique entourés de vrais peuples pasteurs. Les troupeaux de lamas domestiques que l'on trouva sur les plateaux de Quito, du Pérou et du Chili, appartenaient à des tribus sédentaires, livrées à la culture du sol. Pedro de Cieça de Leon (*Chronica del Peru*, Sevilla, 1553, cap. 110, p. 264) semble indiquer, comme une exception certainement très-rare, l'emploi du lama à traîner la charrue, dans Callao, haute plaine du Pérou (comp. Gay, *Zoologia de Chile, mamiferos*, 1847, p. 154). D'ordinaire au Pérou la charrue était traînée par des hommes (*Voy.* Inca Garcilaso, *Commentarios reales*, t. I, lib. V, cap. 2, page 133, et Prescott, *Hist. of the conquest of Peru*, 1847, vol. I, p. 136). D'après M. Barton, il est probable que le buffle américain était élevé avec soin, pour sa chair et sa peau, chez quelques tribus du Canada occidental (*Fragments of the nat. hist. of Pennsylvania*, t. I, p. 4). Au Pérou et à Quito, on ne trouve plus nulle part le lama à l'état sauvage. Les lamas du revers occidental du Chimborazo sont, comme l'ont raconté les indigènes, redevenus sauvages depuis l'incendie de Lican, l'ancienne résidence des souverains de Quito. C'est ainsi qu'on voit maintenant, dans le Pérou moyen, à la Ceja de la Montaña, des bestiaux entièrement devenus sauvages, petite race courageuse qui attaque souvent les Indiens. Les habitants les nomment *vacas del monte*, ou *vacas cimarronas* (Tschudi, *Fauna peruana*, p. 256). L'opinion de Cuvier, d'après laquelle le lama descend du guanaco, encore aujourd'hui sauvage, a été, hélas! répandue par un homme d'un grand mérite, par Meyen (*Reise um die Welt*, t. III, p. 64), mais elle a été complétement réfutée par M. de Tschudi.

Le lama, le paco ou alpaca et le guanaco sont trois espèces primitivement distinctes (Tschudi, p. 228 et 237). Parmi ces animaux, le guanaco (*huanacu* dans la langue des Qquichua) est le plus grand; l'alpaca, mesuré du sol au sommet de la tête, le plus petit. Le lama se rapproche le plus, par sa taille, du guanaco. Les troupeaux de lamas, que j'ai vus si nombreux sur le plateau entre Quito et Rio-Bamba, sont comme une décoration du paysage. Le moromoro du Chili ne paraît être qu'une variété du lama. Les bêtes à laine caméloïdes, qui vivent encore à l'état sauvage, à une hauteur de treize mille à seize mille pieds au-dessus du niveau de la mer, sont la vigogne, le guanaco et l'alpaca. Les deux dernières espèces se rencontrent aussi à l'état domestique, mais le guanaco plus rarement que l'alpaca. L'alpaca supporte moins bien que le lama un climat plus doux. L'introduction des chevaux, des mulets et des ânes plus utiles (ces derniers sont particulièrement très-alertes et beaux sous les tropiques), ont fait beaucoup diminuer l'éducation et l'usage du lama et de l'alpaca, comme bêtes de somme, dans les mines. Cependant leur laine, de finesse très-variable, demeura longtemps un objet d'industrie important pour les habitants des montagnes. Au Chili on distingue nominativement le guanaco sauvage du guanaco apprivoisé : le premier s'appelle *luan;* le dernier, *chilihueque*. Une circonstance remarquable, qui explique comment on rencontre des guanacos sauvages, quelquefois par troupeaux de cinquante individus, depuis les Cordillères du Pérou jusqu'à la Terre de Feu, c'est que ces animaux peuvent très-facilement nager d'île en île, et ne sont pas arrêtés, dans leurs migrations, par les bras de mer (*fiords*) de la Patagonie. (*Voy.* Darwin, *Journal*, 1845, p. 66.)

Au sud de la rivière Gila, qui se jette, avec le rio Colorado, dans le golfe de la Californie (*mar de Cortes*), gisent solitaires, dans la steppe, les débris mystérieux du palais des Aztèques, que les Espagnols nomment *las casas grandes*. Lorsque les Aztèques, faisant en 1160 irruption d'un pays inconnu nommé Aztlan, apparurent à Anahuac, ils s'établirent quelque temps sur les bords de la rivière *Gila*. Les moines franciscains Garces et Font sont les derniers voyageurs qui ont visité (en 1773) les *casas grandes*. Ils assurent que ces ruines occupent une surface de plus d'un mille carré. Toute la plaine est couverte de testons de poterie, peints artificiellement. Le palais principal, s'il faut donner ce nom à un édifice construit en briques non cuites, a quatre cent vingt pieds de long sur deux cent soixante pieds de large (*Voy.* la *Cronica serafica y apostolica del colegio de Propaganda fide de la Santa Cruz de Queretaro*, por Fr. Juan-Domingo Arricivita, ouvrage rare, imprimé au Mexique en 1792). — Le *tayé* de la Californie, figuré par le P. Venegas, paraît être peu différent du mouflon (*ovis musimon*) de l'ancien continent. Ce même animal a été vu aux sources de la Rivière de la Paix, dans les montagnes pierreuses. Mais, bien différent du tayé, est le petit ruminant, tacheté de noir et de blanc, semblable à une chèvre, qui pait sur les bords du Missouri et de l'Arkansas. La synonymie de *antilope furcifer*, *a. tememazama* Smith, et *ovis montana*, est encore bien vague.

(27) Page 28. *La culture des graminées farineuses.*

La patrie des céréales est, avec celle des animaux qui accompagnent l'homme depuis ses premières migrations, enveloppée de ténèbres. Le mot allemand *getraide* (blé), Jacob Grimm le fait ingénieusement dériver du vieil allemand *gitragidi, getregede*. « C'est comme qui dirait le fruit *domestique* (*fruges, frumentum*) entre les mains de l'homme : il est aux autres fruits ce que les animaux sauvages sont aux animaux domestiques. » (Jacob Grimm, *Gesch. der deutschen Sprache*, 1848, t. I, p. 62.) C'est un fait extrêmement surprenant de voir sur un des côtés de notre planète des peuples auxquels la farine des graminées à épis étroits (*hordéa*-

cées et avénacées) et l'usage du lait étaient primitivement tout à fait inconnus, pendant que l'autre hémisphère offre presque partout des nations qui cultivent des céréales et élèvent des bêtes à lait. Les deux continents sont pour ainsi dire caractérisés par la culture de graminées différentes. Dans le nouveau, nous ne voyons cultivé, de 52° de latitude nord à 46° de latitude sud, qu'une seule espèce de graminées, le maïs. Dans le vieux continent, au contraire, nous trouvons partout, dès les premiers temps historiques, l'usage des céréales : la culture du froment, de l'orge, de l'épeautre et de l'avoine. D'après une croyance antique, mentionnée par Diodore de Sicile (lib. VI, pag. 199 et 232, edit. Wesseling), le froment croissait *sauvage* dans les champs Léontins, ainsi que dans plusieurs autres endroits de la Sicile. Cérès fut trouvée dans les prairies alpestres d'Enna, et Diodore raconte « que les Atlantes n'ont pas connu les céréales, parce qu'ils se sont séparés du reste de l'espèce humaine avant que ces fruits fussent montrés aux mortels. » Sprengel a recueilli plusieurs passages intéressants, afin de prouver que la plupart de nos espèces de blés d'Europe croissent primitivement à l'état sauvage dans la Perse septentrionale et dans l'Inde, savoir : le *froment d'été* dans le pays des Musicans, province du nord de l'Inde (Strabon, XV, 1017); l'*orge*, que Pline appelle *antiquissimum frumentum*, seule céréale connue des Guanches des Canaries, vient naturellement, d'après Moïse de Chorène (*Geogr. Armen.*, ed. Whiston, 1736, pag. 360), sur les bords de l'Araxe ou du Kour en Géorgie, et, selon Marco Polo, dans le Balascham, contrée de l'Inde septentrionale (*Ramusio*, vol. II, p. 10); l'*épeautre* croît naturellement près d'Hamadan. Mais ces passages laissent encore beaucoup d'incertitude, comme l'a fait voir mon judicieux ami, le professeur Link, dans un mémoire rempli de faits et de saine critique (*Abhandl. der Berl. Acad.*, 1816, p. 123). J'avais moi-même depuis longtemps douté de l'existence de nos céréales à l'état sauvage dans l'Asie, et je les avais considérées comme une dégénération des espèces cultivées (*Essai sur la géographie des plantes*, 1805, p. 28). Reinholdt Forster, qui, avant d'accompagner le capitaine Cook, avait fait, par ordre de l'impératrice Catherine, un voyage scientifique dans la Russie méridionale, annonça que l'orge distique (*hordeum distichon*) croît à l'état sauvage au confluent de la Samara et de la Wolga. Vers la fin du mois de septembre 1829, pendant notre voyage d'Orenbourg et Uralsk à Saratow et la mer Caspienne, Ehrenberg et moi nous avons aussi herborisé sur les bords de la Samara. Nous fûmes, en effet, surpris du nombre des tiges (dégénérées) de froment et de seigle dans un sol vierge; mais ces plantes ne paraissent pas différer des espèces cultivées. M. Carelin remit à Ehrenberg une espèce de seigle (*secale fragile*) de la steppe des Kirghises, que Marschall de Bieberstein avait pris quelque temps pour le type primitif de notre seigle cultivé (*secale cereale*). Au rapport d'Achille Richard, il n'est pas démontré, par l'herbier de Michaux, que l'épeautre (*triticum spelta*) croisse naturellement en Perse, comme le prétendent Michaux et Olivier.

Les renseignements nouveaux dus au zèle infatigable d'un voyageur instruit, le professeur Charles Koch, méritent plus de confiance. Ce voyageur trouva une quantité de seigle (*secale cereale* Var. β *pectinata*) dans les montagnes du Pont, de cinq à six mille pieds d'élévation, dans des localités où cette céréale, de mémoire d'homme, n'avait jamais été cultivée. « Cette rencontre, ajoute-t-il, est d'autant plus importante, que ce blé ne se propage nulle part chez nous spontanément. » Dans le Caucase de Schirwan, Koch cueillit une espèce d'orge qu'il nomme *hordeum spontaneum*, et qu'il regarde comme identique avec l'*hordeum zeocritum* Linné, primitivement sauvage. (C. Koch, *Beitræge zur Flora des Orients*, cah. I, p. 139 et 142.)

Un esclave nègre du grand Cortez fut le premier qui cultiva le froment dans la Nouvelle-Espagne. Il en trouva trois grains dans le riz qu'on avait apporté de l'Espagne pour approvisionner l'armée. Dans le couvent des franciscains de Quito, j'ai vu, comme une précieuse relique, le pot de faïence où était contenu le premier froment que sema à Quito le frère Iodoco Rixi, natif de Gand, en Flandre. On cultiva le premier blé devant le couvent, sur la *plazuela de S.-Francisco*, après qu'on eut abattu la forêt qui s'étendait de là jusqu'au pied du volcan Pichincha. Les moines, que je visitais souvent pendant mon séjour à Quito, me prièrent de leur expliquer l'inscription qui se trouvait sur ce pot, et qu'ils supposaient faire quelque allusion secrète au froment. J'y lus, en vieux dialecte allemand, cette sentence : « Que celui qui boit en moi n'oublie pas son Dieu! » Cet antique vase avait aussi pour moi quelque chose de vénérable. Que n'a-t-on conservé partout dans le nouveau continent les noms de ceux qui, au lieu de ravager la terre par de sanglantes conquêtes, ont les premiers déposé dans son sein les fruits de Cérès! — Quant aux rapports de langage, « ils sont plus rares pour les céréales et les ustensiles d'agriculture que pour les objets qui ont trait à l'élève des bestiaux. Les pâtres nomades avaient gardé encore bien des choses pour lesquelles les cultivateurs, venus plus tard, ont dû choisir des mots particuliers. Mais quand on trouve que, comparés avec le sanscrit, le grec et le romain sont déjà au même niveau que l'allemand et le slavon, on doit admettre des émigrations très-anciennes, concomitantes, de ces peuples. L'indien *java* (*frumentum hordeum*), comparé au lithuanien *jawaï* et au finnois *jywa*, offre cependant une rare exception. » (Jac. Grimm., *Gesch. der deutschen Sprache*, tom. I, p. 69.)

(28) Page 28. *Aimant le froid, ils ont suivi la chaîne des Andes.*

Dans tout le Mexique et le Pérou, on ne trouve des traces d'une grande civilisation que sur les hauts plateaux. Nous avons vu, sur le col des Andes, des ruines de palais et de bains, à une hauteur de seize cents à dix-huit cents toises. Des hommes du Nord, dans leur migration vers l'équateur, pouvaient seuls se plaire dans un tel climat.

(29) Page 29. *L'histoire de la population du Japon.*

Dans mon ouvrage sur les monuments des autochthones de l'Amérique (*Vues des Cordillères et monuments des peuples indigènes de l'Amérique*, 2 vol.), je crois, par la comparaison du calendrier mexicain avec le calendrier tibéto-japonais, par celle des pyramides à gradins bien orientées avec les mythes antiques sur les quatre âges ou périodes de destruction universelle, ainsi que sur la dispersion du genre humain après un grand déluge, avoir montré que les peuples occidentaux du nouveau continent ont eu, longtemps avant l'arrivée des Espagnols, des relations avec l'Asie orientale. Tout ce qui depuis la publication de mon ouvrage a paru en Angleterre, en France et aux États-Unis sur les singulières sculptures des ruines de Guatimala et de Yucatan, presque dans le style hindou, donne encore plus d'autorité aux analogies que j'avais signalées. (Comp. Antonio del Rio, *Description of the Ruins of an ancient city, discovered near Palenque*, 1822, (translated from the orig. manusc. report, by Cabrera; les observations de del Rio furent faites en 1787), pag. 9, tab. 12-14; Stephens, *Incidents of Travel in Yucatan*, 1843, vol. I, p. 391 et 429-434; vol. II, p. 21, 54, 56, 317 et 323; le magnifique ouvrage de Catherwood (*Views of ancient monuments in central America, Chiapas et Yucatan* 1844); enfin Prescott, *The conquest of Mexico*, vol. III, Append., p. 360.)

Les vieilles constructions dans la presqu'île de Yucatan

plus encore que le Palenque, témoignent d'une civilisation surprenante. Elles sont situées en grande partie dans l'ouest, entre Valladolid, Mérida et Campêche. Cependant les constructions de l'île de Cozumel, ou plutôt Cuzamil, à l'est du Yucatan, furent les premières aperçues par les Espagnols pendant l'expédition de Juan de Grijalva en 1518, et celle de Cortès en 1519. Ce fut de là que se répandit en Europe l'idée des grands progrès de la vieille civilisation mexicaine. Les ruines les plus importantes de la presqu'île du Yucatan, qui mériteraient d'être exactement explorées par des architectes, sont la *Casa del Gobernador* d'Uxmal, la Téocallis et les masures voûtées près de Kabah, les ruines de Labnah à colonnes pointues, celles de Zayi à colonnes presque d'ordre dorique, et celles de Chichen à grands pilastres ornementés. Un ancien manuscrit, rédigé en langue maya par un Indien chrétien, et qui se trouve actuellement entre les mains du *gefe politico* de Peto, don Juan Pio Perez, indique les différentes époques (*katunes* de cinquante-deux ans) auxquelles les Toltèques se sont établis dans les diverses parties de la presqu'île. De ces données Perez croit devoir conclure que les constructions de Chichen remontent à la fin du quatrième siècle de notre ère, tandis que celles d'Uxmal datent du milieu du dixième siècle. Mais l'exactitude de ces conclusions historiques est très-douteuse. (Stephens, *Incid. of Travel in Yucatan*, vol. I, p. 439, et vol. II, p. 278.)

Je regarde comme plus que probable une ancienne com-

.munication entre les Américains occidentaux et les Asiatiques orientaux ; mais on ne saurait encore dire positivement par quelle route et avec quelles peuplades de l'Asie cette communication a eu lieu. Un petit nombre d'individus de la classe cultivée des prêtres pouvait suffire pour amener de grands changements dans l'état social de l'Amérique occidentale. Ce que l'on a jadis débité sur des expéditions chinoises dans le nouveau continent ne se rapporte qu'à des navigations au Fousang ou Japon. Mais des Japonais et des Sian-Pi, de la Corée, peuvent avoir été jetés par des tempêtes sur la côte d'Amérique. Nous savons, par des témoignages historiques, que des bonzes et d'autres aventuriers ont navigué dans l'est de la mer de Chine, à la recherche d'un remède qui devait rendre l'homme immortel. Sous Tchin-chi-hoang-ti, une troupe de trois cents couples de jeunes hommes et femmes fut envoyée au Japon, 209 ans avant notre ère ; au lieu de retourner en Chine, ils s'établirent à Nipon (Klaproth, *Tableaux historiques de l'Asie*, 1824, p. 79; *Nouveau Journal asiatique*, t. X, 1832, p. 335; Humboldt, *Examen critique*, t. II, p. 62-67). Le hasard ne pourrait-il pas avoir conduit des expéditions semblables aux îles des Renards, à Alachka et à la Nouvelle-Californie? Les côtes occidentales du continent américain étant dirigées du nord-ouest au sud-est, et celles de l'Asie, au contraire, du nord-est au sud-ouest, la distance d'un continent à l'autre paraît trop considérable pour qu'une colonie asiatique ait pu aborder dans la zone tempérée, sous 45° de latitude, la plus favorable au développement intellectuel. Il faut donc admettre que le premier débarquement se fit sous le climat inhospitalier de 55° et 65°, et que de là la civilisation s'avança graduellement au sud, en suivant la migration générale des peuples en Amérique (Humboldt, *Relat. hist.*, t. III, p. 155-160). Au commencement du seizième siècle, on prétendit même avoir trouvé sur le littoral du Dorado (Eldorado) septentrional (Quivira et Cibora), des débris de navires du Catay, c'est-à-dire du Japon ou de la Chine. (Gomara, *Hist. general de las Indias,* p. 117.)

Nous connaissons encore trop peu les langues si nombreuses de l'Amérique, pour abandonner tout à fait l'espoir de découvrir un jour un idiome qui, sauf certaines modifications, se parlerait également dans l'intérieur de l'Amérique australe et de l'Asie, et qui laisserait du moins entrevoir d'anciennes analogies. Une pareille découverte serait certainement l'une des plus brillantes qu'on puisse faire dans l'histoire du genre humain. Mais des analogies de langues ne méritent confiance que lorsque, sans s'arrêter à une ressemblance phonétique des racines, elles s'appliquent à la structure organique des formes grammaticales si variées, et qu'elles pénètrent dans l'esprit intime du langage, qui reflète les facultés intellectuelles de l'homme.

(30) Page 29. *Beaucoup d'autres espèces animales.*

Des troupeaux de cerfs (*cervi mexicani*) parcourent les steppes de Caracas. Quand il est jeune, cet animal est tacheté, et a l'aspect d'un chevreuil. Nous en avons trouvé (chose surprenante pour une zone si chaude) beaucoup de variétés entièrement blanches. Le *cervus mexicanus*, près de l'équateur, s'élève au-dessus de sept cents à huit cents toises sur le revers des Andes. Mais on trouve, jusqu'à deux mille toises de hauteur, un cerf également blanc que je ne saurais distinguer de celui d'Europe par aucun caractère spécifique. Le cabiai (*cavia capybara*), nommé *chiguire* dans la province de Caracas, est ce malheureux animal, qui est poursuivi dans l'eau par le crocodile, et dans la plaine par le tigre (jaguar). Il court si mal, que nous pouvions souvent l'atteindre de nos mains. On en fume les extrémités en guise de jambons; mais c'est un mets très-désagréable, à cause de sa forte odeur de musc : nous lui préférions, sur les bords de l'Orénoque, les jambons de singe. Les animaux puants, si agréablement rayés, sont les *viverra mapurito*, *viverra zorrilla*, et *viverra vittata*.

(31) Page 30. *Les Guaraunis et le palmier à éventail, mauritia.*

Les Guaraunis, peuplade du littoral (dans la Guyane anglaise on les appelle *Warraws* ou *Guaranos* (1); les Caraïbes les nomment *U-ara-u*), habitent non-seulement le delta et le réseau marécageux de l'Orénoque, particulièrement les rives du *Manamo grande* et du *Caño Macareo*, mais ils occupent aussi, à peu près avec le même genre de vie, le littoral entre

---

(1) Les voyageurs français les nomment *Waraons;* voyez extrait d'un manuscrit de Leblond, dans la *Guyane*, par M. Ferd. Denis; Paris, 1823. (*Note du traducteur.*)

les embouchures de l'Essequibo et de la Boca de Navios de l'Orénoque (Comp. ma *Relation historique*, t. I, p. 492; t. II, p. 653 et 703; Richard Schomburgk, *Reisen in Britisch Guiana*, t. I, 1847, p. 62, 120, 173 et 194). Au rapport de Schomburgk, naturaliste distingué, on trouve encore aujourd'hui à peu près dix-sept cents Warraws ou Guaraunis aux environs de Cumaca et le long de la rivière Barima, qui se jette dans le golfe de Boca de Navios. Le cardinal Bembo, ce grand historien, contemporain de Christophe Colomb, d'Amerigo Vespucci et d'Alonso de Hojeda, connaissait déjà les mœurs des tribus qui habitent le delta de l'Orénoque; en parlant d'elles, il dit : *quibusdam in locis propter paludes incolæ domus in arboribus œdificant* (*Historiæ Venetæ*, 1551, p. 88). Il n'est pas probable que Bembo, au lieu de désigner ici les Guaraunis à l'embouchure de l'Orénoque, ait voulu faire allusion aux indigènes de l'entrée du golfe de Maracaïbo ; c'est là qu'Alonso de Hojeda, accompagné alors de Vespucci et de Juan de la Cosa, trouva, en août 1499, aussi une population *fondata sopra l'acqua còme Venezia* (texte de Riccardi, dans mon *Examen crit.*, t. IV, p. 496). Dans la *Relation* de Vespucci, où se rencontre le premier indice de l'étymologie du mot province de *Venezuela* (Petite-Venise) pour province de *Caracas*, il n'est question que de maisons bâties sur des pilotis, et non pas de huttes construites sur des arbres.

Sir Walter Ralegh nous offre plus tard un témoignage tout à fait incontestable. Dans sa description de la Guyane il dit expressément que dans son second voyage, en 1595, à l'embouchure de l'Orénoque, il avait aperçu les *feux* des Tivitives et Qua-rau-ètes (c'est ainsi qu'il nomme les Guaraunis) *au haut des arbres* (Ralegh, *Discovery of Guyana*, 1596, p. 90). Le dessin de ces feux se trouve dans l'édition latine : *Brevis et admiranda Descriptio regni Guianæ* (Norib., 1599), tab. 4. Ralegh apporta le premier le fruit du *mauritia* en Angleterre, qu'il compare avec raison, à cause de ses écailles, aux cônes du pin. Le père José Gumilla, qui visita deux fois, comme missionnaire, les Guaraunis, dit, il est vrai, que cette peuplade habite dans les *palmares* (bois de palmiers) des marais; mais il ne mentionne que certaines demeures suspendues établies sur des poteaux élevés, et ne parle plus des plates-formes isolées, fixées à des arbres verts (Gumilla, *Historia natural, civil y geografica de las naciones situadas en las riveras del rio Orinoco*, Nueva impr., 1791, p. 143, 145 et 163). Hillhouse et sir Robert Schomburgk (*Journal of the Royal Geogr. Society*, vol. XII, 1842, p. 175; et *Description of the Murichi or Ita Palm, read in the meeting of the Britisch Association held at Cambridge, june* 1845, réimprimé dans Simonds, *Colonial Magazine*) pensent que Bembo et Ralegh ont été induits en erreur (l'un par des récits, l'autre comme témoin oculaire), parce que les feux éloignés, qui éclairaient pendant la nuit les tiges élevées des palmiers, ont fait croire aux navigateurs que les maisons des Guaraunis étaient attachées à des arbres. « *We do not deny, that, in order to escape the attacks of the mosqui-*

tos, the Indian sometimes suspends his hammock from the tops of trees; but on such occasions no fires are made under the hammock. » (Voy. Ralegh, *Discovery of Guiana*, édit. nouvelle par sir Robert Schomburgk, 1848, p. 50.)

Le beau palmier *morichi* (*mauritia flexuosa*), le palmier *quiteve* ou *ita* (Bernau, *Missionary labours of British Guiana*, 1847, p. 34 et 44), appartient, selon Martius, ainsi que le *calamus*, au groupe des lépidocaryées et coryphinées. Linné l'a décrit très-imparfaitement, puisqu'il le regardait à tort comme privé de feuilles. La tige a jusqu'à vingt-cinq pieds de hauteur, mais elle n'y atteint probablement qu'en cent vingt à cent cinquante ans. Le *mauritia* s'élève beaucoup sur le versant du Duida, au nord de la mission Esmeralda, où je l'ai trouvé d'une grande beauté. Dans les lieux humides, il forme des groupes magnifiques d'un vert frais, luisant, qui rappelle le feuillage de nos aunes. C'est à son ombre que les autres arbres doivent l'humidité du sol, ce qui fait dire aux Indiens que le *mauritia*, par une attraction mystérieuse, rassemble l'eau autour de ses racines. D'après une idée analogue, ils recommandent de ne pas tuer les serpents, parce que, après la destruction de ces reptiles, les flaques d'eau (*lagunas*) se dessécheraient. C'est ainsi que l'homme primitif confond la cause avec l'effet. Gumilla appelle le *mauritia flexuosa* des Guaraunis, *arbol de la vida*, arbre de la vie. Dans la montagne de Ronaima, à l'est des sources de l'Orénoque, on le rencontre jusqu'à quatre mille pieds de hauteur. — Sur les rives non visitées du rio Atabapo, dans l'intérieur de la Guyane, nous avons découvert une espèce nouvelle de mauritia, à tronc (*stipe*) garni de piquants, notre *mauritia aculeata*. (Humboldt, Bonpland et Kunth, *Nova Genera et Species Plantarum*, t. I, p. 310.)

(32) Page 30. *Stylite américain.*

Le fondateur de la secte des stylites, Siméon Sisanites, saint fanatique, fils d'un pâtre syrien, passa, dit-on, trente-sept ans en contemplation religieuse, debout sur cinq colonnes d'une hauteur graduée. Il mourut vers l'an 461. La dernière colonne qu'il occupa avait quarante coudées d'élévation. Pendant sept cents ans, il y a eu des hommes qui ont imité ce genre de vie : on les nommait saints des colonnes, *sancti columnares*. Même en Allemagne, dans le pays de Trèves, on essaya d'établir de ces cloîtres aériens; mais les évêques s'opposèrent à l'entreprise périlleuse. (Mosheim, *Institut. Hist. Eccles.*, 1755, p. 215.)

(33) Page 31. *Villes sur les bords des rivières des steppes.*

Des familles qui vivent de l'élève des bestiaux et non d'agriculture, se sont réunies dans de petites villes, au milieu de la steppe. Dans les contrées civilisées de l'Europe, ces villes passeraient à peine pour des villages; telles sont Calabozo, situé, d'après une observation astronomique, sous $8° 56' 14''$ de latitude nord, et $4^h 40' 20''$ de longitude ouest; Villa del Pao ($8° 38' 1''$ de latitude, $4^h 27' 47''$ de longitude), Saint-Sébastien, etc.

(34) Page 32. *Nuage infundibuliforme.*

Ce singulier phénomène de trombes de sables, dont nous voyons en Europe quelque chose d'analogue dans tous nos carrefours, caractérise particulièrement le désert sablonneux du Pérou, entre Amotape et Coquimbo. Un pareil nuage de poussière dense peut devenir fatal au voyageur qui ne l'évite pas prudemment. Ce qu'il y a de plus curieux, c'est que ces courants d'air partiels, opposés entre eux, ne se manifestent que pendant les grands calmes. En cela, l'océan aérien ressemble tout à fait à la mer. Là aussi ne perçoit-on souvent, d'une manière sensible, le bruissement des courants que pendant le calme plat.

(35) Page 32. *Augmente la chaleur suffocante de l'air.*

A la métairie Guadaloupe, dans les llanos Apure, j'ai vu le thermomètre de Réaumur monter de 27° à 29°, dès que le vent chaud du désert voisin, couvert de sable et d'un gazon court, desséché, commençait à souffler. Au milieu même du nuage de poussière la température était, pendant quelques minutes, à 35°. Le sable aride, dans le village San-Fernando de Apure, avait 42° de chaleur.

(36) Page 33. *L'image trompeuse d'une nappe d'eau ondoyante.*

C'est le phénomène si connu du *mirage*, qui s'appelle en sanscrit *soif de la gazelle* (*Voy.* ma *Relation historique*,

t. I, p. 296 et 625 ; t. II, p. 161). Tous les objets paraissent comme suspendus dans l'air, et se réfléchissent comme sur un miroir dans la couche inférieure de l'air. Tout le désert présente alors l'image d'un immense lac, dont la surface serait dans un mouvement ondulatoire. Des tiges de palmier, des bœufs et des chameaux semblent quelquefois comme renversés à l'horizon. Pendant l'expédition des Français en Égypte, cette illusion d'optique faisait souvent le désespoir du soldat exténué de soif. On observe ce phénomène dans toutes les parties du monde. Les anciens connaissaient aussi le singulier effet de la réfraction de la lumière dans le désert de la Libye. Je lis dans Diodore de Sicile (lib. III, p. 184, Rhod., p. 219, Wessel.) le récit de ces fantômes étranges, *fata morgana* d'Afrique, et les explications plus étranges encore sur la condensation des particules de l'air.

(37) Page 33. *Le melocactus.*

Le *cactus melocactus* a souvent dix à douze pouces de diamètre et généralement quatorze côtes. Le groupe naturel des cactées, toute la famille des nopalées, n'appartiennent originairement qu'au nouveau continent. Les cactées prennent des formes différentes : les unes ont des côtes et la forme d'un melon (*melocacti*), les autres sont articulées (*opuntiœ*), d'autres sont droites comme des cierges (*cerei*), d'autres enfin rampent comme des serpents (*rhipsalides*), ou sont garnies de feuilles (*pereskiœ*). Il y en a beaucoup qui montent assez haut sur le revers des montagnes. Près du pied du Chimborazo, dans le plateau sablonneux de Riobamba, j'ai trouvé une espèce nouvelle de Pitahaya, le *cactus sepium*, jusqu'à la hauteur de dix mille pieds. (Humboldt, Bonpland et Kunth, *Synopsis plantarum œquinoct. Orbis Novi*, t. III, p. 370.)

(38) Page 34. *Soudain la scène change dans la steppe.*

J'ai essayé de peindre les signes précurseurs et le retour de la saison pluvieuse. L'azur foncé du ciel est l'effet d'une dissolution plus parfaite des vapeurs dans l'atmosphère tropicale. Le cyanomètre indique un bleu plus clair, dès que les vapeurs commencent à se précipiter. La tache noire de la Croix du Sud devient moins distincte à mesure que la transparence de l'air diminue en annonçant l'approche des pluies. L'éclat brillant des nues de Magellan (*nubecula major* et *minor*) disparaît de même. Les étoiles fixes, dont la lumière était auparavant tranquille, non tremblante, comme celle des planètes, deviennent scintillantes, même au zénith (*Voy.* Arago, dans ma *Relation historique*, t. I, p. 623). Tous ces phénomènes résultent de l'accumulation des vapeurs aqueuses, suspendues dans l'atmosphère.

(39) Page 35. *On voit la terre glaise se soulever lentement...*

La sécheresse produit dans les plantes et les animaux les mêmes effets que la soustraction de la chaleur vivifiante. Pendant la sécheresse, beaucoup de plantes tropicales s'effeuillent. Les crocodiles et d'autres amphibies s'enfoncent dans le limon. Ils gisent là comme morts, et pareils aux animaux hibernants que le froid engourdit. (*Voy.* ma *Relat. hist.*, t. II, p. 192 et 626.)

(40) Page 36. *Comme un immense lac.*

Nulle part ces inondations n'ont plus d'étendue que dans le delta que forment l'Apure, l'Arachuna, le Pajara, l'Arauca et le Cabuliare. De grandes embarcations à voile traversent ici le pays, en naviguant dix à douze lieues dans la steppe.

(41) Page 36. *Jusqu'au plateau Antisana.*

La grande plaine qui entoure le volcan d'Antisana est à deux mille cent sept toises (12672 pieds) au-dessus du niveau de la mer. La pression atmosphérique est si faible, que les taureaux sauvages, poursuivis par des chiens, perdent du sang par le nez et la bouche.

(42) Page 37. *Béra et Rastro.*

J'ai décrit ailleurs avec détail (*Observations de zoologie et d'anatomie comparée*, vol. I, p. 83-87, et *Relation historique*, t. II, p. 173-190) la pêche aux gymnotes. Sur l'une de ces gymnotes, arrivée bien vivante à Paris, nous avons, M. Gay-Lussac et moi, répété avec un succès complet l'expérience *sans le secours d'une chaîne*. La décharge électrique dépend uniquement de la volonté de l'animal. Nous ne vîmes pas la lumière, que d'autres physiciens ont aperçue.

(43) Page 38. *Excité au contact de parties humides et hétérogènes.*

Dans tous les corps organiques, des substances hétérogènes sont en contact entre elles. Dans tous, des solides sont unis aux liquides. Partout où se rencontrent l'organisation et la vie, il y a tension électrique ou jeu de la pile de Volta. C'est ce qui résulte des expériences de Nobili et de Matteucci, mais surtout des travaux admirables, tout récents, d'Émile Dubois. Ce dernier physicien a réussi à démontrer « l'existence du courant électrique musculaire dans l'animal vivant tout à fait intact. » Il fait voir comment le corps humain, à l'aide d'un fil de cuivre, peut à volonté et à distance faire tourner çà et là l'aiguille aimantée. » (*Recherches sur l'électricité animale,* par Émile Dubois-Reymond, 1848, t. I, p. xv.) J'ai été témoin de ces mouvements déterminés arbitrairement, et je vois, d'une manière inattendue, une vive lumière se répandre sur des phénomènes auxquels j'avais, plein d'espoir, consacré péniblement tant d'années de ma jeunesse.

(44) Page 39. *Osiris et Typhon.*

Sur la lutte des deux races d'hommes, c'est-à-dire des pasteurs arabes de la basse Égypte, et les tribus agricoles plus civilisées de la haute Égypte; sur le prince Baby ou Typhon, au teint blond, et le Dionysos ou Osiris, au teint brun, voyez les anciennes idées, aujourd'hui en grande partie abandonnées, de Zoega aîné, dans son chef-d'œuvre *De origine et usu obeliscorum*, p. 577.

(45) Page 39. *Le domaine de la demi-civilisation européenne.*

Dans la capitainerie générale de Caracas, ainsi que dans toute la partie orientale de l'Amérique, la civilisation introduite par les Européens se borne à la zone étroite du littoral. Dans le Mexique, la Nouvelle-Grenade et Quito, elle pénètre, au contraire, profondément dans l'intérieur du pays jusqu'au col des Cordillères. Dans cette dernière région il existait déjà au quinzième siècle une civilisation ancienne, apportée par les premiers colons. Partout où les Espagnols l'ont rencontrée, ils l'ont suivie indifféremment, soit près de la mer ou à une grande distance de la côte. Les antiques cités furent agrandies, et leurs noms indiens significatifs tronqués ou remplacés par des noms de saints chrétiens.

(46) Page 40. *Masses de granit au teint plombé.*

Dans l'Orénoque, particulièrement dans les cataractes de Maypurès et d'Aturès (non dans le rio Negro), tous les blocs de granit, même les fragments de quartz blanc, se recouvrent, là où l'eau peut les atteindre, d'un enduit gris noirâtre qui ne pénètre pas de 0,01 ligne dans la substance de la roche. On croirait voir du basalte ou des fossiles teints de graphite. Cet enduit paraît, en effet, contenir beaucoup de carbone et de manganèse. Je dis qu'il *paraît*, car on ne l'a pas encore suffisamment examiné. Rozier a remarqué quelque chose de tout à fait analogue sur les roches de syénite du Nil, entre Syène et Philes ; la même observation a été faite par l'infortuné capitaine Tuckey sur les rivages granitiques du Zaïre, et par sir Robert Schomburgk sur le Berbice (*Reisen in Guiana und am Orinoko,* p. 212). Dans l'Orénoque, ces pierres livides, étant mouillées, répandent des exhalaisons pernicieuses. On regarde leur voisinage comme une cause de fièvres (*Relat. hist.*, t. II, p. 299-304). Il est surprenant que les rivières dont les eaux sont noires, *aquas negras,* brun de café ou jaune vineux, dans l'Amérique méridionale, ne noircissent pas les roches granitiques, c'est-à-dire qu'elles ne tirent pas de leurs principes constitutifs un enduit noir ou gris plombé.

(47) Page 40. *Le sourd gémissement des singes barbus, annonçant la pluie.*

Quelques heures avant que la pluie commence, on entend le cri mélancolique des singes, des *simia seniculus, simia beelzebub,* etc. ; on croirait entendre le grondement lointain d'un orage. On ne s'explique l'intensité de ce bruit, produit par d'aussi petits animaux, qu'en songeant qu'un seul arbre héberge souvent un troupeau de soixante-dix à quatre-vingts singes. Sur le sac et le coffre osseux vocal de ces animaux, voyez mon mémoire anatomique dans le premier cahier de mon *Recueil d'observations de zoologie*, vol. I, p. 18.

(48) Page 40. *Souvent couvert d'oiseaux.*

Les crocodiles gisent tellement immobiles, que j'ai vu des flamants (*phœnicopteri*) se reposer sur leurs têtes. En même temps tout le corps était, comme un tronc d'arbre, couvert d'oiseaux aquatiques.

(49) Page 40. *Gosier qui se dilate.*

La bave dont le boa recouvre sa proie en hâte la décomposition. Elle ramollit la chair musculaire au point que le serpent peut faire passer des membres entiers d'un animal par son gosier dilaté. C'est pourquoi les créoles nomment ce serpent géant *tragavenado*, c'est-à-dire *avaleur de cerfs*. Ils parlent de serpents dans la gueule desquels on aurait trouvé des ramures de cerf qui n'ont pu être avalées. J'ai vu plusieurs fois le boa nager dans l'Orénoque et dans les petites rivières de montagnes, le Tuamini, le Temi et l'Atabapo. Il tient la tête au-dessus de l'eau, comme un chien. Sa peau est magnifiquement tachetée. On prétend qu'il atteint jusqu'à quarante-cinq pieds de longueur; cependant les peaux des plus grands serpents apportées en Europe, où on les a pu exactement mesurer, ne dépassent pas vingt à vingt-deux pieds. Le boa de l'Amérique du Sud (espèce de python) diffère du boa des Indes orientales. Sur le boa éthiopien, *voy.* Diodore, lib. III, p. 204, edit. Wesseling.

(50) Page 40. *Mangent de la gomme et de la terre.*

Sur les côtes de Cumana, de la Nouvelle-Barcelone et de Caracas, visitées par les moines franciscains de la Guyane à leur retour des missions, s'est répandue la tradition que des hommes habitant les bords de l'Orénoque mangent de la terre. A notre retour du rio Negro (6 juin 1800), pendant notre navigation de trente-six jours sur l'Orénoque, nous avons passé une journée dans un établissement de mission, qui était habité par les Otomaques, mangeurs de terre. Le petit village s'appelle la *Concepcion de Uruana*, et s'adosse d'une manière pittoresque contre un rocher de granit. D'après mes observations je l'ai trouvé situé à 7° 8′ 3″ de latitude nord et à 4^h 38′ 38″ de longitude ouest de Paris (détermination chronométrique). La terre que mangent les Otomaques est une argile grasse, douce au toucher, vraie terre de pipe, gris jaunâtre, colorée par un peu d'oxyde ferrique. Ils la choisissent soigneusement, et la cherchent dans des bancs particuliers sur les rives de l'Orénoque et du Méta. Ils distinguent au goût une espèce de l'autre, car toutes les argiles ne leur sont pas également agréables. Ils pétrissent cette terre en boulettes de quatre à six pouces de diamètre, et la font griller extérieurement à un doux feu, jusqu'à ce que la croûte devienne rougeâtre. On humecte la boulette lorsqu'on veut la manger. Ces Indiens sont, pour la plupart, des sauvages qui détestent l'agriculture. C'est un proverbe parmi les nations de l'Orénoque les plus éloignées, de dire, lorsqu'ils veulent parler de quelque chose de bien dégoûtant: « C'est si sale qu'un Otomaque le mangerait. »

Tant que les eaux de l'Orénoque et du Méta sont basses, ces hommes vivent de poissons et de tortues. Les poissons qui se montrent à la surface de l'eau, ils les tuent à coups de flèches avec une grande adresse, que nous avons souvent admirée. A la crue périodique des fleuves, la pêche cesse ; car il est aussi difficile de pêcher dans les eaux profondes que dans l'Océan. C'est dans cet intervalle, qui dure deux à trois mois, qu'on voit les Otomaques avaler des quantités prodigieuses de terre. Nous avons trouvé, dans leurs huttes, de grandes provisions de boulettes d'argile tassées en pyramides. Chacun de ces Indiens en consomme trois quarts à quatre cinquièmes de livre par jour; c'est ce que nous assura un moine intelligent, le frère Ramon Bueno, natif de Madrid, qui avait vécu douze ans parmi ces sauvages. Les Otomaques avouent eux-mêmes que, dans la saison des pluies, la terre glaise est leur principale nourriture. Cependant, ils mangent çà et là des lézards, de petits poissons, quelque racine de fougère, quand ils peuvent s'en procurer. Ils sont si friands de cette glaise, que même dans la saison de la sécheresse, lorsque la pêche est abondante, ils en mangent tous les jours un peu après le repas, par gourmandise.

Ces hommes ont le teint cuivré foncé. Ils ont les traits désagréables de la physionomie tartare; ils sont gras, mais sans ventre proéminent. Le moine franciscain, qui vit parmi eux en qualité de missionnaire, assure qu'il n'avait remarqué aucun changement dans la santé des Otomaques, pendant leur régime de terre. Tous ces détails se réduisent à ceci : Les Indiens mangent de grandes quantités de glaise, sans préjudice à leur santé; ils regardent eux-mêmes la terre comme une substance nutritive, c'est-à-dire qu'ils se trouvent longtemps rassasiés par son usage. Ils attribuent ce rassasiement à la glaise, et non pas aux autres aliments qu'ils se procurent d'autre part bien parcimonieusement. Si l'on interroge l'Otomaque sur sa provision d'hiver (dans l'Amérique méridionale on appelle hiver la saison des pluies), il montre les tas de terre amassés dans sa hutte. Mais ces faits ne décident nullement les questions que voici : L'argile est-elle réellement un principe alimentaire? Les terres sont-elles assimilables? ou ne servent-elles que de lest à l'estomac, en distendant les parois de cet organe et trompant ainsi la faim? Je ne saurais résoudre toutes ces questions (*Relat. hist.*, t. II, p. 618-620). On doit s'étonner que le père Gumilla, d'ailleurs si crédule et si peu judicieux, nie hardiment que les Indiens mangent de la terre (*Historia del Rio Orinoco*, neuv. impr., 1791, t. I, p. 179). Il prétend que les boulettes de glaise sont intimement mêlées de *farine de maïs* et de *graisse de crocodile*. Mais le missionnaire frère Ramon Bueno, notre ami et compagnon de voyage, et le frère lai Juan Gonzalez, que la mer a englouti sur la côte d'Afrique avec une partie de nos collections, nous ont assuré tous deux que les Otomaques ne mêlent jamais la glaise avec de la graisse de crocodile. Quant au mélange de farine, nous n'en avons jamais entendu parler à Uruana.

La terre que nous avons rapportée, et dont Vauquelin a fait l'analyse chimique, est tout à fait pure et sans mélange. Gumilla, confondant des faits bien distincts, aurait-il voulu faire allusion à une sorte de pain préparé avec les longues gousses d'une espèce d'inga? Ce fruit est en effet enterré, afin qu'il fermente plus vite. Ce qui me surprend surtout, c'est que les Otomaques ne deviennent pas malades en mangeant des quantités si considérables de terre. Cette peuplade est-elle habituée à ce régime depuis de nombreuses générations?

Dans toutes les régions tropicales, les hommes ont l'envie bizarre, presque irrésistible, d'avaler de la terre, non pas une terre alcaline, comme la chaux, afin de neutraliser peut-être des acides, mais une argile grasse, à odeur forte. On est souvent obligé d'enfermer les enfants, pour les empêcher, après une pluie fraîchement tombée, de courir dehors et manger de la terre. Au petit village de Banco, sur la rivière Madeleine, j'ai vu avec surprise les Indiennes, occupées à faire de la poterie, porter, pendant leur travail, de gros morceaux d'argile à la bouche. Gilij (*Saggio di Storia Americana*, t. II, p. 311) a observé la même chose. En hiver les loups aussi mangent de la terre, particulièrement de l'argile. Il serait très-intéressant d'analyser exactement les excréments de tous les hommes et animaux mangeurs de terre. Hormis les Otomaques, les individus de toutes les autres peuplades deviennent malades, s'ils s'abandonnent longtemps à cette singulière envie de manger de la glaise. Dans la mission de San-Borja, nous vîmes l'enfant d'une Indienne, qui, au dire de la mère, ne voulait manger presque rien autre chose que de la terre; aussi avait-il déjà l'air d'un squelette.

Pourquoi dans les zones tempérées et froides cet appétit morbide est-il beaucoup plus rare, et n'existe-t-il pour ainsi dire que chez les enfants et les femmes enceintes? Il est permis d'affirmer que la *géophagie* est propre aux régions tropicales de tout le globe. Dans la Guinée, les nègres mangent une terre jaunâtre qu'ils nomment *caouac*. Transportés comme esclaves aux Indes occidentales, ils cherchent à s'en procurer de semblable. En même temps ils assurent que l'usage de la terre comme aliment n'est nullement nuisible dans leur patrie d'Afrique. Mais le caouac des îles d'Amérique rend, au contraire, les esclaves malades. C'est pourquoi on en avait depuis longtemps défendu l'usage dans les Antilles, bien qu'en 1751 on vendît encore, à la Martinique, sur les marchés, un *tuf rouge, jaunâtre*. « Les nègres de Guinée, dit un voyageur français, racontent que dans leur pays ils mangent *habituellement* une certaine terre dont le goût leur plaît, *sans en être incommodés*. Ceux qui sont dans l'abus de manger du caouac en sont si friands, qu'il n'y a pas de châtiment qui puisse les empêcher de dévorer de la terre. » (Thibault de Chanvalon, *Voyage à la Martinique*, p. 85.)

— Dans les villages de l'île de Java, entre Surabaya et Samarang, Labillardière vit vendre de petits gâteaux carrés, rougeâtres, que les indigènes appelaient *tana ampo* (*tanah* signifie *terre* en javanais et malais). En les examinant de plus près, il reconnut que ces gâteaux étaient en glaise rougeâtre, qu'on mangeait (*Voyage à la Recherche de la Pérouse*, t. II, p. 322). Mohnike a envoyé, en 1847, à Berlin de la glaise comestible de Samarang ; elle est sous forme de tubes roulés, comme de la cannelle ; Ehrenberg l'a examinée. C'est une formation d'eau douce, déposée sur du calcaire tertiaire, et composée d'animaux microscopiques (*gallionella, navicula*) et de phytolithaires (*Comptes rendus des séances de l'Acad. des sciences de Berlin*, année 1848, p. 222-225). Les habitants de la Nouvelle-Calédonie mangent, pour apaiser leur faim, des fragments de stéatite friable, gros comme le poing, dans lesquels Vauquelin a trouvé des quantités notables de cuivre (*Voyage à la Rech. de la Pérouse*, t. II, p. 205). A Popayan et dans plusieurs endroits du Pérou on vend la chaux dans les rues, comme un aliment pour les Indiens. On mange cette chaux avec le *coca* (feuilles de l'*erythroxylon peruvianum*). Ainsi nous trouvons l'usage de manger de la terre dans toute la zone torride, chez les peuplades indolentes qui habitent les contrées les plus belles et les plus fertiles du monde. D'après les rapports qui nous sont arrivés du Nord par Berzelius et Retzius, on consomme dans l'extrémité de la Suède annuellement plusieurs centaines de charges d'une terre d'infusoires semblables à de la farine ; les paysans en font usage, moins par besoin que par passe-temps (comme on fume du tabac). Dans quelques endroits de la Finlande on mêle ces terres au pain : ce sont les carapaces vides d'animalcules si petites et si délicates, qu'elles ne croquent pas même sous les dents; elles rassasient, sans nourrir. En temps de guerre, les chroniques et documents d'archives parlent souvent de la consommation de cette terre d'infusoires, sous le nom général et vague de *farine de montagne*. Ainsi pendant la guerre de trente ans on en fit usage en Poméranie (près de Camin), dans la Lusace (près de Muskau), dans le pays de Dessau (près de Klieken); et plus tard, en 1719 et 1733, dans la forteresse de Wittenberg. (Voy. Ehrenberg, *Über das unsichtbar wirkende organische Leben*, 1842, p. 41.)

(51) Page 41. *Figures gravées sur des rocs.*

Dans l'intérieur de l'Amérique méridionale, entre le 2e et 4e degré de latitude nord, s'étend une plaine boisée circonscrite par quatre rivières, l'Orénoque, l'Atabapo, le rio Negro et le Cassiquiare. On y trouve des rochers de granit et de syénite, qui sont, comme ceux de Caicara et d'Uruana, couverts de représentations symboliques (figures colossales de crocodiles, de tigres, d'ustensiles de ménage, de signes du soleil et de la lune). Aujourd'hui ce coin de terre écarté est tout à fait inhabité dans une étendue de plus de cinq cent milles carrés. Les peuplades voisines, placées au degré le plus infime de la civilisation, mènent une vie misérable, errante, et sont bien éloignées de sculpter des hiéroglyphes. On peut, dans l'Amérique méridionale, suivre toute une zone de ces rochers couverts d'emblèmes symboliques, depuis le Rupunuri, l'Essequibo et les monts Pacaraima, jusqu'aux rives de l'Orénoque et de l'Yupura, dans une étendue de plus de huit degrés de longitude. Ces signes gravés dans la pierre peuvent appartenir à des époques très-différentes; car sir Robert Schomburgk a vu, sur le rio Negro, des dessins d'une galéote espagnole (*Reisen in Guiana und am Orinoko*, trad. par Otto Schomburgk, 1841, p. 500), par conséquent d'une origine antérieure au commencement du seizième siècle, et cela dans un pays sauvage dont les indigènes étaient probablement aussi incultes que les habitants actuels. Seulement il faut se rappeler ici ce que j'ai déjà dit ailleurs, savoir, que des peuples de races très-différentes, dans le même état sauvage, et doués du même penchant à simplifier et à généraliser les contours des objets, peuvent, poussés par des facultés instinctives à reproduire, d'une manière rythmique, et à grouper les images, donner naissance à des signes et symboles semblables. (Comp. *Relation historique*, t. II, p. 589, et Martius, *Über die Physiognomie des Pflanzenreichs in Brasilien*, 1824, p. 14.)

Dans la séance du 17 novembre 1836 de la Société archéologique de Londres, on fit la lecture d'un mémoire de sir Robert Schomburgk sur les traditions religieuses des Indiens-Macousis, qui habitent le Mahu supérieur et une partie des monts Pacaraïma, nation qui depuis un siècle (depuis le voyage du hardi Hortsmann) n'a pas changé de demeure. « Les Makousis, dit M. Schomburgk, croient qu'un

seul homme survécut à un déluge universel, et qu'il repeupla la terre en transformant des pierres en hommes. »
Ce mythe, qui, fruit de l'imagination vive de ces peuples, rappelle Deucalion et Pyrrha, se retrouve aussi, sous une forme un peu modifiée, chez les Tamanaques de l'Orénoque. Lorsqu'on demande à ces derniers comment le genre humain a survécu à ce grand déluge, l'*âge d'eau* des Mexicains, ils répondent sans hésiter qu'un homme et une femme s'étaient réfugiés sur le sommet du Tamanacou, montagne élevée sur les bords de l'Asiverou, et qu'ils avaient jeté derrière eux, par-dessus leurs têtes, les fruits du palmier *mauritia*, des noix desquelles étaient sortis des hommes et des femmes, qui avaient repeuplé la terre. — A quelques milles d'Encaramada s'élève au milieu de la savane le rocher Tepou-Mereme, c'est-à-dire le *rocher peint :* il porte plusieurs figures d'animaux, et des caractères symboliques qui ont beaucoup d'analogie avec ceux que nous avons vus près de Caycara, à quelque distance au-dessus d'Encaramada (7° 5′ à 7° 40′ de latitude, 68° 50′ à 69° 45′ de longitude). Les mêmes rochers sculptés se trouvent entre le Cassiquiare et l'Atabapo (2° 5′ à 3° 20′ de latitude), et, ce qui doit le plus surprendre, à cent quarante milles plus à l'est, dans la solitude de Parime. J'ai mis ce dernier fait hors de doute par le journal de Nicolas Hortsmann de Hildesheim, dont j'ai vu une copie écrite de la main de l'illustre d'Anville. Hortsmann, voyageur aussi simple que modeste, notait jour par jour, en lieu et place, tout ce qu'il rencontrait de remarquable ; il

mérite d'autant plus croyance, que, tout mécontent d'avoir manqué le but de ses investigations, le lac Dorado, les pépies d'or et la veine de diamants (qui n'était que du cristal de roche très-pur), il regarde avec un certain dédain tout ce qu'il trouve sur son chemin. Sur les bords du Rupunuri, là où la rivière, remplie de petites cascades, serpente entre les montagnes de Macarana, il vit, le 16 avril 1749, avant d'arriver aux alentours du lac Amoucou, « des rochers couverts de figures » ou de *varias letras*, comme il dit en portugais. Près du rocher Culimacari, sur les bords de Cassiquiare, on nous a montré aussi des signes qu'on nommait des *caractères mesurés au cordeau;* mais ce n'était que des figures informes de corps célestes, de crocodiles, de serpents boa, et d'ustensiles pour préparer la farine de manioc. Je n'ai vu, sur ces rochers peints (*piedras pintadas*), aucune trace symétrique ni de caractères réguliers, exactement mesurés. Le mot *letras*, dans le journal du chirurgien allemand, ne doit donc pas être pris, selon moi, dans un sens trop absolu.

M. Schomburgk n'a pas eu le bonheur de retrouver les rochers aperçus par Hortsmann; mais il en décrit d'autres sur les bords de l'Essequibo, près de la cascade de Waraputa. « Cette cascade, dit-il, n'est pas seulement célèbre par sa hauteur; elle l'est encore par la grande quantité de figures qu'on y voit taillées dans le roc. Ces figures ont beaucoup de ressemblance avec celles que j'ai vues à Saint-John, l'une des îles des Vierges, et que je regarde, sans hésiter, comme l'œuvre des Caraïbes qui ont jadis peuplé cette partie des Antilles. J'essayai, chose impossible, de fendre l'un de ces rochers couverts d'inscriptions, pour l'emporter avec moi : la pierre était trop dure, et j'étais exténué par la fièvre. Ni menaces ni promesses ne purent déterminer les Indiens à donner un seul coup de marteau sur ces masses rocheuses, monuments vénérables de la civilisation et de la supériorité de leurs ancêtres. Ils les regardent comme l'ouvrage du Grand-Esprit ; et, quelque grande que soit la distance, les différentes tribus que nous avons rencontrées les connaissent. La terreur se peignait sur la physionomie de nos compagnons indiens, qui s'attendaient à chaque moment à voir le feu du ciel tomber sur ma tête. Je m'aperçus bien que mes efforts étaient infructueux, et je dus me contenter de prendre un dessin complet de ces monuments. » Le dernier parti fut sans contredit le meilleur; et l'éditeur du journal anglais ajoute, à ma grande joie, dans une note : « Il est à souhaiter que d'autres ne réussissent pas mieux que M. Schomburgk, et qu'aucun voyageur d'une nation civilisée ne porte une main destructive sur ces monuments des Indiens sans défense. »

Les signes symboliques que Robert Schomburgk vit gravés dans le bassin de l'Essequibo, près des rapides (petites cataractes) de Waraputa (Richard Schomburgk, *Reisen in Britisch Guiana*, t. I, p. 320), ressemblent, il est vrai, d'après la remarque de ce voyageur, aux figures authentiquement caraïbes trouvées sur l'une des îles des Vierges (Saint-John);

mais, malgré les envahissements des tribus caraïbes et l'extension de l'ancienne puissance de cette belle race, je ne saurais croire que cette immense zone de rochers sculptés, qui traverse, de l'ouest à l'est, une grande partie de l'Amérique méridionale, soit l'œuvre des Caraïbes. Ce sont plutôt les vestiges d'une antique civilisation, appartenant peut-être à une époque où les races que nous distinguons aujourd'hui étaient encore inconnues de nom et de parenté. La vénération même qu'on a partout pour ces sculptures grossières, prouve que les Indiens d'aujourd'hui n'ont aucune idée de l'exécution de pareils ouvrages. Bien plus, entre Encaramada et Cayacara, sur les rives de l'Orénoque, on trouve souvent de ces figures hiéroglyphiques sur des remparts de rochers si élevés, qu'on ne pourrait maintenant les atteindre qu'à l'aide d'échafaudages extrêmement hauts. Si l'on demande aux indigènes comment ces figures y ont pu être sculptées, ils répondent en souriant, comme s'ils racontaient une chose qu'un blanc seul pouvait ignorer, « que dans les jours des grandes eaux leurs pères avaient navigué à cette hauteur, sur des canots. » Voilà une légende géologique qui pourrait servir à résoudre le problème d'une civilisation depuis longtemps éteinte.

Qu'il me soit permis d'intercaler ici encore une observation que j'emprunte à une lettre de sir Robert Schomburgk à moi adressée : « Les figures hiéroglyphiques sont bien plus répandues que vous ne l'aviez peut-être soupçonné. Pendant mon expédition, entreprise dans le but d'explorer la rivière

Corentyn, je remarquai quelques figures gigantesques non-seulement sur le rocher Timeri (4° ¼ de lat. nord, 57° ¼ de long. ouest de Greenwich), mais j'en découvris aussi de semblables dans le voisinage de la grande cataracte du Corentyn, à 4° 21' 30" de latitude nord, et 57° 55' 30" de longitude ouest de Greenwich. Ces figures sont exécutées avec beaucoup plus de soin qu'aucune de celles que j'ai vues dans la Guyane. Elles ont environ dix pieds de grandeur, et paraissent représenter des hommes. La coiffure est extrêmement remarquable : elle enveloppe toute la tête, s'élargit considérablement aux bords, et ressemble assez bien à l'auréole d'un saint. J'ai laissé des dessins de ces figures dans la colonie, et je serai probablement un jour à même d'en offrir la collection au public. J'ai vu de ces images moins bien faites sur les bords du Cuyuwini, rivière qui vient du nord-ouest se jeter, à 2° 16' de latitude nord, dans l'Essequibo, et plus tard j'en ai trouvé de semblables sur l'Essequibo même, à 1° 40' de latitude nord. Ces figures s'étendent donc, conformément à des observations positives, de 7° 10' à 1° 40' de latitude nord, et de 57° 30' à 66° 30' de longitude ouest de Greenwich. La zone de ces sculptures de rochers occupe, d'après ce qu'on sait jusqu'à présent, une surface de plus de douze mille milles carrés (dont quinze milles en longueur font un degré), et comprend les bassins du Corentyn, de l'Essequibo et de l'Orénoque, ce qui peut donner une idée de la population ancienne de cette partie du continent. »

On reconnaît aussi des vestiges remarquables d'une civilisation éteinte dans les vases de granit, ornés d'arabesques élégantes, ainsi que dans des masques de terre, semblables à ceux des Romains, qu'on a découverts sur la côte de Mosquitos, chez des Indiens sauvages (*Archæologia britannica*, vol. V, 1779, p. 318-324, et vol. VI, 1782, p. 107). Je les ai fait graver dans l'*Atlas pittoresque* qui accompagne la relation historique de mon voyage. Les archéologues s'étonnent de la ressemblance qui existe entre ces bas-reliefs à la grecque et ceux qui ornent le palais de Mila, près d'Oaxaca dans la Nouvelle-Espagne. Je n'ai jamais vu, dans les ouvrages sculptés des Péruviens, ces figures d'hommes à grands nez, si fréquentes dans les bas-reliefs du Palenque de Guatimala et dans les peintures aztèques. Klaproth se rappelait avoir vu de ces nez énormes chez les Khalchas, horde de Mongols du nord. On sait généralement que beaucoup de tribus au teint cuivré, indigènes de l'Amérique septentrionale, du Canada, ont de beaux nez aquilins, caractère physionomique qui les distingue essentiellement des habitants actuels du Mexique, de la Nouvelle-Grenade, de Quito et du Pérou. Les hommes aux gros yeux, au teint blanchâtre, que Marchand rencontra sous 54° et 58° de latitude, sur la côte nord-ouest de l'Amérique, descendent-ils des Ousuns, race alano-gothique de l'intérieur de l'Asie ?

(52) Page 41. *Préparés au meurtre.*

Les Otomaques empoisonnent souvent l'ongle de leur pouce avec le *curare*. Un simple enfoncement de cet ongle devient mortel, si le curare se mêle au sang. Nous possédons la plante grimpante dont le suc sert dans l'Esméralda, sur les bords de l'Orénoque supérieur, à la préparation du curare. Malheureusement nous ne la trouvâmes pas en fleurs. D'après sa physionomie, elle se rapproche des *strychnos*. (*Relat. hist.*, t. II, p. 547-556.)

Depuis que j'ai rédigé cette note sur le *curare* ou *urari*, nom que Raleigh donna tout à la fois à la plante et au poison qu'elle fournit, les deux frères Robert et Richard Schomburgk se sont acquis un grand mérite en faisant connaître exactement la nature et la préparation de la substance que j'ai le premier apportée, en quantité notable, en Europe. Richard Schomburgk trouva cette liane en fleur dans la Guyane, sur les bords du Pomeroon et du Sururu dans le territoire des Caraïbes, qui ne s'en servent cependant pas à préparer le poison. Il donne dans son ouvrage si instructif (*Reisen in Britisch Guiana*, t. I, p. 441-461) l'analyse chimique du suc du *strychnos toxifera*, qui, en dépit du nom et de la structure organique de la plante, ne renferme, selon Boussingault, aucune trace de strychnine. Les intéressantes expériences physiologiques de Virchow et Münter montrent que le curare ou urari ne paraît pas tuer par le simple contact à l'extérieur, mais bien par l'absorption, quand on divise préalablement, à l'endroit où on l'applique, le tissu vivant; enfin, que le curare n'est pas un poison tétanique, et qu'il détermine particulièrement la paralysie, c'est-à-dire la suspension du mouvement musculaire volontaire, sans entraver la fonction des muscles involontaires (cœur, intestin). Comparez les analyses chimiques faites plus anciennement par Boussingault, dans les *Annales de Chimie et de Physique*, t. XXXIX, 1828, p. 24-37.)

SUR LES CATARACTES

DE L'ORÉNOQUE,

PRÈS D'ATURÈS ET DE MAYPURÈS.

SUR LES CATARACTES DE L'ORÉNOQUE,

PRÈS D'ATURÈS ET DE MAYPURÈS.

Dans le mémoire précédent, qui a été l'objet d'une lecture académique, j'ai dépeint les immenses plaines dont le caractère est diversement modifié par des conditions climatériques, et qui apparaissent tantôt comme des surfaces dénuées de végétation (déserts), tantôt comme des steppes ou prairies à perte de vue. Aux llanos, dans la partie méridionale du nouveau continent, j'ai opposé, par contraste, les affreuses mers de sable que renferme l'intérieur de l'Afrique, et à celles-ci les steppes de l'Asie moyenne, berceau de ces peuples pasteurs qui, rejetés du fond de l'Orient, envahirent le monde, et répandirent partout la barbarie et la désolation.

Je m'étais alors (en 1806) hasardé à réunir de grandes coupes dans un tableau de la nature, et à exposer en assemblée publique des objets qui se déteignaient pour ainsi dire sur mon âme : maintenant je me renferme dans un cercle plus circonscrit de phénomènes, en esquissant la peinture moins sombre d'une végétation luxuriante et de vallées arrosées de rivières écumeuses. Je vais tracer deux scènes naturelles, empruntées aux solitudes de la Guyane, l'*Aturès* et le *Maypurès*, ces fameuses *cataractes de l'Orénoque*, qu'un petit nombre seulement d'Européens avait visitées avant moi.

L'impression que laisse en nous le spectacle de la nature est provoquée moins par la physionomie particulière du paysage, que par la lumière sous laquelle se détachent monts et champs, tantôt éclairés par l'azur du ciel, tantôt assombris par un nuage flottant. De même la peinture de scènes naturelles nous impressionne plus ou moins vivement, suivant qu'elle est plus ou moins en harmonie avec les besoins de nos sentiments. Car le monde extérieur physique se reflète, comme dans un miroir, sur le monde intérieur moral. Le contour des montagnes qui bordent l'horizon dans un lointain nébuleux, la teinte sombre des forêts de sapins, le torrent qui se précipite tumultueusement à travers des rochers abruptes, enfin tout ce qui forme le caractère d'un paysage se rattache, par un ancien lien mystérieux, à la vie sentimentale de l'homme.

C'est ce lien qui procure les plus nobles des jouissances de la nature. Nulle part celle-ci ne nous pénètre du sentiment de sa grandeur, nulle part son langage n'est plus puissant que sous les tropiques, sous le *ciel indien*, comme on disait au moyen âge pour désigner le climat de la zone torride. J'ose donc espérer que le nouveau tableau que je trace de ces régions offrira le même charme, inhérent au sujet. Le souvenir d'un pays riche, lointain, l'aspect d'une végétation libre, vigoureuse, récréent et fortifient l'âme ; de même que l'esprit, *oppressé par le présent,* se reporte volontiers vers le jeune âge, et se réjouit de la grandeur simple de l'humanité.

Le courant occidental et les vents tropicaux favorisent la navigation sur le pacifique bras de mer (1) qui remplit la vaste vallée comprise entre le nouveau continent et l'Afrique occidentale. Avant qu'on voie la côte poindre à l'horizon, on est frappé du bouillonnement des vagues qui s'entre-choquent en écumant. Des navigateurs, non familiers avec ces parages, y soupçonneraient le voisinage de bas-fonds ou le jaillissement merveilleux de quelques sources d'eau douce, comme on en voit entre les Antilles (2).

A mesure qu'on approche de la côte granitique de la Guyane, on distingue la large embouchure d'un fleuve puissant qui, tel qu'un lac rompant ses digues, répand sur l'Océan une nappe d'eau douce. Ses flots verts, frisés d'écume blanche sur les basfonds, contrastent avec le bleu indigo de la mer qui en forme les bords tranchés.

Le nom d'Orénoque, donné par celui qui découvrit ce fleuve, et dû probablement à une confusion de langage, est inconnu dans l'intérieur du pays. Dans l'état primitif, les peuples ne désignent par de véritables noms géographiques que les objets qui peuvent être confondus avec d'autres. L'Orénoque, les fleuves des Amazones et de la Madeleine, s'appellent chacun tout simplement *le fleuve,* quelquefois le *grand fleuve,* la *grande eau,* pendant que les habitants riverains distinguent les moindres ruisseaux par des noms particuliers.

Le courant que l'Orénoque détermine entre le continent de l'Amérique méridionale et l'île asphaltique de Trinidad est si puissant, que des navires, allant contre sa direction voiles déployées, par un vent frais d'ouest, peuvent à peine le vaincre. Ces parages solitaires et redoutés s'appellent le *golfe Triste.* L'entrée en est formée par la Bouche du Dragon (*boca del Drago*). C'est là que s'élèvent du milieu des flots mugissants, semblables à des tours, quelques rocs isolés, indices de la digue granitique (3) qui, rompue par le courant, joignit anciennement l'île de Trinidad à la côte de Paria.

C'est à la vue de ces parages que Colomb, le hardi *découvreur* d'un monde, se convainquit de l'existence d'un continent américain. « Une masse si énorme d'eau douce (ainsi raisonnait ce profond observateur de la nature) n'a pu être accumulée que par un fleuve d'un long cours. Le pays qui fournit cette eau doit être un continent, et non une île. » Les compagnons d'Alexandre, ayant franchi le Paropanisus neigeux (4), crurent, au rapport d'Arrien, reconnaître un bras du Nil dans l'Indus peuplé de crocodiles. De même Colomb, ignorant que toutes les productions du climat des palmiers ont le même type de physionomie, s'imagina retrouver dans le nouveau continent un fort prolongement de la côte orientale de l'Asie. La douce fraîcheur de l'air du soir, la pureté éthérée du firmament, les émanations balsamiques des fleurs, apportées par la brise de terre, tout cela, dit Herrera dans ses *Décades* (5), fit penser à Colomb qu'il se trouvait ici dans le voisinage du jardin d'Éden, séjour sacré des premiers mortels. L'Orénoque lui parut un des quatre fleuves qui, selon la vénérable légende du monde primitif, sortaient du Paradis pour arroser et se partager la terre fraîchement ornée de végétaux. Ce passage poétique, extrait de la relation de Colomb, ou plutôt d'une lettre à Ferdinand et Isabelle, datée de Haïti (octobre 1498), a un intérêt psychique particulier. C'est encore un de ces exemples qui nous apprennent que l'imagination créatrice se révèle de même dans tous les grands génies.

En considérant la masse d'eau que l'Orénoque apporte, en tribut, à l'océan Atlantique, on se demande lequel des fleuves de l'Amérique australe, de l'Orénoque, des Amazones ou de la Plata, est le plus grand? La question est indécise comme l'idée même de grandeur. Le rio de la Plata a la plus large embouchure; sa largeur est de vingt-trois milles géographiques. Mais, pareil aux fleuves de l'Angleterre, il est, en proportion, d'une longueur médiocre. Son peu de profondeur entrave la navigation déjà près de la ville de Buenos-Ayres. Le fleuve des Amazones est le plus long de tous les fleuves. Depuis sa source, dans le lac Lauricocha, jusqu'à son embouchure, il a sept cent vingt milles géographiques de parcours. Mais sa largeur, dans la province de Jaen de Bracamoros, près de la cataracte de Rentama, où je l'ai mesuré au-dessous de la montagne pittoresque de Patachuma, sa largeur égale à peine celle du Rhin près de Mayence.

L'Orénoque, plus étroit à son embouchure que le rio de la Plata et le fleuve des Amazones, n'a, d'après mes observations astronomiques, que deux cent quatre-vingt milles de longueur. Cependant, au cœur même de la Guyane, à cent quarante milles de l'embouchure, j'ai trouvé que ce fleuve, pendant les hautes eaux, avait encore plus de seize mille deux cents pieds de large. Par des crues périodiques, ses eaux s'élèvent annuellement de vingt-huit à trente-quatre pieds au-dessus du niveau le plus bas. Mais il n'y a pas encore assez de documents pour établir une comparaison exacte entre les énormes fleuves qui sillonnent le continent de l'Amérique australe. Il faudrait, pour cela, connaître le profil du lit des fleuves et leur vitesse, si variable dans les différentes parties.

L'Orénoque présente plusieurs traits de ressemblance avec le Nil : par le Delta que forment ses bras diversement ramifiés et encore inexplorés, par la régularité de ses crues, enfin par la quantité et la grosseur de ses crocodiles. Ces deux fleuves se ressemblent aussi en ce que, d'abord torrents impétueux, ils se frayent un long passage entre des montagnes de granit et de syénite, et coulent ensuite lentement, bordés de rivages sans arbres et sur une surface presque horizontale. Depuis le fameux lac de montagnes, près de Gondar, dans les Alpes abyssiniennes de Gojam, jusqu'à Syène et Éléphantine, une branche du Nil, le Bahr-el-Azrek (fleuve Vert), traverse les montagnes de Schangalla et de Sennaar. De même l'Orénoque sort du versant méridional de la chaîne de montagnes qui s'étend à l'ouest, sous les 4° et 5° de latitude nord, depuis la Guyane française jusqu'aux Andes de la Nouvelle-Grenade. Les sources de l'Orénoque (6) n'ont été visitées par aucun Européen, ni même par aucun indigène qui eût eu des relations avec les Européens.

Pendant notre navigation sur l'Orénoque supérieur, en été 1800, nous atteignîmes, au delà de la mission de l'Esmeralda, les embouchures du Sodomoni et du Guapo. Là s'élève bien au-dessus des nues la cime gigantesque du Yeonnamari ou Duida, montagne qui est, d'après ma triangulation, à huit mille deux cent soixante-dix-huit pieds au-dessus du niveau de la mer, et dont l'aspect offre l'une des scènes les plus magnifiques de la nature tropicale. Son revers méridional est une prairie sans arbres. L'air humide du soir y est embaumé par le parfum des ananas. D'entre les herbes basses de la prairie s'élèvent les tiges succulentes des *bromelia*, dont le fruit doré, surmonté d'une couronne de feuilles glauques, brille au loin. De hauts palmiers en éventail sont groupés autour des tapis de verdure, d'où jaillissent les eaux de montagne. Leur feuillage n'est agité par aucun souffle rafraîchissant dans cette zone torride.

A l'est de Duida commence un taillis de cacaoyers sauvages qui entourent le fameux amandier, le *bertholletia excelsa*, production la plus vigoureuse du monde tropical (7). C'est là que les Indiens viennent cueillir de quoi faire leurs tubes, chalumeaux de graminées colossales, dont les entrenœuds ont plus de dix-sept pieds de longueur (8). Quelques moines franciscains ont pénétré jusqu'à l'embouchure du Chiguire, où l'Orénoque est déjà si étroit, que les indigènes le traversent, près de la cascade des Guaharibes, sur un pont qu'ils ont tressé avec des lianes. Les Guaïcas, race d'hommes au teint blanchâtre, mais petits de taille, armés de flèches empoisonnées, empêchent le voyageur d'avancer plus à l'est.

Aussi ne débite-t-on que des contes sur la source de l'Orénoque sortant d'un lac (9). On cherche en vain la lagune d'Eldorado, que les cartes d'Arrowsmith indiquent comme une mer intérieure de vingt milles géographiques de longueur. Le petit lac d'Amoucou, couvert de joncs (près duquel la Pirara, branche du Mahou, a sa source), avait-il donné lieu à cette fable? Mais ce marais est à quatre degrés plus à l'est que l'endroit où l'on peut supposer l'existence des sources de l'Orénoque. C'est là qu'on plaçait l'île de Pumacena, roc de schiste micacé, dont l'éclat avait séduit tant d'hommes au seizième siècle, en donnant naissance au fameux conte d'Eldorado.

Au dire de beaucoup d'indigènes, les nuées de Magellan du ciel austral, et même les magnifiques nébuleuses du navire Argo, ne font que refléter l'éclat métallique des montagnes argentines de Parimé. Au reste, c'est une ancienne coutume des géographes dogmatiques de faire sortir de lacs intérieurs tous les grands fleuves du monde.

L'Orénoque est du nombre de ces fleuves singuliers qui, après avoir bien serpenté à l'ouest et au nord, finit par s'infléchir tellement à l'est, que son embouchure se trouve presque sous le même méridien que ses sources. Du Chiguire et Gehetté jusqu'au Guaviare, l'Orénoque court à l'ouest comme s'il allait porter ses eaux à l'océan Pacifique. Dans ce trajet, il envoie au sud un bras remarquable, le Cassiquiare, peu connu en Europe, qui se réunit au rio Negro, ou, comme l'appellent les indigènes, au Guaïnia : c'est le seul exemple d'une bifurcation ou d'un embranchement naturel de deux grands bassins tout à fait dans l'intérieur d'un continent.

La nature du sol et la jonction du Guaviare et de l'Atabapo avec l'Orénoque, font dévier le dernier brusquement au nord. C'est par une erreur géographique qu'on avait longtemps pris le Guaviare, affluent de l'ouest, pour la véritable origine de l'Orénoque. Les doutes qu'un célèbre géographe, M. Buache, éleva, en 1797, contre la possibilité d'une jonction avec le fleuve des Amazones, sont, je l'espère, complétement dissipés depuis mon expédition. Une navigation non interrompue de deux cent trente milles géographiques, à travers un bizarre réseau de fleuves, m'a conduit du rio Negro par le Cassiquiare dans l'Orénoque, depuis les frontières du Brésil, par l'intérieur du continent, jusqu'au littoral de Caracas.

Dans la partie supérieure du bassin de ces rivières, entre 3° et 4° latitude nord, on rencontre à plusieurs reprises le phénomène énigmatique de ce qu'on appelle les eaux noires. L'Atabapo, dont les rives sont ornées de carolinées et de mélastomées arborescentes, le Temi, le Tuamini et le Guaïnia charrient des eaux couleur de café. A l'ombre des buissons de palmiers, cette couleur passe au noir d'encre. Dans des vases transparents, l'eau prend une teinte jaune d'or. Les étoiles du sud reflètent leur image avec un singulier éclat dans ces fleuves noirs. Les eaux, là où elles coulent lentement, offrent aux instruments de réflexion de l'astronome un excellent horizon artificiel.

Point de crocodiles, point de poissons, une fraîcheur plus marquée, moins de piqûres de moustiques, et un air sain, voilà ce qui caractérise la région des rivières noires. Elles doivent probablement leur couleur étrange à une dissolution de carbure hydrique, à la luxuriante végétation tropicale, et à l'abondance des herbes dont est tapissé le sol qu'elles traversent. En effet, sur le revers occidental du Chimborazo, vers le littoral du grand Océan, j'ai remarqué que les eaux débordées du rio de Guayaquil prenaient peu à peu une teinte jaune d'or, puis brun café, quand elles couvrent, pendant des semaines, les prairies.

Près de l'embouchure du Guaviare et de l'Atabapo, on trouve l'un des plus nobles palmiers, le piriguao (10); son stipe lisse, haut de soixante pieds, est couronné d'un feuillage aux bords frisés, et tendre comme celui des roseaux. Je ne connais pas de palmier qui porte des fruits aussi gros et aussi agréablement colorés : ils sont, comme les pêches, jaunes panachés de pourpre. Groupés par soixante à quatre-vingts, ils forment des grappes monstrueuses, dont trois mûrissent annuellement sur chaque tige. On pourrait appeler ce superbe végétal le palmier à pêches. Ses fruits charnus sont la plupart sans graines, à cause de l'exubérance des sucs. Ils fournissent aux indigènes une nourriture substantielle et féculente, qui peut, comme la banane et la pomme de terre, être apprêtée de diverses manières.

Jusqu'à ce lieu ou jusqu'à l'embouchure du Guaviare, l'Orénoque longe le revers méridional de la montagne de Parimé. De sa rive gauche jusque bien au delà de l'équateur, vers le 15ᵉ degré de latitude sud, s'étend l'immense plaine boisée du fleuve des Amazones. Or, à San-Fernando de Atabapo, l'Orénoque, tournant brusquement au nord, rompt une partie de la chaîne de montagnes. Là sont les grandes cataractes d'Aturès et de Maypurès : là le lit du fleuve, rétréci par des rocs gigantesques, est comme distribué en réservoirs par des digues naturelles.

Devant l'embouchure du Méta, au milieu d'un gouffre tourbillonnant, s'élève un rocher solitaire que les indigènes ont très-bien nommé *la pierre de la Patience*, car ceux qui naviguent en amont, pendant les basses eaux, sont obligés de s'y arrêter quelquefois des jours entiers. L'Orénoque, pénétrant profondément dans les terres, forme ici des criques rocailleuses très-pittoresques. En face de la mission indienne de Carichana, le voyageur est frappé d'une vue étrange : l'œil se fixe involontairement sur un gigantesque cube de granit, El-Mogote de Cocuyza, dont les flancs perpendiculaires ont deux cents pieds de haut, et dont la face supérieure est couronnée d'une belle futaie. Semblable à un monument cyclopéen, grand par sa simplicité, ce rocher dépasse la cime des palmiers qui l'environnent, et, forêt sur une forêt, il tranche, par ses contours nets, sur le bleu foncé du ciel.

Si l'on continue, de Carichana, à naviguer plus bas, on arrive au point où le fleuve s'est frayé une voie par le défilé étroit de Baraguan. Là on reconnaît partout les traces d'un bouleversement chaotique. Plus au nord, vers Uruana et Encaramada, s'élèvent des masses granitiques d'un aspect grotesque. Bizarrement déchiquetées et d'une blancheur éblouissante, elles tranchent sur la verdure des taillis.

Dans cette région, à partir de l'embouchure de l'Apuré, le fleuve quitte la chaîne granitique. Dirigé à l'est, il forme jusqu'à l'océan Atlantique la limite entre les forêts impénétrables de la Guyane et les savanes où repose, à perte de vue, la voûte céleste. Ainsi l'Orénoque environne de trois côtés, au sud, à l'ouest et au nord, le massif des montagnes élevées de Parimé, qui occupent le vaste espace entre les sources du Jao et du Caura. De Carichana jusqu'à son embouchure, le fleuve est libre de rochers et de tournants, à l'exception du gouffre de l'Enfer (*boca del Infierno*), près de Muitaco, où les eaux sont tourbillonnées par des blocs de pierre qui ne barrent pas, comme à Aturès et à Maypurès, tout le lit du fleuve. Dans cet endroit, rapproché de la mer, les marins ne connaissent d'autre péril que les radeaux naturels, contre lesquels leurs canots viennent souvent échouer, surtout la nuit. Ces radeaux se composent des arbres de la forêt, que la crue du fleuve déracine et entraîne. Tapissés d'un gazon fleuri de plantes aquatiques, ils rappellent les jardins flottants des lacs du Mexique.

Après ce coup d'œil rapide sur le cours de l'Orénoque et ses rapports généraux, je passe à la description des cataractes de Maypurès et d'Aturès.

Depuis le massif des montagnes de Cunavami, entre les sources du Sipapo et du Ventuari, une chaîne de granit s'avance au loin à l'ouest, vers les monts Uniama. Du col de cette chaîne descendent quatre rivières qui circonscrivent en quelque sorte la cataracte de Maypurès : le Sipapo et le Sanariapo sur le bord oriental de l'Orénoque, le Cameji et le Toparo, sur le bord occidental. Là où est situé le village de missionnaires de Maypurès, les montagnes forment une large gorge, ouverte au sud-ouest.

Maintenant le fleuve roule ses flots écumants au bas du revers oriental. A l'ouest, on distingue de loin les anciennes rives qu'il a abandonnées. Une vaste prairie s'étend entre deux rangées de collines. Les jésuites y ont bâti une petite église en tiges de palmiers. Cette plaine n'est guère que de trente pieds au-dessus du niveau supérieur du fleuve.

L'aspect géologique de cette contrée, la forme insulaire des rochers Kéri et Oco, les cavernes que les eaux ont creusées dans la première de ces collines et qui sont exactement de niveau avec les excavations qu'on voit vis-à-vis, dans l'île d'Uivitari ; tous ces phénomènes prouvent que cette baie, aujourd'hui à sec, était jadis entièrement remplie par les eaux de l'Orénoque. Ces eaux formaient probablement un grand lac, tant que la digue du nord leur opposait de la résistance. Après la rupture de cette digue, la prairie, qu'habitent aujourd'hui les Indiens-Guarèques, apparut d'abord comme une île. Peut-être le fleuve entourait-il encore longtemps les rochers Kéri et Oco, qui, comme des châteaux forts, surgissent de son ancien lit, et offrent un aspect pittoresque. Insensiblement les eaux se retirèrent jusqu'à la rangée orientale de collines.

Cette supposition est confirmée par plusieurs faits. Comme le Nil près de Philes et de Syène, l'Orénoque a ici la propriété remarquable de noircir les roches de granit blanc rougeâtre qu'il baigne depuis des siècles. Jusqu'au niveau des eaux, on remarque sur les bords rocailleux un enduit plombé, manganésifère, et peut-être aussi carbonifère, qui pénètre à peine d'un dixième de ligne dans l'intérieur de la roche. Cet enduit noirâtre, et les excavations que nous venons de mentionner, indiquent l'ancienne nappe de l'Orénoque.

Dans le rocher Kéri, dans les îles des cataractes, dans la chaîne de collines gneisseuses du Cumadaminari, qui s'étend au-dessus de l'île de Tomo, enfin à l'embouchure du Jao, on voit de ces excavations noirâtres à cent cinquante ou cent quatre-vingts pieds au-dessus du niveau actuel des eaux. Leur existence montre (ce que d'ailleurs nous offrent les lits de toutes les rivières d'Europe) que ces fleuves, dont la grandeur excite notre admiration, ne sont que de faibles vestiges des énormes masses d'eau qui couvraient jadis le sol.

Ces observations si simples n'ont pas échappé aux naturels incultes de la Guyane. Partout les Indiens nous faisaient remarquer les traces de l'ancien séjour des eaux. Dans une prairie près d'Uruana, gît un bloc de granit isolé qui, au rapport d'hommes dignes de foi, présente, à une hauteur de quatre-vingts pieds, des figures de soleil, de lune, et de divers animaux, particulièrement de crocodiles et de boas, sculptées pour ainsi dire symétriquement. Personne ne pourrait maintenant, sans l'aide d'un échafaudage, atteindre au haut de cette paroi verticale, qui mérite l'examen le plus attentif de la part des voyageurs futurs. C'est dans une position tout aussi merveilleuse que se trouvent les sculptures hiéroglyphiques dans les montagnes d'Uruana et d'Encaramada.

Si l'on demande aux indigènes comment ces traits y ont pu être gravés, ils répondent que cela s'est fait du temps des grandes eaux, leurs pères naviguant alors à cette hauteur. Ces eaux, d'un niveau si élevé, étaient donc contemporaines de ces monuments grossiers de l'art de l'homme. Elles témoignent d'une répartition autrefois très-différente des éléments liquide et solide, et indiquent un état ancien de la surface du globe, qu'il ne faut pas confondre avec l'enveloppe durcie où demeurent ensevelies la première parure végétale de notre planète, avec les espèces éteintes d'animaux gigantesques, terrestres et pélagiens, du monde chaotique primitif.

A l'issue la plus septentrionale des cataractes, l'attention se porte sur les images du soleil et de la lune, tracées par la nature. Le rocher Kéri, que j'ai déjà plusieurs fois mentionné, doit son nom à une tache blanche qui brille de loin, et dans laquelle les Indiens croient voir une ressemblance frappante avec le disque de la pleine lune. Je n'ai pu moi-même gravir sur ce roc escarpé; mais la tache blanche est probablement un puissant noyau de quartz que des veines convergentes forment dans du granit gris noirâtre.

En face du Kéri, sur la montagne jumelle basaltique de l'île d'Uivitari, les Indiens, pénétrés d'une mystérieuse admiration, montrent un disque semblable, le *Camosi* : ils le vénèrent comme l'image du soleil. Peut-être ces deux rochers doivent-ils leurs noms à leur orientation ; car je trouvai le Kéri tourné au couchant, et le Camosi au levant. Les étymologistes ont cru reconnaître dans le mot américain *Camosi* quelque analogie avec *Camosh*, nom du soleil dans un des dialectes phéniciens, et avec Apollon *Chomeus*, ou avec Beelphegor et Amoun.

Les cataractes de Maypurès ne sont pas de ces masses d'eau qui se précipitent tout d'un coup, comme le Niagara, d'une hauteur de cent quarante pieds; ce ne sont pas non plus de ces passes étroites, comme le Pongo de Manseriche dans la rivière des Amazones, que le courant traverse avec une vitesse accélérée. Les cataractes de Maypurès se présentent comme un ensemble d'innombrables petites cascades, qui se succèdent par gradins. Le *raudal*, nom que les Espagnols donnent à cette sorte de cataractes, est formé par un archipel d'îlots et de rocs qui rétrécissent le lit du fleuve, large de huit mille pieds, au point qu'il ne reste souvent que vingt pieds pour le libre passage des eaux. Le côté oriental est actuellement beaucoup moins accessible et plus dangereux que le côté occidental.

A l'embouchure du Cameji on décharge les marchandises, et l'on abandonne le canot vide, ou, comme on l'appelle dans le pays, la *piragua*, à des Indiens familiers avec le *raudal*, qui le conduisent jusqu'à l'embouchure du Toparo, où l'on s'estime hors de danger. Lorsque les barres ou gradins (dont chacun porte un nom particulier) n'ont pas plus de deux à trois pieds de haut, les indigènes se hasardent à les descendre en canot. Mais, dans la navigation en amont, ils nagent en avant, parviennent, après bien des efforts, à passer une corde autour des pointes rocheuses qui saillent du gouffre, et hissent ainsi leur embarcation. Pendant ce travail pénible celle-ci s'emplit souvent entièrement d'eau, ou elle chavire.

Quelquefois, et c'est le seul cas que redoutent les indigènes, le canot se brise contre l'écueil. Alors les pilotes, le corps ensanglanté, cherchent à se dégager du tourbillon et à atteindre la rive à la nage. Là où les gradins sont très-élevés et où les rocs barrent tout le fleuve, on tire la barque à terre, et on la roule, sur des branches d'arbre, le long du rivage, jusqu'à l'endroit convenable.

Les gradins les plus redoutés et les plus difficiles sont le Purimarimi et le Manimi ; leur hauteur est de neuf pieds. J'ai trouvé avec surprise, à l'aide du baromètre (un nivellement géodésique est inexécutable à cause de la difficulté des lieux, et de l'air empesté rempli de myriades de moustiques), que toute la chute du raudal, depuis l'embouchure du Cameji jusqu'à celle du Toparo, est à peine de vingt-huit à trente pieds. Je dis *avec surprise*, car l'épouvantable fracas de ces vagues écumantes n'est donc dû qu'au rétrécissement du fleuve par d'innombrables rocs et îlots, et au contre-courant, déterminé par la forme et la position des masses rocheuses. C'est ce dont on peut se convaincre le mieux, lorsque du village de Maypurès on descend aux bords du fleuve par-dessus le rocher Manimi.

C'est là qu'on jouit d'un spectacle merveilleux. Une nappe écumeuse d'un mille d'étendue s'offre tout à coup au regard. Des rocs d'un brun ferrugineux s'en élèvent comme des forteresses en ruines. Chaque îlot, chaque roche se pare d'arbres luxuriants. A travers un nuage d'écume vaporeux on voit poindre la haute cime des palmiers. Les rayons du soleil couchant, qui se réfractent dans ce brouillard humide, présentent la magie de l'optique : des arcs irisés, images éthérées, jouets vacillants de l'air, disparaissent et renaissent tour à tour.

Durant la longue saison des pluies, autour des rocs pelés, les eaux ruisselantes entassent des îlots de terre alluvionnaire. Ornés de mélastomes, de *drosera*, de petits *mimosa* aux feuilles argentées, et de fougères, ces îlots forment des parterres de fleurs sur des rochers déserts. Ils rappellent à l'Européen ces tapis de plantes que les habitants des Alpes nomment *courtils*, blocs de granit solitaires qui, couverts de fleurs, percent les glaciers de la Savoie.

Dans le bleu lointain, l'œil se repose sur le Cunavami, longue chaîne de montagnes, qui se termine brusquement en un cône tronqué. Ce dernier, que les Indiens nomment *Calitamini*, nous le vîmes teint de rouge, comme embrasé, au coucher du soleil ; spectacle qui se renouvelle chaque jour. Personne ne s'est jamais approché de ces montagnes. Peut-être l'éclat du Calitamini est-il l'effet miroitant du schiste talqueux ou micacé.

Pendant les cinq jours que nous passâmes dans

le voisinage de cataractes, nous observâmes avec surprise que le bruit du fleuve était trois fois plus fort la nuit que le jour. La même observation s'applique aux chutes d'eau en Europe. Quelle peut en être la cause dans une solitude où rien n'interrompt le silence de la nature? Peut-être faut-il la chercher dans les courants d'air chaud ascendants, qui, par un mélange hétérogène du milieu élastique, entravent la propagation du son, brisent diversement les ondes sonores, et cessent pendant le refroidissement nocturne de la croûte terrestre.

Les Indiens nous montrèrent des traces d'ornières. Ils parlent encore avec admiration des animaux cornus (bœufs) qui, du temps de la mission des jésuites, traînaient les canots sur des voitures le long de la rive gauche de l'Orénoque, depuis l'embouchure du Cameji jusqu'à celle du Toparo. Les embarcations restaient alors chargées, et n'étaient pas usées comme aujourd'hui par leur échouement et leur glissement continuels sur des rochers raboteux.

Le plan topographique que j'ai tracé des environs fait voir qu'on pourrait ouvrir un canal entre le Cameji et le Toparo. La vallée où coulent ces fortes rivières est presque sans pente. Le canal, dont j'ai proposé l'exécution au gouverneur général de Vénézuéla, serait comme un bras navigable du fleuve, et ferait supprimer la navigation dangereuse de l'ancien courant.

Le raudal d'Aturès ressemble tout à fait à celui de Maypurès. C'est, comme ce dernier, un groupe d'îlots innombrables, entre lesquels le fleuve se resserre dans une longueur de trois à quatre mille toises; c'est encore un massif de palmiers, qui surgit du sein des eaux écumantes. Les plus fameux gradins de la cataracte sont situés entre les îlots d'Avaguri et de Javariveni, entre Suripamana et Uirapuri.

En revenant des bords du rio Negro, M. Bonpland et moi nous nous hasardâmes à franchir, dans nos canots chargés, la moitié inférieure du raudal d'Aturès. Nous gravîmes, à plusieurs reprises, sur les rochers qui joignent, comme des digues, les îlots entre eux. Les eaux se précipitent par-dessus ces digues, ou s'y engrouffrent avec un bruit assourdissant. Le lit du fleuve reste alors à sec dans une étendue souvent considérable, les eaux se frayant un passage par des canaux souterrains. C'est là que niche le coq rupicole jaune d'or (*pipra rupicola*), l'un des plus beaux oiseaux des tropiques, à tête couronnée d'une double aigrette mobile, et belliqueux comme le coq domestique de l'Inde.

Dans le raudal de Canucari, des blocs arrondis de granit amoncelés forment la barre. Là, nous

nous glissâmes en rampant dans l'intérieur d'une caverne, dont les parois humides étaient tapissées de conferves et de *byssus* luisant. Avec un épouvantable fracas, le fleuve roulait sur nos têtes ses flots tumultueux. Le hasard nous fit jouir de cette grande scène de la nature plus longtemps que nous ne l'aurions désiré. Les Indiens nous avaient abandonnés au milieu de la cataracte. Le canot devait faire le tour d'une île étroite, pour nous reprendre après un long circuit, à son extrémité inférieure. Nous attendîmes une heure et demie, pendant une effroyable pluie d'orage. La nuit approchait ; nous cherchâmes en vain à nous abriter dans les fentes de granit. Les petits singes, que depuis des mois entiers nous portions avec nous dans des cages tressées, attirèrent, par leurs cris plaintifs, des crocodiles, dont la grosseur et la couleur livide annonçaient leur vieillesse. Je n'aurais pas parlé de cette apparition très-commune dans l'Orénoque, si les Indiens ne nous eussent pas assuré que jamais on n'avait aperçu de crocodile dans les cataractes. Confiants en leurs paroles, nous avions même plus d'une fois osé nous baigner dans cette partie du fleuve.

Cependant, à chaque moment nous vîmes augmenter nos inquiétudes avec la crainte de passer, tout mouillés et étourdis par le tonnerre de la cataracte, une longue nuit tropicale au milieu du raudal. Enfin, les Indiens arrivèrent avec notre canot. Le gradin par où ils voulaient descendre, ils l'avaient trouvé impraticable, à cause des eaux trop basses. Les pilotes avaient été contraints de chercher, dans un labyrinthe de courants, un passage plus accessible.

A l'entrée sud du raudal d'Aturès, sur la rive droite du fleuve, est la grotte d'Ataruipé, si fameuse chez les Indiens. Le paysage, par son caractère grave et majestueux, prête à la sépulture d'une nation. On gravit péniblement, et au risque de rouler dans un précipice, sur une crête de granit escarpée et entièrement nue. Il serait presque impossible de poser le pied sur sa surface glissante, si de grands cristaux de feldspath, bravant l'injure du temps, ne faisaient pas saillie hors de la roche.

A peine a-t-on atteint la cime, qu'on est surpris du coup d'œil étendu qui embrasse toute la contrée d'alentour. Des ondes écumantes du fleuve on voit surgir des collines parées d'arbres. Au delà de la rive occidentale, le regard se repose sur la prairie incommensurable du Méta. A l'horizon apparaît, comme un nuage menaçant, la montagne d'Uniama. Tel est le contour lointain. Au pied du spectateur, tout est désert et borné. Le vautour et les engoulevents croassants voltigent solitaires dans le profond sillon de la vallée. Leur ombre fugitive glisse sur le flanc nu du rocher.

Ce bassin est ceint de montagnes dont le sommet arrondi est couronné d'énormes blocs de granit; ces blocs ont quarante à cinquante pieds de diamètre. Ils ne semblent toucher leur support que par un seul point; on les dirait prêts à rouler en bas, à la moindre secousse du sol.

La partie reculée de cette vallée rocailleuse est couverte de bois touffus. A l'ombre de ces bois s'ouvre la caverne d'Ataruipé; c'est moins une caverne qu'un espace voûté par une saillie de roc, qu'un enfoncement creusé par les eaux à l'époque où elles atteignaient à cette hauteur. Là est le sépulcre d'un peuple anéanti (11). Nous comptâmes environ six cents squelettes bien conservés, dans autant de corbeilles tressées avec les pétioles des feuilles de palmiers. Ces corbeilles, que les Indiens nomment *mapires*, sont des espèces de sacs carrés, qui diffèrent de grandeur suivant l'âge du mort. Les enfants morts-nés même ont leurs mapires. Ces squelettes sont si complets, qu'il ne manque pas de côte, pas même de phalange au doigt.

Les os sont préparés de trois manières : ils sont ou blanchis, ou teints en rouge avec l'*onoto*, matière colorante du *bixa orellana*, ou, comme les momies, enduits d'une résine odorante et enveloppés de feuilles de bananier. Les Indiens assurent qu'on mettait pendant quelques mois le cadavre frais dans une terre humide, afin que la chair musculaire se consommât peu à peu ; qu'on le déterrait ensuite, et qu'on en raclait les débris de chair avec des pierres tranchantes ; coutume qui existerait encore chez plusieurs tribus de la Guyane. A côté des mapires ou corbeilles mortuaires, on trouve aussi des urnes en argile demi-cuite, qui paraissent contenir les ossements de familles entières.

Les plus grandes de ces urnes ont trois pieds de haut sur cinq pieds et demi de long ; elles sont d'une forme ovale, garnies d'anses en forme de crocodiles et de serpents ; leur bord supérieur est décoré de méandres et de labyrinthes. Ces ornements ressemblent exactement à ceux qui couvrent les parois du palais mexicain près de Mitla. On les retrouve sous toutes les zones, et chez les peuples les plus différents de civilisation, chez les Grecs et les Romains, comme sur les boucliers des Taïtiens et d'autres insulaires de la mer du Sud, partout enfin où une répétition rhythmique de formes régulières flatte l'œil. La raison de ces ressemblances, il faut la chercher dans le sentiment intime de notre être : elle est psychique plutôt qu'ethnologique et historique.

Nos interprètes ne purent nous donner aucun renseignement certain sur l'antiquité de ces vases. La plupart des squelettes ne paraissent pas avoir plus de cent ans. D'après une tradition qui circule chez les Indiens-Guarèques, les vaillants Aturiens, poursuivis par les Caraïbes anthropophages, se réfugièrent sur les rochers des cataractes, séjour lugubre, où la malheureuse peuplade périt avec son idiome (12). On trouve des caveaux pareils dans les parties les plus inaccessibles du raudal, et la dernière famille des Aturiens s'est probablement éteinte à une époque assez récente ; car dans Maypurès vit encore, chose singulière ! un vieux perroquet que les indigènes ne comprennent pas, parce qu'il parle, suivant eux, le langage des Aturiens.

A la nuit tombante nous quittâmes la grotte, après avoir, au grand scandale de nos guides indiens, recueilli plusieurs crânes et le squelette entier d'un vieillard. L'un de ces crânes a été dessiné par Blumenbach dans son excellent ouvrage crâniologique. Quant au squelette, il périt, avec une grande partie de nos collections d'histoire naturelle, particulièrement d'entomologie, sur la côte d'Afrique, dans un naufrage qui coûta la vie à notre ami et ancien compagnon de voyage, Juan Gonzalez, jeune moine franciscain.

Comme si nous eussions pressenti cette perte douloureuse, nous nous éloignâmes, tristes et rêveurs, du caveau d'une peuplade anéantie. Ce fut par une de ces nuits fraîches et sereines, si communes sous les tropiques. Le disque de la lune, entouré d'anneaux colorés, brillait au zénith. Elle éclairait les bords tranchés du brouillard qui, comme un nuage, voilait le fleuve écumant. Des myriades d'insectes répandaient une phosphorescence rougeâtre sur la terre couverte d'herbes. Le sol resplendissait d'un feu animé, comme si la voûte étoilée s'était abaissée sur la prairie. Des *bignonia* grimpants, des vanilles aromatiques et des *banisteria* aux fleurs jaunes décoraient l'entrée de la caverne. Au-dessus du sépulcre bruissaient les cimes des palmiers.

Ainsi s'évanouissent les générations humaines, et la renommée des nations. Mais si le génie se fane comme une fleur, si les œuvres de l'art périssent dans le naufrage du temps, une vie nouvelle éclôt éternellement du sein de la terre. Toujours active et féconde, la nature développe ses germes, sans s'inquiéter si l'orgueilleux mortel, de race à jamais endurcie, n'écrase pas sous ses pieds le fruit qui mûrit.

ÉCLAIRCISSEMENTS ET ADDITIONS.

(1) Page 229. *Sur le tranquille bras de mer.*

Entre 23° et 70° de latitude nord, l'océan Atlantique a la forme d'une profonde vallée longitudinale, dont les angles saillants et rentrants se correspondent exactement. J'ai d'abord développé cette idée dans mon *Essai d'un tableau géologique de l'Amérique méridionale*, réimprimé dans le *Journal de Physique*, t. LIII, p. 61, et dans Gilbert, *Annalen der Physik* (*Geognostiche Skizze von Südamerika*, t. XV, 1804, p. 394-449). Depuis les îles Canaries, particulièrement depuis 21° de latitude nord et 25° de longitude ouest, jusqu'à la côte nord-est de l'Amérique australe, la surface de la mer est si tranquille et ses lames si peu profondes, que l'on pourrait y naviguer avec sécurité dans un bateau.

(2) Page 229. *Sources d'eau douce entre les Antilles.*

Sur la côte australe de l'île de Cuba, au sud-ouest du port de Batabano, dans le golfe de Xagua, et à deux ou trois milles marins de la terre ferme, on voit, probablement par l'effet d'une pression hydrostatique, surgir, du fond de la mer, des sources d'eau douce qui viennent se mêler aux eaux salées. Leur émersion est si violente, que les canots n'approchent qu'avec précaution de ce fameux et dangereux passage, où les vagues s'entre-croisent en s'amoncelant. Les bâtiments, qui filent le long de la côte sans y aborder, visitent quelquefois ces sources, pour prendre, en quelque sorte au milieu de la mer, une provision d'eau douce. Plus on puise profondément, plus l'eau est douce. C'est là aussi qu'on tue quelquefois le *trichecus manati*, cétacé qui n'habite pas les eaux salées. Le singulier phénomène de ces sources, dont on n'avait pas encore jusqu'ici fait mention, a été très-soigneusement examiné par un de mes amis, don Francisco Lemaur, qui a mesuré trigonométriquement le Bahia de Xagua. Je me trouvais alors plus au sud, dans le groupe d'îles appelées Jardins du Roi (*Jardines del Rey*), pour y faire des observations astronomiques ; mais je n'étais pas à Xagua même.

(3) Page 230. *Indices de la digue granitique.*

Christophe Colomb, doué d'un esprit d'observation infatigable, émet, dans une de ses lettres au roi d'Espagne, une hypothèse géologique sur la configuration des grandes Antilles. Occupé à se rendre compte de la force du courant, souvent occidental, de l'équateur, il attribue à ce courant le morcellement du groupe des petites Antilles, ainsi que la forme si singulièrement allongée des côtes méridionales de Porto-Rico, de Haïti, de Cuba et de la Jamaïque, qui suivent presque exactement les parallèles de latitude. Dans son troisième voyage (depuis la fin de mai 1498 jusqu'à la fin de novembre 1500), pendant lequel il sentit, depuis la Boca del Drago jusqu'à l'île Marguerite, et plus tard depuis cette île jusqu'à Haïti, toute la puissance du courant équatorial, « le mouvement des eaux, en harmonie avec le mouvement céleste, *movimiento de los cielos*, » il dit expressément que l'île de Trinidad avait été rompue du continent par la force du courant. Il renvoie en même temps à la carte marine qu'il avait offerte à Ferdinand et Isabelle, à cette *pintura de la tierra* qu'il avait tracée lui-même, et dont il est souvent question dans le célèbre procès de Dion Diego Colon revendiquant les droits du premier amiral. « *Es la carta de marear y figura que hizo el Almirante señalando los rumbos y vientos por los quales vino á Paria, que dicen parte del Asia.* » (Navarette, *Viages y descubrimientos, que hiciéron por mar los Españoles*, t. I, p. 253 et 260; t. III, p. 539 et 587.)

(4) Page 231. *Le Paropanisus neigeux*.

Dans la description que Diodore fait du Paropanisus (Diod. Sic., lib. XVII, p. 553; Rhodom.), on croirait reconnaître un tableau de la chaîne des Andes du Pérou. L'armée traversa des lieux habités où il tombait de la neige tous les jours.

(5) Page 231. *Herrera dans ses Décades*.

Historia general de las Indias occidentales, dec. I, lib. III, cap. 2 (ed. 1601, p. 106); Juan Bautista Muñoz,

Historia del nuevo mundo, lib. VI, c. 31, p. 301; Humboldt, *Examen crit.*, t. III, p. 111.

(6) Page 234. *Les sources de l'Orénoque n'ont été visitées par aucun Européen.*

Voilà ce que je disais de ces sources, en 1807, dans la première édition des *Tableaux de la nature;* et je le répète, avec la même raison, quarante-un ans après. Les voyages des frères Robert et Richard Schomburgk, si importants pour toutes les parties des sciences naturelles, ont éclairci bien des faits intéressants ; mais le problème de la situation des sources de l'Orénoque n'a été résolu qu'approximativement par sir Robert Schomburgk. *Du côté de l'ouest*, j'avais pénétré avec M. Bonpland jusqu'à l'Esmeralda, ou jusqu'au confluent de l'Orénoque et du Guapo. Je m'étais procuré des renseignements certains sur le cours supérieur de l'Orénoque jusqu'au delà de l'embouchure du Gehette, au raudal de los Guaharibos. *Du côté de l'est*, Robert Schomburgk, parti de la montagne des Indiens-Majonkongs (il évalua, à l'aide de l'eau bouillante, la partie habitée de cette montagne à trois mille trois cents pieds de hauteur), atteignit l'Orénoque en passant par Padamo, que les Majonkongs et les Guinaus nomment simplement *Paramou* (*Reisen in Guiana*, 1841, p. 448). Dans mon Atlas, j'avais placé ce confluent du Padamo avec l'Orénoque à 3° 12′ de latitude et 68° 8′ de longitude; Robert Schomburgk a trouvé, par l'observation directe, 2° 53′ de latitude, et 68° 10′ de longitude. L'histoire naturelle n'était pas le but principal de l'entreprise de ce voyageur; il s'agissait de résoudre une question mise au concours par la *Société géographique royale de Londres* en novembre 1834, savoir, de relier le littoral de la Guyane anglaise au point le plus oriental, auquel je suis parvenu dans l'Orénoque supérieur. Enfin, après bien des efforts, cette question a été parfaitement résolue. Robert Schomburgk arriva, le 22 février 1839, avec ses instruments à l'Esmeralda. Ses déterminations de latitude et de longitude géographiques s'accordent avec les miennes mieux que je ne l'avais espéré (pages XVIII et 471). Mais écoutons l'observateur lui-même : « Les paroles me manquent pour exprimer les sensations qui me dominaient lorsque je sautais au rivage. Mon but était atteint, et mes observations, commencées sur la côte de la Guyane, furent maintenant collationnées avec celles que Humboldt avait faites à Esmeralda; et j'avoue franchement que dans un moment où presque toutes les forces physiques m'abandonnaient, où j'étais environné de dangers et de difficultés extrêmes, je ne fus encouragé que par ses indications à poursuivre le but que j'ai maintenant atteint. Les figures amaigries de mes Indiens et fidèles guides annonçaient, plus clairement que toutes les paroles, quels obstacles nous avions eu à surmonter. » — Après ces paroles si bienveillantes pour moi, qu'il me soit permis d'insérer ici le jugement que j'ai émis sur cette expédition entreprise sous les auspices de la Société géographique de Londres, dans la préface de l'édition allemande du voyage de Robert Schomburgk. « Aussitôt après mon retour du Mexique, je fis des propositions sur la direction et les routes que l'on pourrait s'ouvrir dans la partie inconnue de l'Amérique méridionale, entre les sources de l'Orénoque, la chaîne de Pacaraima et le littoral d'Essequibo. Les vœux que j'exprimais si vivement dans ma Relation historique sont enfin pour la plupart accomplis après un demi-siècle. La joie m'est accordée de voir encore de mon vivant le domaine de la géographie élargi dans un point si important; je me réjouis aussi qu'une entreprise si hardie, si bien conduite et exigeant une persévérance à toute épreuve, ait été exécutée par un jeune homme auquel je me sens attaché par la similitude des efforts ainsi que par les liens d'une commune patrie. Ces circonstances ont seules pu me faire surmonter l'aversion que j'éprouve, à tort peut-être, de ces longues préfaces de seconde main. C'était pour moi un besoin de proclamer mon estime sincère pour un voyageur de talent qui, conduit par le dessein de pénétrer de l'est à l'ouest, depuis la vallée de l'Essequibo, jusqu'à l'Esmeralda, est parvenu à son but après cinq années de peines et de souffrances, que je sais apprécier en partie par ma propre expérience. Le courage pour exécuter sur-le-champ une entreprise hardie, est moins rare et suppose moins de force morale que la persévérance et la patience à supporter les souffrances physiques dans un intérêt purement scientifique, sans se soucier si, en retournant avec des forces affaiblies, on ne rencontre pas les mêmes privations. La sérénité de l'âme, presque de première nécessité pour s'aventurer dans des régions inhospitalières ; un amour passionné pour quelque branche de travaux scientifiques (histoire naturelle, astronomie, hypsométrie, magnétisme), un sentiment susceptible des jouissances de la nature, tels sont les éléments qui, s'ils se trouvent réunis chez un même individu, assurent le succès d'un grand et important voyage. »

Je commence par mes propres conjectures sur la situation des sources de l'Orénoque. La route dangereuse que suivirent, en 1739, le chirurgien Nicolas Hortsmann, de Hildesheim ; en 1775, un Espagnol, don Antonio Santos et son ami Nicolas Rodriguez ; puis, en 1793, don Francisco Jose Rodriguez Barata, lieutenant-colonel du premier régiment de ligne de Para ; enfin (d'après les cartes manuscrites que je dois au chevalier de Brito, ancien ambassadeur du Portugal à Paris), plusieurs colons anglais et hollandais qui, en 1811, arrivèrent à Para par le portage du Rupunari et le rio Branco de Surinam ; cette route, dis-je, divise la *terra incognita* de Parimé en deux moitiés inégales, en même temps qu'elle trace les limites des sources de l'Orénoque, point de la plus haute importance pour la géographie de ces contrées : il n'est plus possible de les reculer à perte de vue vers l'est, sans couper le lit du rio Branco, qui coule du nord au sud par le bassin de l'Orénoque supérieur, tandis que ce dernier se dirige lui-même généralement de l'est à l'ouest. Dès le commencement du dix-neuvième siècle, les Brésiliens ont, par des raisons politiques, manifesté un vif intérêt pour la connaissance des vastes plaines situées à l'est du rio Branco. Voyez le mémoire que j'ai rédigé en 1817, d'après le désir de la cour de Portugal, *Sur la fixation des limites des Guyanes française et portugaise* (Schoell, *Archives historiques et politiques*, ou *Recueil de pièces officielles, mémoires*, etc.; t. I, 1818; p. 48-58). A cause de la situation de Santa-Rosa sur l'Uraricapara, dont le cours paraît avoir été assez exactement déterminé par les ingénieurs portugais, les sources de l'Orénoque ne peuvent point se trouver à l'est de 65° 1/2 de longitude. C'est là la limite orientale, qu'elles ne doivent point dépasser; et, m'appuyant sur l'état du fleuve près du raudal de Guaharibos (au-dessus de Caño Chiguire, dans le pays des Indiens-Guaycas, à peau extrêmement blanche, de 52′ à l'est du grand Cerro Duida), je pense que l'Orénoque, dans son cours supérieur, atteint tout au plus 66° 1/3 de longitude. D'après nos calculs, ce point est de 4° 12′ plus à l'ouest que le petit lac Amoucou, jusqu'où M. Schomburgk a pénétré.

Voici maintenant les conjectures de ce dernier voyageur. A l'est de l'Esmeralda, le cours de l'Orénoque supérieur se dirige du sud-est au nord-ouest, mes estimations des embouchures du Padamo et du Gehette paraissant être pour la première de 19′, et pour la seconde de 36′ de latitude trop petites. Robert Schomburgk suppose que les sources de l'Orénoque sont à 2° 30′ de latitude (p. 460), et la belle carte *Map of Guiana to illustrate the route of R. H. Schomburgk*, qui accompagne le magnifique ouvrage anglais *Views in the interior of Guiana,* place les sources à 67° 18', c'est-à-dire de 1° 6' à l'ouest de l'Esmeralda, et seulement de 0° 48' de longitude de Paris plus à l'ouest que je n'avais cru devoir les rapprocher du littoral atlantique. D'après des déterminations astronomiques, Robert Schomburgk trouva le massif des montagnes de Maravaca à 3° 41' de latitude et 68° 10' de longitude. L'Orénoque, à l'embouchure du Padamo ou Paramou, avait à peine trois cents *yards* de largeur; et à l'ouest de ce point, là où il s'élargissait, jusqu'à quatre ou six cents *yards*; il était si peu profond et si rempli de bancs de sable, qu'il fallait creuser des canaux, car le fleuve avait à peine quinze pouces de profondeur. Les dauphins d'eau douce s'y montraient encore en grand nombre, phénomène qui aurait paru extraordinaire aux zoologistes du dix-huitième siècle, pour l'Orénoque et pour le Gange.

(7) Page 234. *La production la plus vigoureuse du monde tropical.*

Le *bertholletia excelsa* (juvia), de la famille des myrtacées, tribu des lécythidées, établie par Richard Schomburgk, a d'abord été décrit par nous dans les *Plantes equinoxiales*, t. I, 1808, p. 122, tab. 36. Ce magnifique arbre gigantesque offre dans le développement de son péricarpe ligneux, arrondi, comme dans la noix du cocotier, et qui entoure l'endocarpe à trois côtes, également ligneux, l'exemple le plus remarquable d'une organisation graduelle. Le *bertholletia excelsa* croît dans les forêts de l'Orénoque supérieur, entre le Padamo et l'Ocamou, près de la montagne de Mapaya, ainsi qu'entre les fleuves d'Amaguaca et Gehette. (*Relation historique*, t. II, p. 474, 496, 558-562.)

(8) Page 235. *Graminées dont les entrenœuds ont plus de dix-sept pieds de longueur.*

Robert Schomburgk, pendant qu'il visitait le petit pays de montagnes des Majonkongs pour se rendre à l'Esmeralda, fut heureusement mis à même de déterminer l'espèce d'*arundinaria* qui sert à la fabrication de ces tubes. « Cette plante, dit-il, croît en gros faisceaux comme les *bambusa*; le premier entre-nœud, dans les vieux individus, est de quinze à seize pieds, et ce n'est qu'à cette hauteur qu'il pousse des feuilles. Au pied du grand massif des montagnes de Maravaca, les *arundinaria* s'élèvent jusqu'à trente ou quarante pieds, tandis que leur tige n'a guère qu'un demi-pouce de diamètre. Leur sommet est toujours incliné. Cette graminée appartient exclusivement aux montagnes de grès situées entre le Ventuari, le Paramou (Padamo) et le Mavaca. Son nom indien est *curata*. C'est à cause des excellents tubes qu'on en retire, que les Majonkongs et Guinaus de ces contrées ont reçu le nom de *peuples de Curata*. » (*Reisen in Guiana und am Orinoko*, p. 451.)

(9) Page 235. *Origine fabuleuse de l'Orénoque dans un lac.*

Les lacs de ces contrées, en partie imaginaires, en partie grossis par des géographes théoriques, peuvent se diviser en deux groupes. Le premier comprend tous ceux qui sont situés entre l'Esmeralda, la mission la plus orientale sur l'Orénoque supérieur, et le rio Branco ; le second, les lacs qu'on place dans le district intermédiaire entre le rio Branco et les Guyanes française, hollandaise et anglaise. Cet aperçu, que les voyageurs ne doivent jamais perdre de vue, montre que la question de savoir si, à l'est du rio Branco, il y a un autre lac que le lac Amoucou, vu par Hortsmann, Santos, le colonel Barata et M. Schomburgk, n'a absolument rien de commun avec le problème des sources de l'Orénoque. Comme le nom de mon illustre ami don Felipe Bauza, ancien directeur du bureau hydrographique de Madrid, est d'une grande autorité en géographie, je me vois obligé, par l'impartialité qui doit présider à toute discussion scientifique, de rappeler que ce savant inclinait à admettre l'existence de quelques lacs à l'ouest du rio Branco, assez près des sources de l'Orénoque. Peu de temps avant sa mort, il m'écrivit de Londres : « Je désirais vous voir ici, pour que nous pussions causer sur la géographie de l'Orénoque supérieur, qui vous a tant occupé. J'ai été assez heureux pour arracher à une destruction complète les documents appartenant au général de marine don Jose Solano, père de Solano qui a péri si tristement à Cadix. Ces documents sont relatifs à la délimitation des territoires entre les Espagnols et les Portugais, dont Solano avait été chargé depuis 1754, en compagnie avec le chef d'escadre Yturriaga et don Vicente Doz. Sur tous ces plans et tracés je vois une lagune Parimé, indiquée tantôt comme source de l'Orénoque, tantôt complétement séparée de ces sources. Mais doit-on admettre que plus loin, vers l'est, et au nord-est d'Esmeralda, il existe encore quelque lac ? »

Le célèbre Lœffling, élève de Linné, attaché comme botaniste à cette expédition, atteignit Cumana. Après avoir visité les missions sur le Piritou et le Caroni, il mourut, le 22 février 1756, dans la mission de Santa-Eulalia de Murucuri, un peu au sud du confluent de l'Orénoque et du Caroni. Les documents dont parle Bauza sont ceux sur lesquels repose la grande carte de la Cruz-Olmedilla. C'est le modèle de toutes les cartes de l'Amérique australe qui ont paru jusqu'à la fin du siècle dernier en Angleterre, en France et en Allemagne. Ces documents ont aussi servi de base aux deux cartes tracées en 1756 par le père Caulin, historiographe de l'expédition de Solano, et par M. de Surville, archiviste du secrétariat d'État à Madrid, inhabile compilateur. La contradiction que renferment ces cartes montre l'incertitude des données provenant de cette expédition. Ce n'est pas tout : le père Caulin, l'historiographe de l'expédition, dévoile judicieusement les circonstances qui ont donné lieu à la fable du lac Parimé; et la carte de Surville, qui accompagne son ouvrage, ne rétablit pas seulement ce lac sous le nom de mer Blanche ou mer Dorado, mais elle indique encore un autre lac plus petit, d'où sortent, en partie par des issues latérales, l'Orénoque, le Siapa et l'Ocamo. J'ai pu, sur les lieux mêmes, me convaincre d'un fait très-connu dans les missions, savoir, que don José Solano n'a franchi que les cataractes d'Aturès et de Maypurès, mais qu'il n'a pas dépassé le confluent du Guaviare et de l'Orénoque, sous 4° 3' de latitude et 70° 31' de longitude, et que les instruments astronomiques de l'expédition limitographique ne furent portés ni jusqu'à l'isthme de Pimichin et au rio Negro, ni jusqu'au Cassiquiare, ni même, dans l'Orénoque supérieur, au delà de l'embouchure de l'Atabapo. Cette vaste région, qui avant mon voyage n'avait point été exactement explorée, n'était, depuis l'époque de Solano, parcourue encore que par quelques soldats envoyés pour faire des découvertes; et don Apolinario de la Fuente, dont j'ai reçu les journaux extraits des archives de la province de Quixos, recueillit les récits mensongers des Indiens, et en tira sans critique tout ce qui pouvait flatter la crédulité du gouverneur Centurion. Aucun membre de l'expédition n'a vu un lac, et don Apolinario ne put pénétrer plus loin que jusqu'au Cerro Yumariquin et Gehette.

Après avoir établi, dans toute l'étendue du pays où l'on désire diriger l'attention des voyageurs zélés, pour ligne de démarcation le bassin du rio Branco, il reste encore à faire observer que depuis un siècle nos connaissances géographiques concernant la contrée à l'ouest de ce bassin, entre 64° et 68° de longitude, n'ont point avancé d'un pas. Les tentatives que le gouvernement de la Guyane espagnole a faites, depuis l'expédition d'Iturria et de Solano, pour atteindre et franchir les montagnes de Pacaraïma, ne furent couronnées que d'un succès très-insignifiant. Pendant que les Espagnols se rendaient aux missions des capucins catalans de Barceloneta, au confluent du Paroni avec le rio Caragua, en remontant cette dernière rivière au sud jusqu'à sa jonction avec le Paraguamusi, ils fondèrent dans cet endroit la mission Guirion, qui avait d'abord reçu le nom superbe de *Ciudad de Guirion*. Je la place environ à 4° ¹/₂ de latitude nord. C'est de là que le gouverneur Centurion, excité à la recherche de l'Eldorado par les récits exagérés de deux chefs indiens, Paranacare et Arimuicaipi, de la puissante nation des Ipurucotos, poussa encore plus loin ce qu'on appelait alors des conquêtes spirituelles, et fonda, au delà des montagnes de Pacaraïma, les deux villages de Santa-Rosa et San-Bautista de Caudacacla, le premier sur la rive orientale supérieure de l'Uraricapara, affluent de l'Uraricuera, que dans le rapport de Rodriguez je vois nommé rio Curaricara, et le second à sept milles plus à l'est-sud-est. Le géographe astronome de la commission portugaise de délimitation, le capitaine de frégate don Antonio Pires de Sylva Pontes Leme, et le capitaine de génie don Ricardo Franco d'Almeida de Serra, qui de 1787 à 1804 ont tracé avec un soin extrême tout le cours du rio Branco et de ses embranchements supérieurs, appellent la partie la plus occidentale de l'Uraricapara la *vallée de l'Inondation*. Ils placent la mission espagnole de Santa-Rosa à 3° 46' de latitude nord, et indiquent la route qui conduit au nord par-dessus la chaîne de montagne sur le Caño Anocapra, affluent du Paraguamusi, par lequel on arrive du bassin du rio Branco dans celui du Caroni. Les cartes de ces officiers portugais, qui contiennent tous les détails du tracé trigonométrique des courbures du rio Branco, de l'Uraricuera, du Tacoutou et du Mahou, ont été communiquées au colonel Lapie et à moi par le comte de Linhares. Ces précieux documents inédits, dont je me suis servi, se trouvent encore dans les mains du savant géographe qui depuis longtemps a commencé à les faire graver à ses frais. Les Portugais nomment rio Parimé tantôt tout le rio Branco, tantôt ils ne réservent cette dénomination qu'au seul affluent Uraricuera, un peu au-dessous du Caño Mayari et au-dessus de l'ancienne mission de San-Antonio. Comme les mots *Paragua* et *Parimé* signifient en même temps *eau, grande eau, lac, mer,* on ne doit pas s'étonner de les voir souvent répétés chez les Omaguas, sur le Marañon supérieur, chez les Guaranis occidentaux et chez les Caraïbes, conséquemment chez les peuples les plus éloignés les uns des autres. Sous toutes les zones, comme je l'ai déjà fait observer plus haut, les grands cours d'eau portent chez les riverains le nom de *fleuve,* sans autre désignation. *Paragua,* branche du Caroni, est aussi le nom que les indigènes donnent à l'Orénoque supérieur. Quant au nom d'*Orinoucou,* il est tamanaquois; et Diego de Ordaz l'entendit prononcer le premier, pendant sa navigation à l'embouchure du Méta. Outre la vallée de l'Inondation ci-dessus nommée, on trouve encore d'autres grands lacs entre le rio Xoumourou et le Parimé. L'un de ces réservoirs d'eau ou baies est un affluent du Tacoutou, et les autres de l'Uraricuera. Au pied même de la montagne de Pacaraïma, les rivières sont sujettes à des débordements périodiques; et le lac Amoucou, dont il sera question plus loin, offre précisément ce caractère par sa situation à l'entrée des plaines. Les missions espagnoles de Santa-Rosa et San-Bautista de Caudacacla ou Cayacaya, fondées dans les années 1770 et 1773 par le gouverneur don Manuel Centurion, furent détruites déjà avant la fin du siècle passé; et depuis cette époque on n'a point fait de nouvelle tentative pour s'avancer depuis le bassin du Caroni jusqu'au versant méridional de la montagne de Pacaraïma.

Le territoire situé à l'est de la vallée du rio Branco a, dans ces dernières années, donné lieu à des investigations heureuses. M. Hillhouse a navigué sur le Massarouni jusqu'à la baie de Caranang, d'où un sentier, dit-il, conduit le voyageur, en deux jours, jusqu'à la source du Massarouni, et, en trois jours, jusqu'aux affluents du rio Branco. Relativement aux sinuosités de la grande rivière de Massarouni décrites par M. Hillhouse, ce dernier marque, dans une lettre à moi adressée (Demerary, le 1er janvier 1831), que « le Massarouni, à partir de ses sources, coule d'abord à l'ouest, puis au nord, dans l'espace d'un degré de latitude; ensuite à l'est pendant près de deux cents milles anglais, enfin au nord et nord-nord-est, pour se joindre à l'Essequibo. » Comme M. Hillhouse n'a pu atteindre le versant méridional de la chaîne de Pacaraïma, il ne connaît pas non plus le lac Amoucou; il dit même, dans son rapport imprimé, que, d'après les renseignements recueillis des Accaouais qui parcourent sans cesse le pays situé entre le rivage et le fleuve des Amazones, il a acquis la conviction qu'il n'y a point du tout de lac dans ces contrées. » Ces paroles me surprirent en quelque sorte : elles étaient en contradiction directe avec les idées que je m'étais faites du lac Amoucou; car, suivant les rapports de Hortsmann, de Santos et Rodriguez, qui m'avaient inspiré d'autant plus de confiance qu'ils s'accordaient entièrement avec les nouvelles cartes portugaises manuscrites, le Caño Piramo devait sortir de ce lac. Enfin, après cinq ans d'attente, le voyage de M. Schomburgk a dissipé tous les doutes.

« On a peine à croire, dit M. Hillhouse dans son intéressant mémoire sur le Massarouni, que la tradition d'un grand lac intérieur soit tout à fait dénuée de fondement. Voici ce qui peut, d'après mon opinion, avoir conduit à admettre l'existence du lac fabuleux de Parimé. A une assez grande distance du précipice de Teboco, les eaux du Massarouni présentent au regard l'image d'un lac, d'une nappe d'eau tranquille. A une époque plus ou moins reculée, lorsque les couches granitiques horizontales de Teboco étaient toutes compactes et sans fissure, les eaux devaient se maintenir à au moins cinquante pieds au-dessus de leur niveau actuel, et il se sera formé alors un immense lac de dix à douze milles anglais de large sur quinze cents à deux mille milles anglais de long. » (*Nouvelles Annales des Voyages*, 1836, sept., p. 316). Ce n'est pas seulement l'étendue de l'inondation supposée qui m'empêche d'ajouter foi à cette explication. J'ai vu des plaines (llanos) où, dans la saison des pluies, les affluents de l'Orénoque inondent annuellement une surface de quatre cents milles carrés géographiques. Le réseau labyrinthique des ramifications entre l'Apure, l'Arauca, le Capanaparo et le Sinaruco (Voy. les cartes 17 et 18 de mon *Atlas géographique et physique*), disparait alors complétement : la configuration des lits de rivières s'efface, et tout ressemble à un immense lac. Quoi qu'il en soit, la localité où l'on place l'Eldorado et le lac Parimé, de fabuleuse mémoire, appartient historiquement à une tout autre contrée de la Guyane, au sud de la montagne de Pacaraïma. Ce sont (comme je crois l'avoir montré depuis trente ans) les rochers micacés de l'Oucoucouamo, le nom du rio Parimé (rio Branco), les débordements de ses affluents, et surtout l'existence du lac Amoucou, voisin du rio Roupounouwini (Rupunuri), et communiquant par le Pirara avec le rio Parimé, qui ont donné lieu à la fable de la mer Blanche et du Dorado (el-Dorado) de Parimé.

J'ai vu avec plaisir que le voyage de M. Schomburgk confirme parfaitement ces premières données. La partie de sa carte, qui trace le cours de l'Essequibo et du Roupounouri, est tout à fait neuve, et d'une haute importance pour la géographie. Elle représente la chaîne de Pacaraïma du 3° 52' au 4° de latitude; j'en avais indiqué la direction moyenne de 4° à 4° 10'. Cette chaîne atteint le confluent de l'Essequibo et du Roupounouri sous 3° 57' de latitude nord et 60° 23' de longitude ouest (toujours d'après le méridien de

Paris); j'avais placé ce confluent à un demi-degré trop au nord. M. Schomburgk appelle la dernière rivière Roupounouni, d'après la prononciation des Macousis; il donne comme synonyme Roupounouri, Roupounouwini et Opounouny; car les tribus caraïbes de ces régions ne prononcent que difficilement l'*r*. La position du lac Amoucou et ses rapports avec le Maou et le Tacoutou (Tacoto) s'accordent tout à fait avec ma carte de la Colombie, publiée en 1825. Le même accord existe pour le degré de latitude du lac Amoucou : ce voyageur trouve 3° 33'; j'avais cru devoir m'arrêter à 3° 35'; mais le Caño Pirara (Pirarara), qui joint l'Amoucou au rio Branco, sort du lac au nord, et non pas à l'ouest. Le Sibarana de ma carte, dont Hortsmann indique la source près d'une mine de beaux cristaux de roche, un peu au nord du Cerro Oucouconamo, est le Siparouni de la carte de Schomburgk. Le Waa-Ekourou de celui-ci est le Tavaricourou de Pontes Leme, géographe portugais; c'est l'affluent du Roupounouri, le plus rapproché du lac Amoucou.

Les observations suivantes, extraites du rapport de Robert Schomburgk, répandent quelque lumière sur le sujet en question : « Le lac Amoucou, dit ce voyageur, est sans contredit le noyau du lac Parimé et de la prétendue mer Blanche. Aux mois de décembre et janvier, quand nous le visitâmes, il avait à peine un mille anglais de longueur, et était à moitié couvert de scirpes (cette dernière expression se trouve déjà sur la carte de d'Anville, en 1748). Le Pirara sort du lac à l'ouest-nord-ouest de Pirara, village-indien, et se jette dans le Maou ou Mahu. Cette dernière rivière a ses sources, d'après les renseignements que j'ai recueillis, au nord du seuil de la montagne de Pacaraïma, qui, dans sa partie orientale, ne s'élève qu'à quinze cents pieds. Les sources sont situées sur un plateau, et de là la rivière forme une belle cascade, nommée Corona. Nous étions sur le point de la visiter, lorsque, le troisième jour de notre excursion dans les montagnes, l'indisposition d'un de nos compagnons m'obligea de retourner à la station du lac Amoucou. Le Maou a les eaux noirâtres (couleur de café), et son courant est plus rapide que celui du Roupounouri. Dans les montagnes par lesquelles il se fraye un passage, il a environ soixante yards de largeur, et ses alentours sont extrêmement pittoresques. Cette vallée, ainsi que les rives du Bourobouro, qui se jette dans le Siparouni, sont habitées par les Macousis. Au mois d'avril, les savanes sont entièrement submergées, et offrent le phénomène particulier d'un mélange d'eaux appartenant à deux bassins différents. C'est probablement la vaste étendue de cette inondation temporaire qui a donné lieu à la fable du lac de Parimé. Pendant la saison des pluies, on remarque, dans l'intérieur du pays, une jonction des eaux de l'Essequibo avec le rio Branco et le Gran-Para. Quelques bouquets d'arbres s'élèvent comme des oasis sur les collines sablonneuses des savanes, et apparaissent, à l'époque des inondations, comme des îlots dispersés dans un lac. Voilà sans doute les îles d'Ipomucena de don Antonio Santos. »

J'ai trouvé dans les manuscrits de d'Anville, dont les héritiers m'ont donné obligeamment communication, que le chirurgien Hortsmann, de Hildesheim, qui a décrit ces contrées avec un grand soin, avait vu un second lac alpestre, qu'il place à deux journées au-dessus du confluent du Maou avec le rio Parimé (Tacoutou?). Il le distingue positivement du lac Amoucou, qu'il indique comme « couvert de scirpes. » Les rapports de Hortsmann et de Santos, ainsi que les cartes manuscrites portugaises du bureau de marine à Rio de Janeiro, ne laissent point supposer une jonction permanente entre le Roupounouri et le lac Amoucou. Sur les cartes de d'Anville, le tracé des fleuves dans la première édition de *l'Amérique méridionale*, de 1748, est aussi, sous ce rapport, plus exact que dans l'édition, plus répandue, de 1760. Le voyage de Schomburgk confirme parfaitement cette indépendance des bassins du Roupounouri et de l'Essequibo ; mais il fait remarquer que « pendant la saison des pluies le rio Waa-Ekourou, un affluent du Roupounouri, est en communication avec le Caño Pirara. » Tel est l'état de ces bassins de rivières, qui sont encore peu développés, et presque complétement dénués de saillies de séparation.

Le Roupounouri et le village Anaï (3° 56′ de latitude, 60° 56′ de longitude) sont actuellement reconnus comme la limite politique des territoires britannique et brésilien dans ces solitudes. M. Schomburgk, gravement indisposé, se vit obligé de faire un assez long séjour à Anaï. Sa détermination chronométrique du lac Amoucou repose sur la moyenne de plusieurs distances lunaires qu'il avait (à l'est et à l'ouest) calculées pendant son séjour à Anaï. Les longitudes indiquées par ce voyageur sont en général, pour ces points du Parimé, près d'un degré plus à l'est que les longitudes de ma carte de la Colombie. Bien éloigné de révoquer en doute le résultat des distances lunaires d'Anaï, je dois seulement rappeler que le calcul de ces distances devient important, si l'on veut transporter le temps du lac Amoucou à l'Esmeralda, que j'avais trouvé à 68° 23′ 19″ de longitude.

Ainsi donc, grâce à des investigations plus récentes, la grande *mar de la Parima*, à laquelle, loin de l'effacer des cartes, on avait, après mon retour de l'Amérique, ajouté même quarante milles de longueur, se trouve réduite au lac Amoucou de deux à trois milles anglais de tour. Les illusions qu'on avait entretenues pendant près de deux siècles (la dernière expédition espagnole, entreprise en 1775, pour découvrir Eldorado, avait coûté la vie à plusieurs centaines d'hommes) ont fini par fournir quelques données à la géographie. En 1512, des milliers de soldats périrent dans l'expédition qu'avait entreprise Ponce de Léon pour découvrir la *fontaine de Jouvence* sur l'une des îles de Bahama, nommée Bimini, et qu'on trouve à peine indiquée sur nos cartes. Cette expédition amena la conquête de la Floride et la connaissance du grand fleuve pélagien, du *gulfstream*, qui débouche par le canal de Bahama. La soif des richesses et le désir de rajeunir, Eldorado et l'eau de Jouvence, voilà ce qui a excité à l'envi les passions des peuples.

(10) Page 238. *Le piriguao.*

Comp. Humboldt, Bonpland et Kunth, *Nova Genera plant. æquinoct.*, t. I, p. 315.

(11) Page 252. *Le sépulcre d'un peuple anéanti.*

Pendant que je visitais les forêts de l'Orénoque, on avait entrepris, par ordre du roi, des fouilles dans ces cavernes d'ossements. Le missionnaire des cataractes avait été faussement accusé d'avoir trouvé dans ces cavernes des trésors que les jésuites y auraient cachés avant leur fuite.

(12) Page 254. *Où la malheureuse peuplade périt avec son idiome.*

Le perroquet des Aturiens est devenu le sujet d'un poëme charmant, que je dois à mon ami le professeur Ernest Curtius, gouverneur du jeune prince Frédéric-Guillaume de Prusse, qui donne tant d'espoir. M. Curtius me pardonnera si j'insère ici, à la fin du tome Ier des *Tableaux de la nature*, le poëme qu'il m'avait communiqué dans une lettre, et qui n'était point destiné à la publicité.

Dans la solitude de l'Orénoque siége un vieux perroquet, froid et immobile, comme si son image était sculptée dans la pierre.

Les flots écumants du fleuve se pressent à travers les digues de rochers; au-dessus se balancent les tiges des palmiers, aux rayons purs d'un soleil ardent.

La vague monte et retombe : le soleil imprime à la poussière d'eau les couleurs de l'arc-en-ciel.

Là-bas, où les ondes se brisent, un peuple garde le repos éternel : refoulé de ses terres, il se réfugia sur ces rocs.

Et, les Aturiens moururent, libres et braves comme ils avaient vécu : le roseau verdoyant du rivage recèle les vestiges de leur tribu.

C'est là que le dernier de tous les Aturiens, le vieux perroquet, porte le deuil ; il aiguise son bec sur la roche, et fait retentir les airs de son cri.

Hélas ! les enfants qui lui apprirent le son de leur langue maternelle, et les femmes qui l'élevèrent et lui construisirent son nid,

Ils gisent là tous exterminés, étendus sur le rivage, et par ses gémissements plaintifs il n'en a réveillé aucun !

Solitaire, il les appelle dans un langage étranger au monde ; le bruit seul des vagues lui répond ; personne ne l'entend ;

Et le sauvage, qui l'aperçoit, passe rapidement sur son canot. Nul ne voit, sans une sainte terreur, le perroquet des Aturiens.

LA VIE NOCTURNE DES ANIMAUX

DANS LES FORÊTS PRIMITIVES.

LA VIE NOCTURNE DES ANIMAUX

DANS LES FORÊTS PRIMITIVES.

Le sentiment si diversement manifesté de la nature, et la condition des pays que les peuples habitent actuellement ou qu'ils ont jadis traversés dans leurs migrations, ont enrichi les langues de mots plus ou moins significatifs pour exprimer la configuration des montagnes, l'état de la végétation, l'aspect de l'atmosphère, le contour et le groupement des nuages; mais beaucoup de ces mots ont été détournés de leur sens primitif par un long usage et par l'arbitraire de la littérature. Peu à peu on regarde comme synonyme ce qui devrait rester distinct; et les langues ont perdu de ce charme et de cette vigueur qui pourraient rendre fidèlement la physionomie d'un paysage. Comme preuve de la richesse linguistique, résultat d'un contact intime de la nature avec les besoins de la vie pénible des nomades, je rappellerai le nombre énorme de termes caractéristiques par lesquels on désigne, en arabe et en persan (1), les *plaines*, les *steppes* et les *déserts*, suivant que ceux-ci sont tout à fait nus, ou couverts de sables, ou garnis de rochers épars, ou qu'ils entourent des pâturages isolés, ou offrent de vastes tapis de plantes sociales. Une chose presque tout aussi surprenante, ce sont les expressions nombreuses que possèdent les dialectes de la Vieille-Castille (2) pour rendre l'aspect des massifs de montagnes, et ces traits physionomiques qui se retrouvent sous toutes les zones, et qui révèlent déjà de loin la nature de leur roche. Des tribus d'origine espagnole habitent le penchant de la chaîne des Andes, la partie montagneuse des îles Canaries, des Antilles et des Philippines; et comme la configuration du sol y détermine, sur une plus grande échelle que nulle part ailleurs sur le globe (excepté peut-être l'Himalaya et le plateau du Tibet), le genre de vie des habitants, la dénomination de la forme des montagnes dans les régions trachytique, basaltique et porphyrique, comme dans les régions des schistes, du calcaire et du grès, s'est heureusement conservée dans l'usage journalier. Les noms de nouvelle origine passent ensuite dans le trésor commun de la langue. Tout ce qui est *naturellement vrai* donne de la vie au langage de l'homme, soit que celui-ci s'applique à peindre les sensations que procure le monde extérieur, soit qu'il expose les sentiments intimes de l'âme.

C'est là le but que l'on cherche sans cesse à atteindre dans la description de la nature, tant par la compréhension des phénomènes que par le choix des expressions convenables. On y arrive sans peine en racontant avec simplicité ce que l'on a vu et observé soi-même, et en restreignant le sujet auquel le récit se rattache. La généralisation des tableaux naturels, l'énumération des résultats généraux rentrent dans la *Doctrine du Cosmos*, qui sans doute n'est encore pour nous qu'une science d'induction; mais la peinture vive des êtres organisés (animaux et végétaux), dans un domaine limité, fragment d'un tout vivant proportionnellement à la surface multiforme du globe, offre les matériaux de cette doctrine. Elle élève l'âme là où les grands phénomènes de la nature sont susceptibles d'être traités d'une manière esthétique.

Au nombre de ces phénomènes se trouve surtout l'immense région boisée qui, dans la zone torride de l'Amérique australe, remplit les bassins réunis de l'Orénoque et du fleuve des Amazones. C'est cette région qui, dans le sens le plus rigoureux du mot, mérite le nom de *forêt vierge* ou *forêt primitive*, dont on a fait un emploi si abusif dans ces derniers temps. *Forêt primitive, temps primitif, peuple primitif*, tous ces noms impliquent des idées assez vagues, d'une valeur le plus souvent relative. Si chaque forêt sauvage et touffue à laquelle l'homme n'a point encore mis la cognée dévastatrice doit s'appeler *primitive*, il faut reconnaître qu'il existe beaucoup de ces forêts dans les zones froides et tempérées. Mais s'il s'agit d'un territoire impénétrable, où l'on ne peut pas même se frayer une route avec la hache, entre des arbres de huit à douze pieds de diamètre, la forêt primitive appartient exclusivement aux tropiques. Ce ne sont pas toujours, comme on se l'imagine en Europe, les lianes grimpantes, sarmenteuses, flexibles, qui causent cette impénétrabilité : les lianes ne forment souvent qu'une très-petite masse de buissons. Ce qui entrave principalement le passage, ce sont les plantes frutescentes qui occupent tous les intervalles : tout ce qui, dans cette zone, recouvre le sol, est ligneux. Si des voyageurs à peine débarqués sous les tropiques, et, ce qui plus est, dans des îles, s'imaginent, près du littoral, avoir pénétré dans des forêts vierges, c'est une illusion qui tient à ce que l'on croit volontiers à l'accomplissement de ce qu'on désire depuis longtemps. Toute forêt tropicale n'est pas une forêt vierge. Je ne me suis presque jamais servi de ce mot dans ma *Relation de Voyage;* et, parmi tous les naturalistes vivants qui ont séjourné le plus longtemps dans des forêts vierges de l'intérieur, je crois pouvoir me citer moi-même à côté de Bonpland, Martius, Pœppig, Robert et Richard Schomburgk.

Malgré la richesse surprenante de la langue espagnole pour peindre des sites naturels, on n'emploie qu'un seul mot, *monte*, synonyme de *cerro* (montaña) et de *selva*, pour désigner à la fois une montagne et une forêt. Dans mon travail sur la largeur réelle et la plus grande étendue de la chaîne des Andes à l'est, j'ai fait voir comment cette double signification de *monte* a été cause que sur la belle carte anglaise, si répandue, de l'Amérique méridionale, des plaines sont indiquées comme des rangées de hautes montagnes. Les bois de cacoyers ou *montes de cacao* (3), de la carte espagnole de la Cruz Olmedilla, qui a servi de modèle à beaucoup d'autres cartes, sont devenus des Cordillères, bien que le cacoyer ne se plaise que dans les plaines les plus chaudes.

En jetant un coup d'œil sur la région boisée qui occupe toute l'Amérique méridionale, depuis les savanes de Vénézuéla (*los llanos de Caracas*) jusqu'aux pampas de Buenos-Ayres, entre 8° de latitude nord et 19° de latitude sud, on reconnaît que ce *hylée* (ὑλαίον) de la zone tropicale surpasse, en étendue, toutes les autres contrées boisées du globe. Sa superficie est environ douze fois celle de l'Allemagne. Traversée en tous sens par des fleuves dont les affluents de premier et de second ordre surpassent quelquefois, par leur abondance d'eau, notre Danube et notre Rhin, cette contrée doit l'exubérance merveilleuse de sa végétation arborescente à l'influence combinée de l'humidité et de la chaleur. Dans la zone tempérée, particulièrement en Europe et dans l'Asie septentrionale, on peut dénommer les forêts d'après les espèces d'arbres, groupés comme plantes sociales, qui composent chacune d'elles. Dans les forêts septentrionales de chênes, de sapins et de bouleaux, dans les forêts orientales de tilleuls, il ne domine ordinairement qu'une seule espèce d'amentacées, de conifères ou de tiliacées; quelquefois une espèce de conifères s'associe à quelques amentacées. Cette uniformité de groupes est étrangère aux forêts tropicales. En raison de l'énorme multiplicité d'espèces de cette flore sylvaine, on ne saurait demander de quoi se composent les forêts primitives. Une quantité prodigieuse de familles végétales s'y trouve condensée; à peine y existe-t-il quelques places occupées par une seule et même espèce. Chaque jour, à chaque temps d'arrêt, le voyageur rencontre de nouveaux genres; il aperçoit souvent des fleurs qu'il ne peut atteindre, tandis que la forme d'une feuille et la ramification d'une tige attirent son attention.

Les rivières, avec leurs innombrables branches

latérales, sont les seules routes du pays. On a mesuré à diverses reprises par des observations astronomiques, ou, à défaut de celles-ci, à l'aide de la boussole, les sinuosités de l'Orénoque, du Cassiquiare et du rio Negro. Ces observations ont fait voir qu'il existe des villages isolés de missionnaires, à quelques milles seulement l'un de l'autre, dont les moines mettent un jour et demi pour se faire des visites réciproques en suivant, dans un tronc d'arbre taillé en canot, les courbures des petites rivières. Mais la preuve la plus frappante de l'impénétrabilité de certaines parties des forêts est fournie par un trait du genre de vie du jaguar, le grand tigre panthéroïde de l'Amérique. Depuis l'introduction des bestiaux d'Europe, des chevaux et des mulets, les animaux féroces trouvent une nourriture abondante dans les vastes prairies de Varinas, du Méta et de Buenos-Ayres, et s'y sont, grâce à des luttes inégales, considérablement multipliés depuis la découverte de l'Amérique; tandis que d'autres individus de la même espèce, retirés dans l'épaisseur des forêts, près des sources de l'Orénoque, mènent une vie misérable. La perte regrettable que nous avions faite d'un grand bouledogue, notre compagnon de voyage le plus fidèle et de la meilleure humeur, dans un bivouac près de la jonction du Cassiquiare avec l'Orénoque, nous engagea, ignorant s'il était devenu la proie d'un tigre, à quitter la mission d'Esmeralda, peuplée d'insectes, et à revenir passer une nuit dans le même endroit où nous avions longtemps vainement cherché notre chien. Nous entendîmes de nouveau, tout près de nous, le cri du jaguar, peut-être le même qui pouvait avoir commis le méfait. Comme le ciel nuageux s'opposait à l'observation des astres, nous nous fîmes, par l'intermédiaire de notre truchement (*lenguaraz*), répéter ce que les indigènes, nos rameurs, racontent des tigres de la contrée.

Parmi ces tigres on rencontre souvent le jaguar noir, de la race la plus grande et la plus sanguinaire, à taches noires, à peine visibles sur un pelage brun foncé. Cette race habite le pied des montagnes de Maraguaca et d'Unturan. « Les jaguars, disait un Indien de la tribu des Durimonds, s'enfoncent, entraînés par leur humeur vagabonde et leur rapacité, dans des massifs si impénétrables, qu'il leur est impossible de chasser sur le sol : étant réduits à vivre longtemps sur les arbres, ils deviennent la terreur des singes et des belettes. »

Ces données, que j'emprunte aux journaux allemands, n'ont pas été complétement reproduites dans ma *Relation de Voyage*, publiée en français. On y trouve une description détaillée de la vie nocturne des animaux ; je pourrais dire de leurs voix nocturnes, dans les forêts tropicales. Je regarde cette description comme rentrant de préférence dans le cadre des *Tableaux de la Nature*. Ce qui a été écrit en présence même de ces phénomènes, ou peu de temps après les sensations qu'ils ont procurées, doit du moins avoir plus de vivacité dans le coloris que l'écho d'un tardif souvenir.

Naviguant de l'ouest à l'est, nous entrâmes dans l'Orénoque par le rio Apure, dont j'ai mentionné les débordements dans l'article Déserts et Steppes. C'était l'époque des eaux basses. L'Apure avait à peine, en moyenne, douze cents pieds de large, pendant que je trouvais à l'Orénoque, près de sa jonction avec l'Apure (non loin du rocher granitique Curiquima, où j'ai pu mesurer une station), encore plus de onze mille quatre cent trente pieds de largeur. Le rocher Curiquima est pourtant à cent milles géographiques, en ligne directe, de la mer et du Delta de l'Orénoque. Une partie des plaines que traversent l'Apure et le Payara est habitée par les tribus des Yaruros et Achaguas. Dans les villages des missionnaires, on les appelle *sauvages*, parce qu'ils veulent vivre dans l'indépendance. Cependant ils ne sont pas moins civilisés que ceux qui, étant baptisés, vivent « sous la cloche » (*baxo la campana*), et restent étrangers à toute éducation.

En quittant l'île *Del Diamante*, où les Zambos, qui parlent espagnol, cultivent la canne à sucre, on entre dans une solitude immense. L'air était rempli de flamants (*phœnicopterus*) et d'autres oiseaux aquatiques qui, semblables à un nuage à contours changeants, se détachaient de la voûte azurée. Le lit du fleuve n'avait plus que neuf cents pieds de large, et formait, en ligne droite, un canal qui, des deux côtés, est bordé de bois touffus. La lisière de la forêt offre un aspect inaccoutumé. En avant du massif presque impénétrable, composé de troncs gigantesques de *cæsalpinia,* de *cedrela* et de *desmanthus,* on voit le rivage sablonneux garni d'une haie très-régulière de *sauso*. Cette haie n'a que quatre pieds de haut; elle est formée d'un petit arbrisseau, l'*hermesia castaneifolia,* genre nouveau (4), de la famille des euphorbiacées. Tout près de là se trouvent quelques palmiers épineux, à stipe élancé (peut-être des *martinezia* ou *bactris*), que les Espagnols nomment *piritu* et *corozo*. On dirait une haie de jardin taillée, qui présenterait des ouvertures, très-distantes les unes des autres, pareilles à des portes. Les grands quadrupèdes de la forêt ont sans doute eux-mêmes percé ces ouvertures, pour arriver plus commodément à la rivière. C'est de là qu'on voit sortir, à l'aube du jour et au coucher du soleil, le tigre d'Amérique, le tapir et le pécari (*pecari dicotyles*), conduisant leurs petits à l'abreuvoir. Quand ils sont inquiétés par l'apparition d'un canot d'Indiens, ils ne cherchent pas à rompre brusquement la haie de sauso : on a le plaisir de les voir se retirer lentement, pendant quatre à cinq cents pas, entre la haie et la rivière, et disparaître par l'ouverture la plus rapprochée. Durant notre navigation, presque non interrompue, de soixante-quatorze jours, dans une étendue de trois cent quatre-vingts milles géographiques sur l'Orénoque jusqu'aux sources de ce fleuve, sur le Cassiquiare et le rio Negro, nous vîmes, enfermés dans notre canot, ce spectacle se répéter sur beaucoup de points, et, je dois le dire, toujours avec un nouveau charme. Nous vîmes apparaître par troupes les animaux des classes les plus différentes, descendant le rivage pour se désaltérer, se baigner, ou pour pêcher : aux grands mammifères se mêlaient des hérons aux couleurs variées, des palamédées et les hokkos à la démarche fière (*crax alector, c. Pauxi*). « C'est ici comme dans le paradis, *es como en el paraiso*, » s'écriait béatement notre rameur, un vieil Indien qui avait été élevé dans la maison d'un ecclésiastique. Mais, hélas! la douce paix de l'âge d'or ne règne point dans ce paradis d'Amérique. Les animaux s'y observent et s'évitent. Le capybara ou *cochon d'eau*, répétition colossale du cabiais commun du Brésil (*cavia Aguti*), est dévoré dans la rivière par le crocodile, et sur la terre ferme, par le tigre. Il court si mal, que plusieurs fois nous sommes parvenus à atteindre et attraper quelques retardataires de la troupe nombreuse.

Au-dessous de la mission de Santa-Barbara de Arichuna, nous passâmes, comme d'ordinaire, la nuit en plein air, sur la rive plate et sablonneuse de l'Apure. Elle était bordée, à peu de distance, par une forêt impénétrable. Nous eûmes de la peine à nous procurer du bois sec pour allumer le feu dont on entoure, à la mode du pays, tout bivouac, afin d'en éloigner les jaguars. La nuit était d'une douce moiteur, et il faisait un beau clair de lune. Plusieurs crocodiles approchaient du rivage. Je crois avoir remarqué que la vue du feu les attire, comme nos écrevisses et quelques autres animaux aquatiques. Les rames de notre bateau étaient solidement fixées dans le sol, pour y attacher nos hamacs. Il régnait un profond silence ; on n'entendait qu'à de rares intervalles le ronflement des *dauphins d'eau douce* (5), propres au Delta de l'Orénoque, ainsi qu'au Gange (selon Colebrooke) jusque vers Bénarès : ces cétacés se succédaient par longues files.

Après onze heures il s'éleva, dans la forêt voisine, un tel vacarme, qu'il fallut renoncer à tout sommeil pour le reste de la nuit. Un hurlement sauvage retentissait dans la forêt. Parmi les voix nombreuses qui éclataient à la fois, les Indiens ne purent reconnaître que celles qui se faisaient entendre seules après un court temps d'arrêt. C'était le piaulement plaintif des alouates (singes hurleurs), le gémissement flûté des petits sapajous, le grognement babillard du singe nocturne rayé (6) (*nyctipithecus trivirgatus.*), que j'ai le premier décrit, les cris saccadés du grand tigre, du cuguar ou lion d'Amérique sans crinière, du pécari, de l'aï, et d'une légion de perroquets, de parraquas (ortalidées) et d'autres oiseaux, semblables aux faisans. Quand les tigres approchaient de la lisière de la forêt, notre chien, qui jusque-là aboyait sans interruption, venait en hurlant chercher un refuge sous nos hamacs. Quelquefois le cri du tigre partait du haut d'un arbre; et alors il était constamment accompagné des sons modulés, plaintifs des singes, qui cherchaient à se soustraire à quelque poursuite inattendue.

Lorsqu'on demande aux Indiens la cause de ces bruits continuels durant certaines nuits, ils répondent en souriant que « les animaux se réjouissent du beau clair de lune, qu'ils fêtent la pleine lune. » La scène tumultueuse me paraissait plutôt venir d'un combat d'animaux, né d'un accident, continué longtemps, et se développant en proportion. Le jaguar poursuit les pécaris et les tapirs, qui, dans leur fuite, brisent les buissons arborescents, épais, qui barrent leur passage. Ainsi alarmés, les singes mêlent, du haut des arbres, leurs cris à ceux des grands quadrupèdes; ils réveillent les troupes d'oiseaux perchés en société, et peu à peu l'alerte se communique à tous les animaux. Nous savons, par une longue expérience, que ce n'est point toujours « la fête du clair de lune » qui trouble le silence des forêts. Les voix étaient des plus retentissantes pendant de fortes averses, ou quand la foudre, au milieu du roulement du tonnerre, éclairait l'intérieur du bois. Le bon franciscain malade de la fièvre depuis bien des mois, le même qui nous avait accompagné, à travers les cataractes d'Aturès et de Maypurès, vers San-Carlos du rio Negro, jusqu'à la frontière du Brésil, avait coutume de dire, lorsqu'il redoutait un orage à l'entrée de la nuit : « Que le ciel nous procure une nuit tranquille à nous ainsi qu'aux bêtes féroces de la forêt ! ».

Avec ces scènes de la nature, qui se renouvelaient souvent pour nous, contraste singulièrement le silence qui, sous les tropiques, règne vers l'heure de midi pendant une journée extrêmement chaude. J'emprunte au même journal un souvenir qui se rattache à la passe étroite du Baraguan. Là l'Orénoque se fraye une route à travers les parties occidentales des montagnes de Parimé. Cette passe remarquable (*angostura del Baraguan*) est un bassin de huit cent quatre-vingt-dix toises (5340 pieds) de largeur. Le rocher aride qui s'y élève est à peine garni de quelques arbustes de croton, à l'éclat argenté, sans compter le vieux tronc desséché d'une *aubletia* (*apeiba tiburbu*) et une espèce nouvelle d'apocynées, l'*allamanda salicifolia*.

Le thermomètre, à l'ombre ou à quelques pouces de la masse granitique des rochers taillés à pic, marquait plus de 40° Réaumur. Au loin, tous les objets étaient doués d'un mouvement ondulatoire, effet du mirage. Pas un souffle n'agitait la poussière sablonneuse du sol. Le soleil était au zénith, et ses rayons, que réflétait scintillants la surface légèrement ridée du fleuve, faisaient mieux ressortir encore le rouge nébuleux qui bordait l'horizon. Les blocs de pierre et les rochers nus étaient tous couverts d'une multitude de gros iguanes à écailles épaisses, de lézards geckos, et de salamandres tachetées. Immobiles, la tête levée, la gueule béante, ils semblent aspirer avec délices l'air embrasé. Les grands mammifères se cachent dans les taillis; les oiseaux s'abritent sous le feuillage des arbres ou dans les fentes des rochers. Dans ce calme apparent de la nature, l'oreille, attentive aux moindres sons, perçoit un bruit sourd, un bourdonnement d'insectes, près du sol et dans les couches inférieures de l'atmosphère. Là tout annonce un monde de forces organiques en activité. Dans chaque buisson, dans l'écorce crevassée de l'arbre, dans la motte de terre habitée par des hyménoptères, partout enfin la vie se révèle hautement : on dirait une de ces mille voix par lesquelles la nature parle à l'âme pieuse et sensible qui sait la comprendre.

ÉCLAIRCISSEMENTS ET ADDITIONS.

(1) Page 284. *Termes significatifs en arabe et en persan.*

On pourrait citer plus de vingt mots par lesquels l'Arabe désigne la steppe (*tanufah*), le désert, soit tout nu, soit couvert de sable siliceux et entremêlé de pâturages (*sahara, kafr, mikafr, tih, mehme*). *Sahl* est une plaine basse; *dakkah*, une plaine élevée (plateau), déserte. En persan, *beyaban* est le désert de sable aride (comme en mongol *gobi*, et en chinois *han-hai* et *scha-mo*); *yaila* est une steppe couverte plutôt de graminées que de plantes herbacées (comme en mongol *kudah*, en turc *tala* ou *tschol*, en chinois *huang*). *Deschti-reft* est un plateau nu. (Humboldt, *Relation historique*, t. II, p. 158.)

(2) Page 284. *Dans les idiomes de la vieille Castille.*

Pico, picacho, mogote, cucurucho, espigon, loma tendida, mesa, panecillo, farallon, tablon, peña, peñon, peñasco, peñoleria, roca partida, laxa, cerro, sierra, serrania, cordillera, monte, montaña, montañuela, cadena de montes, los altos, malpais, reventazon, bufa, etc.

(3) Page 287. *Où la carte a indiqué montes de Cacao.*

Voy., sur la rangée de collines dont on a fait les hautes *Andes de Cuchao*, ma *Relat. hist.*, t. III, p. 238.

(4) Page 292. *Hermesia.*

Le genre *hermesia*, ou *sauso*, a été décrit et figuré par Bonpland dans nos *Plantes équinoxiales*, t. I, p. 162, tab. XLVI.

(5) Page 294. *Les dauphins d'eau douce.*

Il ne faut pas les confondre avec les dauphins marins, qui, comme quelques espèces de *pleuronectes* (poissons dont les deux yeux sont toujours placés d'un seul côté du corps), remontent les fleuves à de grandes distances; exemple, la limande (*pleuronectes limanda*), qu'on rencontre jusqu'à Orléans. Dans les grandes rivières des deux continents, on retrouve quelques-unes des productions de la mer, comme les dauphins et les raies (*raya*). Le dauphin d'eau douce de l'Apuré et de l'Orénoque diffère spécifiquement du *delphinus gangeticus*, ainsi que de tous les dauphins de mer. Comp. ma *Relation historique*, t. II, p. 223, 239, 406-413.

(6) Page 295. *Singe nocturne rayé.*

C'est le *duruculi* ou *cusi-cusi* du Cassiquiare, que j'ai décrit, sous le nom de *simia trivirgata*, dans mon *Recueil d'observations zoologiques et d'anatomie comparée*, t. I, p. 306-

311, tab. XXVIII, sur un dessin que j'ai fait moi-même d'après nature. Plus tard, nous avons eu ce singe nocturne vivant dans la ménagerie du Jardin des Plantes, à Paris (voy. t. II, p. 340). Spix a aussi trouvé ce singulier petit animal sur les bords du fleuve des Amazones; il l'appela *nyctipithecus vociferans.*

Postdam, juin 1849.

SUPPLÉMENT

D'OBSERVATIONS HYPSOMÉTRIQUES.

Je dois à M. Pentland, dont les travaux scientifiques ont jeté tant de lumière sur les rapports géologiques et la géographie de la Bolivie, les déterminations topographiques suivantes qu'il m'a communiquées, depuis la publication de sa grande carte, dans une lettre datée de Paris (octobre 1848) :

Nevado de Sorata
ou Ancohuma :

	Latitude sud.	Longitude de Greenwich.	Hauteur en pieds anglais.
Pic sud.	15° 51′ 33″	68° 33′ 55″	21 286
Pic nord.	15° 49′ 18″	68° 33′ 52″	21 043

Illimani :

Pic sud.	16° 38′ 52″	67° 49′ 18″	21 145
Pic moyen.	16° 38′ 26″	67° 49′ 17″	21 094
Pic nord.	16° 37′ 50″	67° 49′ 39″	21 060

Ces nombres hypsométriques sont, à quelques pieds près (pour le pic sud de l'Illimani), ceux de la carte du lac de Titicaca. Réduit à la vieille mesure française, le sommet le plus élevé du Sorata est de dix-neuf mille neuf cent soixante-quatorze pieds de Paris, ou trois mille trois cent vingt-neuf toises (21286 pieds anglais). Le sommet le plus élevé de l'Illimani est de dix-neuf mille huit cent quarante-trois pieds de Paris, ou trois mille trois cent sept toises (21145 pieds anglais). Quant à cette dernière montagne, qui se montre dans toute sa majesté du côté de la Paz, M. Pentland en avait déjà donné le plan dans le *Journal of the Royal geographical Society*, vol. V (1835), p. 77, cinq ans après la publication des premiers résultats de mensuration dans l'*Annuaire du Bureau des longitudes* (1830), p. 323, résultats que je me suis empressé de répandre en Allemagne (Voy. *Hertha, journal de géographie et d'ethnographie*, par Berghaus, t. XIII, 1829, p. 3-29). Le Nevado de Sorata, à l'est du village de Sorata ou Esquibel, se nomme, selon Pentland, dans l'idiome ymarra, *Ancomani*, *Itampu* et *Illhampu*. Dans *Illimani* on retrouve *illi*, qui, en ymarra, signifie *neige*.

En admettant que, dans la chaîne *orientale* de la Bolivie, le Sorata et l'Illimani ont été estimés trop hauts (le premier de 3718, le dernier de 2675 pieds de Paris), on trouve cependant dans la chaîne *occidentale* de la Bolivie, d'après la carte de Titicaca par Pentland (1848), quatre pics à l'est d'Arica, entre 18° 7′ et 18° 25′ de latitude, qui tous surpassent en hauteur le Chimborazo, qui a vingt et un mille quatre cent vingt-deux pieds anglais, ou vingt mille cent pieds de Paris. Ces quatre pics sont :

Pomarape,	21700 pieds angl.,	ou 20360 pieds de Paris.
Gualateiri,	21960	—	20604	—
Parinacota,	22030	—	20670	—
Sahama,	22350	—	20971	—

J'ai publié dans les *Annales des sciences naturelles*, t. IV, 1825, p. 225-253, un travail sur le rapport variable qui existe, dans différentes chaînes de montagnes, entre la crête (hauteur moyenne des passages) et les cimes les plus élevées (points culminants). Berghaus a appliqué le principe de ce travail à la chaîne des Andes de la Bolivie. D'après la carte de Pentland, il trouve la hauteur moyenne des défilés à douze mille six cent soixante-douze pieds de Paris, dans la chaîne orientale, et à treize mille six cent deux pieds dans la chaîne occidentale. Les points culminants sont de dix-neuf mille neuf cent soixante-douze et de vingt mille neuf cent soixante-onze pieds de Paris. La hauteur de la crête est donc à celle du sommet, à l'est, = 1 : 1,57; à l'ouest, = 1 : 1,54. (Berghaus, *Zeitschrift für Erdkunde*, t. IX, p. 322-326.) Ce rapport, qui mesure en quelque sorte la force de soulèvement, se rapproche beaucoup de celui des Pyrénées, tandis qu'il s'éloigne de la configuration de nos Alpes : la hauteur moyenne de leur crête est beaucoup moindre;

comparativement à celle du mont Blanc. Pour les Pyrénées, le rapport cherché est = 1 : 1,43; pour les Alpes, = 1 : 2,09.

D'après Fitz-Roy et Darwin, le volcan d'Aconcagua (32° 39' lat. sud), au nord-est de Valparaiso, dans le Chili, est de sept cent quatre-vingt-seize pieds de Paris plus élevé que le Sahama. Les officiers de l'expédition de *l'Aventure* et du *Beagle* ont trouvé (en août 1835) la hauteur de l'Aconcagua entre vingt-trois mille et vingt-trois mille quatre cents pieds anglais. Si l'on estime l'Aconcagua à vingt-trois mille deux cents pieds anglais (21767 pieds de Paris), il sera de seize cent soixante-sept pieds de Paris plus élevé que le Chimborazo (Fitz-Roy, *Voyages of the Adventure and Beagle*, 1839, vol. II, p. 481; Darwin, *Journal of Researches*, 1845, p. 253 et 291). D'après des évaluations plus récentes (Mary Somerville, *Phys. geograph.*, 1849, vol. II, p. 425), l'Aconcagua est de 22431 pieds de Paris.

Les systèmes de montagnes qui, au nord des parallèles de 30° et 31°, sont désignées sous les noms de *montagnes Rocheuses* et de *Sierra-Nevada de la Californie*, viennent d'être explorés tout à la fois sous les rapports astronomico-géographique, hypsométrique, géognostique et botanique, par Charles Frémont (*Geographical Memoir upon Upper California, an illustration of his Map of Oregon and California*, 1848), par le docteur Wislizenus (*Memoir of a tour to Northern Mexico connected with Col. Doniphan's Expedition*, in 1848), par le lieutenant Abert et Peck

(*Expedition on the Upper Arkansas*, in 1845, et *Examination of New-Mexico*, in 1846 et 1847). Ces travaux excellents enrichissent considérablement nos connaissances sur ces montagnes. Hâtons-nous d'ajouter qu'il règne dans les ouvrages de ces hommes de l'Amérique septentrionale un esprit qui mérite d'être signalé avec éloge. Le plateau remarquable situé entre les montagnes Rocheuses et la Sierra-Nevada de la Californie, ce grand bassin uni (*great basin*), de quatre à cinq mille pieds de hauteur (Comp. plus haut, p. 59), offre un système de rivières isolé, particulier, des sources d'eau chaude et des lacs salés. Aucune de ces rivières, telles que Bear-River, Carson-River et Humboldt-River, ne trouve une issue vers la mer. Ce que, par induction, j'ai désigné, sur ma grande carte du Mexique dessinée en 1804, sous le nom de lac Timpanogos, est le *Great salt lake* de la carte de Frémont; il a quinze milles géographiques de longueur, du nord au sud, sur dix milles de large, et communique avec l'Utah, lac d'eau douce plus élevé, où se jette, venant de l'est, la rivière *Timpanógos* ou *Timpanaozou* (lat. 40° 13′). Si, sur ma carte, le lac Timpanogos n'est pas placé assez à l'ouest et au nord, cela tient à ce qu'on n'avait alors aucune détermination astronomique de Santa-Fé du Nouveau-Mexique. L'erreur s'élève, pour le bord occidental du lac, à près de cinquante minutes d'arc : cette différence de longitude absolue est moins surprenante, quand on se rappelle que ma carte itinéraire de Guanaxuato n'a pu, dans une étendue de 15 degrés de latitude, avoir pour base que les indications de boussole de don Pedro de Rivera. (Humboldt, *Essai politique sur la Nouvelle-Espagne*, t. I, p. 127-136). Ces indications donnèrent à M. Friesen, mon ingénieux collaborateur, mort si tôt, 107° 58', et à moi (selon d'autres combinaisons) 107° 13'. D'après des déterminations astronomiques réelles, la vraie longitude paraît être 108° 22'. La position relative des couches de sel gemme dans l'argile rouge salée (*in thick strata of red clay*), au sud-est du *Grand lac salé* (la Laguna de Timpanogos), près du fort actuel de Mormon et du lac Utah, est très-exactement indiquée sur ma grande carte du Mexique. J'ose invoquer à cet égard le témoignage très-récent d'un voyageur qui a fait, dans cette contrée, les premiers relèvements topographiques exacts. « *The mineral or rock salt, of which specimen is placed in Congress Library, was found in the place marked by Humboldt in his map of New-Spain (Northern half) as derived from the Journal of the missionary father Escalante, who attempted* (1777) *to penetrate the unknown country from Santa-Fe of New-Mexico to Monterey of the Pacific ocean. Southeast of the lake Timpanogos is the chain of the Wha-Satch Mountains, and in this at the place where Humboldt has written*, MONTAGNES DE SEL GEMME, *this mineral is found.* (Frémont, *Geogr. Mem. of Upper California*, 1848, p. 8 et 67; Comp. Humboldt, *Essai politique*, t. II, p. 261.)

Cette partie du plateau, particulièrement les alentours du lac Timpanogos, peut-être identique avec le lac Teguayo, siége primitif des Aztèques, présentent un grand intérêt historique. Ces Aztèques, dans leur migration d'Aztlan à Tula et la vallée de Tenochtitlan (Mexique), firent trois stations, reconnaissables encore aux ruines des *casas grandes*. La première dans laquelle ils s'arrêtèrent était au lac Teguay, au sud de Quivira; la seconde, au rio Gila; la troisième, non loin du préside de Llanos. Le lieutenant Abert a rencontré, aux bords du rio Gila, sur une grande surface, la même quantité prodigieuse de tessons épars de faïence et de poterie, agréablement peints, qui, dans ces mêmes lieux, avaient déjà fait l'admiration des missionnaires Francisco Garces et Pedro Fonte. On regarde ces produits de fabrique comme les indices d'une civilisation jadis avancée dans une contrée maintenant désolée. On trouve encore aujourd'hui, bien loin à l'est du rio Grande del Norte, par exemple à Taos, des imitations de l'architecture bizarre des Aztèques et de leurs maisons à sept étages (Comp. Abert, *Examination of New-Mexico*, dans les *Doc. of Congress*, n° 41, p. 489 et 581-605; *Essai polit.*, t. II, p. 241-244). La *Sierra-Nevada de la Californie* est parallèle au littoral de l'océan Pacifique; mais, de 34° à 41° de latitude, entre San-Buenaventura et la baie de Trinidad, s'étend, à l'ouest de la Sierra-Nevada, encore une petite chaîne côtière, qui a pour point culminant le *Monte del Diablo* (à 3448 pieds). C'est dans cette vallée étroite, enclavée entre cette chaîne côtière et la grande Sierra-Nevada, que coulent, du sud, le rio de San-Joaquin, et, du nord, le rio del Sacramento. C'est aux bords de cette dernière rivière que sont les riches terrains aurifères aujourd'hui en exploitation.

Il a déjà été question (p. 57) du nivellement hypsométrique et des observations barométriques qu'on a faits entre le confluent du Kanzar avec le Missouri et le littoral de l'océan Pacifique, dans une étendue, si énorme, de vingt-huit degrés de longitude. Tout récemment le Dr. Wislizenus a continué heureusement jusqu'à 35° 38', conséquemment jusqu'à Santa-Fé del Nuevo-Mexico, le nivellement que j'avais commencé dans la zone équinoxiale du Mexique. On en tire la conclusion surprenante que le haut plateau, qui est lui-même le col élargi de la chaîne mexicaine des Andes, ne s'abaisse nullement d'une manière aussi marquée qu'on se l'était longtemps imaginé. Je donne ici pour la première fois les résultats actuellement connus du nivellement depuis la ville de Mexico jusqu'à Santa-Fé. Cette dernière ville n'est guère qu'à quatre milles géographiques du rio del Norte.

	Pieds.	
Mexico,	7008	*Ht.*
Tula,	6318	*Ht.*
San-Juan del Rio,	6090	*Ht.*
Queretaro,	5970	*Ht.*
Celaya,	5646	*Ht.*
Salamanca,	5406	*Ht.*
Guanaxuato,	6414	*Ht.*
Silao,	5546	*Br.*

                        Pieds.

Villa de Leon,   5755   *Br.*

Lagos,   5983   *Br.*

Aguas calientes,   5875 (San–Luis Potosi, 5714), *Br.*

Zacatecas,   7544   *Br.*

Fresnillo,   6797   *Br.*

Durango,   6426 (Oteiza).

Parras,   4678 (Saltillo 4917), *Ws.*

El Bolson de Mapimi, de 3600 à 4200 pieds, *Ws.*

Chihuahua, 4352 pieds (Cosiquiriachi, 5886), *Ws.*

Passo del Norte (sur le rio grande del Norte), 5377 pieds, *Ws.*

Santa-Fé del Nuevo–Mexico, 6612 pieds, *Ws.*

Les abréviations *Ws, Br, Ht,* désignent les observations barométriques du Dr. Wislizenus, de Burkart, conseiller supérieur des mines, et les miennes. Nous possédons de Wislizenus les dessins de trois sections de profil, qu'il a joints à son travail si instructif : ces dessins représentent la section de Santa-Fé à Chihuahua par le Passo del Norte, celle de Chihuahua à Reynosa par Parras, et celle du fort Indépendence (un peu à l'est du confluent du Kanzas avec le Missouri) à Santa-Fé. Le calcul est basé sur les observations barométriques faites par Engelman à Saint-Louis et par Lilly à la Nouvelle-Orléans, qui correspondaient journellement entre eux. Quand on songe que, dans la direction du nord au sud, la différence de latitude entre Santa-Fé et Mexico est de plus de 16 degrés, et que la distance en ligne longitudinale directe, abstraction faite des courbures de la route, dépasse deux cent quarante milles géographiques, on est porté à se demander s'il existe quelque part sur le globe une pareille configuration du sol de cette étendue et de cette élévation (de 5000 à 7000 pieds au-dessus du niveau de la mer). Cependant des voitures à quatre roues vont de Mexico à Santa-Fé. Le haut plateau, dont je viens de faire connaître le nivellement, est formé par le col large, aplati, ondulé, de la chaîne même des Andes du Mexique : il n'est point le résultat du soulèvement d'un vallon entre deux rangées de montagnes, comme cela s'observe, dans l'hémisphère boréal, pour le *Great Basin* entre les montagnes Rocheuses et la Sierra-Nevada de la Californie; dans l'hémisphère austral, pour la plaine élevée du lac Titicaca, entre les chaînes orientale et occidentale de la Bolivie ; enfin, pour le plateau du Thibet, entre l'Himalaya et le Kuen-Lun.

FIN DU TOME PREMIER.

MATIÈRES

CONTENUES DANS LE TOME PREMIER.

	Pages.
Préface du traducteur.	r
Préface de la première édition.	1
Préface de la deuxième et de la troisième édition.	5
SUR LES STEPPES ET LES DÉSERTS.	13
Éclaircissements et additions.	43
SUR LES CATARACTES DE L'ORÉNOQUE PRÈS D'ATURÈS ET MAYPURÈS.	227
Éclaircissements et additions.	257
LA VIE NOCTURNE DES ANIMAUX DANS LES FORÊTS PRIMITIVES.	281
Éclaircissements et additions.	299
Supplément d'observations hypsométriques.	303

www.ingramcontent.com/pod-product-compliance
Lightning Source LLC
Chambersburg PA
CBHW071257160426
43196CB00009B/1326